天津市"十三五"重点学科（体育学）专项资助

体操心理学

教练员、运动员和运动员父母的终极指南

Gymnastics psychology

THE ULTIMATE GUIDE for Coaches, Gymnasts, and Parents

［美］乔·马西莫
［美］苏·马西莫 著
张运亮 主译

北京体育大学出版社

策划编辑 王英峰
责任编辑 邓琳娜
责任校对 韩培付
版式设计 李沙沙

北京市版权局著作权合同登记号:01-2021-4996

图书在版编目(CIP)数据

体操心理学:教练员、运动员和运动员父母的终极指南/(美)乔·马西莫,(美)苏·马西莫著;张运亮主译. --北京:北京体育大学出版社,2021.5
书名原文:Gymnastics Psychology THE ULTIMATE GUIDE for Coaches, Gymnasts, and Parents
ISBN 978-7-5644-2907-2

Ⅰ.①体… Ⅱ.①乔… ②苏… ③张… Ⅲ.①体操-体育心理学 Ⅳ.①G831.4

中国版本图书馆CIP数据核字(2021)第070543号

体操心理学
教练员、运动员和运动员父母的终极指南
TICAO XINLIXUE
JIAOLIANYUAN YUNDONGYUAN HE YUNDONGYUAN FUMU DE ZHONGJI ZHINAN

[美]乔·马西莫
[美]苏·马西莫 **著**
张运亮 **主译**

出版发行:北京体育大学出版社
地　　址:北京市海淀区农大南路1号院2号楼2层办公B-212
邮　　编:100084
网　　址:http://cbs.bsu.edu.cn
编 辑 部:010-62989415
发 行 部:010-62989320
邮 购 部:北京体育大学出版社读者服务部010-62989432
印　　刷:唐山玺诚印务有限公司
开　　本:710mm×1000mm　1/16
成品尺寸:170mm×240mm
印　　张:17.75
字　　数:296千字
版　　次:2021年5月第1版
印　　次:2021年5月第1次印刷
定　　价:108.00元

(本书如有印装质量问题,请与出版社联系调换)

译者名单

主　译　张运亮

译　者　（按姓氏笔画排列）

牛文君　刘稀月　孙晓宇　李忠丽

李晶晶　张运亮　孟　真　尚　宁

祝笑婕　姜媛媛　唐亚坤　蔡春先

译　序

我很高兴也非常荣幸有机会与我的团队一起，把乔·马西莫博士和苏·马西莫博士撰写的《体操心理学：教练员、运动员和运动员父母的终极指南》一书翻译成中文。本书涵盖了运动员、裁判员、教练员、教育者及运动心理学学者近百年来总结出的丰富经验。莱昂纳德·札可夫斯基博士为英文版本作的序中已经对该书作出了精准的评价和说明，我在此不再赘述。

在体操教学、训练和研究的过程中，我自觉和不自觉地应用过许多心理学理论、知识和技巧，但相对比较零散。我一直想找机会将这些应用总结成册，以供大家参考。一次偶然的机会，我阅读了《体操心理学：教练员、运动员和运动员父母的终极指南》这本书，才发现自己的想法已经在该书中得到了完整的体现，阅读后遂产生将其翻译成中文的想法。后经北京体育大学出版社王英峰博士、编审的鼎力相助，我获得了该书的翻译版权。

本书共十一章，翻译团队 12 人，历经两年时间，终翻译完毕。其中序、自序和致谢部分由唐亚坤翻译；第一章由张运亮、蔡春先翻译；第二章由牛文君、孟真翻译；第三章由牛文君、尚宁翻译；第四章由姜媛媛、张运亮、李晶晶翻译；第五章由祝笑婕、张运亮翻译；第六章、第十章由李忠丽、张运亮翻译；第七章由张运亮翻译；第八章由张运亮、孙晓宇、刘稀月翻译；第九章由张运亮、孟真、唐亚坤翻译；第十一章由孙晓宇、刘稀月翻译。张运亮负责最后的审稿工作，唐亚坤负责书稿初稿的文本编辑工作。

由于团队水平有限，翻译可能存在纰漏和不足。如果因翻译质量影响了您的阅读体验，我们表示深深的歉意。如果您能告诉我们其中的不足，我们将不胜感激，并将其作为我们后续努力的动力。您可以将意见发送至我的邮箱：yunliangzhang@126.com.

在此向乔·马西莫博士、苏·马西莫博士，为此翻译版本问世给予帮助的金亚虹博士、魏祝颖女士、苏晓刚先生、王英峰博士、邓琳娜女士、孙超然同学，以及翻译人员表示衷心的感谢。

张运亮　博士

天津体育学院

2021.3.31

序

我很高兴也非常荣幸有机会为乔·马西莫博士和苏·马西莫博士撰写的《体操心理学：教练员、运动员和运动员父母的终极指南》一书作序。我在很早以前就与他们相识。

20 世纪 70 年代早期，我在波士顿大学时惊奇地发现我不是波士顿地区唯一研究运动心理学的人。有一位在哈佛受过教育的临床/运动心理学家马西莫，他不但对牛顿镇的学生进行了研究，还与世界级体操运动员进行过合作。运动心理学刚刚出现时，除了体操界，很少有教师听说过乔·马西莫博士。不可否认，体操界是非常幸运的，因为他们有北美洲在此领域中顶级的运动心理学家。在我看来，乔·马西莫博士的能力可以跟布鲁斯·奥格尔维、鲍勃·尼德弗、鲍勃·辛格，以及我在阿尔伯塔大学的导师默里·史密斯等运动心理学领域的先驱相提并论。

乔在体操心理学概念方面的教学和论文都非常优秀，他将复杂的心理学概念简单化以便教练员、运动员和运动员的父母能够理解。由于不在高等教育的学术环境中，乔的研究通常不被人们注意，尽管如此，他还是被我发现了。乔非常亲切地与我分享了他的想法和作品，当然，我也把他的这些想法和作品慷慨地分享给了我在波士顿大学的学生，以及在世界各地曾经与我合作过的教练员与运动员。当乔入选体操名人堂时我并不感到意外，因为他已经在我的“名人堂”里了。乔在运动心理学教授的岗位上退休时，我把他聘请到波士顿大学做了一名兼职教授，让他把他的知识财富分享给下一代的运动心理学家。

20 世纪 80 年代初，苏博士来找我时还是一名充满激情的研究生，之后跟运动心理学领域的先驱之一鲍勃·辛格一起学习，并在 1986 年取得了博士学位。她的博士论文题目是《论优秀青年女子体操运动员的特定认知和情感属性》。她的一些研究成果在这本书中也有所体现。我要说的是，直到今天，苏关于优秀体操运动员拥有非凡的短期视觉记忆技能和极高的控制能力的研究都是该领域相关研究的基础。

尽管大部分人没有这个特权，但我提前阅读过这本书早期版本的经典章节。教练员（有经验的或者新手）、体操运动员及其父母在阅读这本非常全面的指南时将受益匪浅。该书共十一章，涵盖了竞技体育心理学的本质，以及教练员、运动员及运动员的父母感兴趣的那些竞技体操运动之外的主题。同样，对“应用”运动心理学感兴趣的学生也会从这本书中获益良多。

关于恐惧、愤怒、动机、压力、心理准备、道德约束、教练员命令、饮食失调、损伤后的恢复、向优秀运动员的转变、离家训练的专门应对等心理学概念，你在任何地方都学不到比这本书更实用的信息。对每个主题，乔和苏都先对其概念进行了精练概括，然后应用到案例中，逐点提出训练的建议，最后以易于阅读的形式进行总结。各章节中并没有杂乱地引用参考资料，只是在书的结尾部分列举出来。

我研究的最大乐趣之一就是弄清如何让运动员成为各自领域中的“专家”或者“精英”。两位马西莫博士都是竞技运动心理学方面的资深专家，尤其是在体操方面。乔博士在这个领域工作已经超过六十年，苏博士也将近四十年了。成为运动员、教育家、研究员、教练员、裁判员和运动心理学家是一个漫长的过程，这个过程远远超过了安德斯·埃里克森说的成为专家需要“10 年、10 000 小时的重复练习”理论里面的时间。请读者放心阅读本书吧，你正在向两位世界上最优秀的运动心理学家学习。

莱昂纳德·札可夫斯基博士

波士顿大学

教育学与医学研究生教授

温哥华加人队（国家冰球联盟）体育科学主任

前应用运动心理学协会主席

莱昂纳德·札可夫斯基是一位从事运动、训练和竞技运动心理学的资深专家。他在世界各地做过300多场演讲，并经常在《纽约时报》《华盛顿时报》《华尔街日报》和《埃德蒙顿日报》等纸媒及电视、广播上发表专业评论。他访问过美国、加拿大和澳大利亚奥林匹克组织、NBA波士顿凯尔特人队、美国职业棒球大联盟球员协会、美国职业橄榄球大联盟、国家冰球联盟球员协会、新英格兰爱国者队、卡尔加里火焰队、悉尼（澳大利亚）天鹅队，最近在与世界杯西班牙国家队、皇家马德里足球俱乐部进行交流访问。

自 序

《体操心理学：教练员、运动员和运动员父母的终极指南》凝结了大量“体操人”的心血，涵盖了运动员、裁判员、教练员、教育家及运动心理学家近百年来总结出的丰富经验。

在完成书稿的过程中，我们通过对各种研究进展的交叉分析，意识到在提高运动员竞技能力方面，实现其身心的融合是最重要的。我们非常荣幸能够将已获得的关于体操运动员心理方面重要的知识和经验分享给大家。

苏·马西莫博士/医生

目　　录

第一章 相关研究及历史沿革

1969 年，一篇关于体操心理方面的文章发表在《现代体操》杂志上（现已更名为《国际体操》），那是乔·马西莫博士近几十年撰写的 60 多篇相关文章中的第一篇。从那时起到接下来的 30 年里，一篇与该文章同名的国际专栏讨论了这一领域的相关研究。名为《心理学和体操运动员》的文章为我们提供了一种视角去探究体育运动中认知与身体之间概念联系的起源。

本章将从这篇具有历史意义的文章谈起。同时，我们还提供了一些具有历史性意义的文章，这些文章为美国体操事业的发展提供了支持和帮助，并且使它在世界范围内更具竞争力。本章还讨论了一系列关于各种心理和个性问题的重要调查并介绍了相关的研究性文章，为进一步开展研究提供了依据，为体育运动的发展指明了方向，能对未来的教练员和运动员起到一定的指导作用。

本章重点：

- 心理学和体操运动员
- 心理学家在国家培训计划中所扮演的角色
- 一封致丹·米尔曼的公开信——“个性与体操运动员”
- 体操运动员对教练员的感知——能力和训练风格
- 优秀青年体操运动员的心理特征

第一节 心理学和体操运动员

临床心理学和应用心理学在所有体育运动中都具有重要的意义。一名知名教练员的神秘感往往在于他具备非凡的处理人际关系的能力，而这种非凡的能力与团队中的每个人息息相关。

实际上，体操运动员是一个独立、孤独的人。尽管他是团队中的一员，但一旦他离开休息区，靠近器械，他就会成为一个具有竞争力的个体。从某种意义上说，他是在与器械对抗。他的主要任务是完成由专家小组进行评估的符合技术水平与美学要求的完美的艺术作品。对于每一名体操运动员来说，无论男性还是女性，他们都有独特的风格或方法。有些人具有攻击性，他们对待器械很粗暴，仿佛要将其征服。还有些人以更优美的方式完成挑战，这种方式让人感觉他们仿佛是在安抚一只捉摸不定的动物。所有方式，包括这两种及一些其他方式都能够成功，也都能够反映体操运动员的个性所在。明智的教练员在尊重差异的基础上，强调体操运动中传授和个人表达的独特性也很重要。

由于体操运动的个体性及对体操运动员表现的要求，教练员与运动员之间的关系显得更加重要。一名好的教练员能够评估运动员的体能现状。除此之外，一名成功的教练员还应仔细研究每名体操运动员的行为特征，以确定一些重要的心理事实，这将有助于定义他们之间关系的性质，甚至是教练员应具备的合理技能。

一、识别运动员的个体行为

1. 体操运动员在交流方面的偏好是什么

有些体操运动员在尝试某一特技动作之前需要对其进行长时间的理解，了解其中的机制，并会通过牛顿定律学习相关细节。另一些人则希望尽量少说废话，他们更愿意在最初的尝试中依靠勇气来摸索诀窍。当然，折中的办法可能是最好的。其他体操运动员则需要很少的言语对话就能轻松地发现其中的技巧。这是一所“展示自我”的学校，教练员应努力发现每个人的“专属模式”。在某种程度上，这些需要纯粹性的条件反射!

2. 什么是体操运动员运动中的双重标准

也许在所有体育运动中，没有什么比这项运动更不确定的了。它的规则和动作规格是明确的，但是动作的学习和表现是需要“见机行事”的，并且掌握一项技术的方法多种多样。

3. 体操运动员如何处理恐惧和焦虑

恐惧和焦虑是两个完全不同的概念。恐惧是特定的并且具有目标导向。体操运动员可以明确地说出他们害怕什么、是否需要帮助以跨过这一阻碍。然而，有些人有一种扩散性的、普遍的焦虑，这种焦虑占据主导地位并会隐含一种非理性且与特定情境无关的紧张状态，如“我害怕我的头撞到杠上”“我紧张死了”。对于一般性焦虑的体操运动员来说，教练员能够帮助其有效地消除焦虑，但如果运动员焦虑过度，消除效果将会减弱。在这一领域中，保护和帮助运动员至关重要。正是通过这种技术上的支持，体操运动员才逐渐对教练员产生了信心。同样的，每名运动员对自己所渴望或需要保护帮助的程度也是不同的。

4. 体操运动员什么时候发挥最好——组织架构、计划、条件等

一些体操运动员可以在任何情况下练习他们的技艺，但也有一些体操运动员会因天气太冷、太热或其他诸如此类的原因变得懒散。许多体操运动员在可预见的严格日程安排下茁壮成长，但也有一些人要求更大的自主性。重要的是，教练员要考虑在他指导下的大多数运动员所偏好的个体训练模式，并据此制订计划。然而，过于善解人意的教练员会对那些固执的体操运动员感到失望。通常，大家更喜欢“中庸之道”。我们应该注意，一些体操运动员更喜欢真正的老板，在“独裁”的环境下训练，因为那样他们几乎不需要做什么决定。

5. 体操运动员有强迫症吗

观看体操运动员训练是很有趣的。他们中的许多人养成了暗示自己心理状态的特殊形式，如有些人必须从同一个方向走向器械等。当然，我们也会有一些担心，如果运动员在此方面走向极端，可能会导致现实的问题。虽然重复的动作习惯对他们来说并不是很重要，如擦完镁粉握紧拳头后吹气，用特殊的方式触摸器械等，这代表了他们处理压力的方法。这些行为也可以帮助教练员更好地了解体操运动员。教练员的观察和对这些行为的安然接受可以加强其与运动员的良好关系。体操运动员如果有太多这样的习惯，可能表明他缺乏灵活性，但这确实是一个很难通过训练解决的问题。

6. 体操运动员如何应对挫折、建设性批评和失败

一些体操运动员会对任何形式的失败生气，以致他们会发脾气。另一些体操运动员则会生闷气，变得抑郁，甚至无法继续训练。在一些运动项目中也会出现与体操项目中类似的问题。体操运动员在这些情况下的反应也是他应付生活中一般性问题的态度。教练员经常要花很长时间倾听体操运动员的担忧和问题，支持并帮助他渡过困难时期。对运动员训练的批评是教练员责任的一部分。一些体操运动员喜欢“强硬路线”，心理上需要不时地受到严厉的“训斥”。由此产生的愤怒会被他们转移并表现在下一次的努力训练中，通常这样会使其产生进步。另一些体操运动员心理脆弱，只要受到粗暴对待就会气馁，对待这类运动员需要采取“更温和”的方法。教练员必须在方法上保持灵活性，并认识到运动员具体需要什么。观察体操运动员对成功的反应也很有启发作用。过度反应通常是一种不祥征兆。

7. 体操运动员如何处理疼痛

这是一个富有成效的研究领域。一些体操运动员对于身体上出现的不适甚至是常人难以忍受的痛苦并不在意，仍然会坚持训练。还有一些体操运动员受到轻伤就会受不了，这表明他们还不够成熟，而且以自我为中心，这在某种程度上是非典型的。同样，这些关于体操运动员个人反应类型的知识可以帮助指导教练员与其进行互动。

8. 体操运动员和队里的其他成员有什么关系

这是不言自明的，通过这个维度，教练员可以最大限度地获得关于运动员个人的可用信息。

9. 还有许多内容无法在本文中表达

在大多数情况下，体操队规模相对较小，这使得有责任心的教练员能够注意到某些因素，并将个人不断增长的心理洞察力运用到自己的训练技巧中。这种努力是值得的。重要的是，要记住教练员和体操运动员的互动是一种关系，但教练员毕竟不是亲戚！虽然他会和体操运动员在一起，但他不能允许自己过分认同某个运动员。也就是说，教练员个人的成功或失败并不取决于体操运动员的成功或失败。有趣的是，成熟的男性教练员和女性体操运动员的合作往往能够创造奇迹；他们往往在一定程度上能够重现经典的父女关系或男女搭配组合，如果意识不到这种关系那就太天真了！精明的教练员能以一种积极的方式利用这种关系。但是，如果处理不当，或者性格方面的情感转移呈现高度神经质，它也会是灾难性的！请参阅本书第三章的“男性教练员与女性体操运动员”了解更多的信息。

二、总结

如今，许多优秀的教练员已几乎能够凭借直觉实践本节所建议的心理学原理。道理很简单：教练员在这个领域获得的知识越多，他就越能意识到自己在做什么，为什么要这样做，也就能更好地发挥作用，帮助体操运动员。这并不意味着体操教练员会成为临床心理学家或心理治疗师，只是他们会在日常训练中更加有意识地思考和研究自己这方面的行为。

当今的年轻体操运动员很有可能会提出抗议——“缺一名好的教练员”。与其说他们缺乏技术上的有效指导，不如说是缺乏能够与他们沟通的男女教练员。以此展示个性化的深入理解是教练员进行指导的重要组成部分。本章的“体操运动员对教练员的感知——能力和教练员风格”在这方面提供了更多的细节。

总之，心理学在所有体育运动中都扮演着重要的角色。对于体操运动员和教练员来说，它的应用意义在于其有助于他们享受体操的多种好处，甚至可能最终实现真正的卓越。

第二节 心理学家在国家培训计划中所扮演的角色

编者按

20 世纪 60 年代末至 70 年代初，乔·马西莫博士收到了几个关于在体操训练中运用临床心理学的询问。1970 年，他写了一篇论文，描述了自己被任命为美国国家男篮教练员组顾问之前所做的这类工作。下面的部分材料取自该文及其他针对国际比赛的训练中应用心理学的有关资料。

在美国和欧洲，早期关于运动技能学习的研究能够帮助我们间接性地对国际水平运动员进行整体的了解。在美国，早期很少有学者或者研究会直接将注意力转向优秀的运动员，但在同一时期，欧洲研究者的注意力更加集中于这一领域，以便能够了解国际比赛中运动员的心理特点和问题。

人们对影响运动成绩的心理因素越来越感兴趣，这可能反映在以下几个方面：

（1）教练员和运动员自己寻找成功的非身体决定因素；

（2）临床心理学发现，运动经验是行为研究的一个富有成效的实验室；

（3）对自我实现和积极精神病学等概念的日益关注，而不是对病理学和治疗的持续关注。

然而，如果说对运动员的人格结构、动机模型和一般运动表现的心理洞察必须等到现代评价和研究方法的出现才会出现，那就大错特错了。

许多优秀教练员的神秘感可以归因于他们与生俱来的能力，他们能够通过直觉在团队中运用合理的心理学原则。事实上，奥林匹克档案中有他们观察各队的详细记录。然而，很多内容在 1965 年国际运动心理学协会成立后才得以公开。该学会为来自世界许多地方的运动心理研究人员提供了交换意见、成果和资料的平台。它使这些人的工作合法化，并为传播有关数据提供了一个平台。越来越多的证据表明，他们在这一领域的共同兴趣使许多国家和不同心理研究取向的心理学家走到了一起，这种合作是极为有益的。

尽管交流的想法越来越多，但仔细查阅文献可以发现，人们关于高水平体育训练和比赛的心理方面所知甚少。过去，运动心理学的绝大多数研究主要集中在这一学科的实验方面，如研究在各种训练压力和表现条件下运动员的生理和心理行为。近年来，心理学家的研究重点已转向临床研究，他们关注个人动机、团队内部沟通、运动单元的心理层面，以及通过各种形式的心理干预为比赛体验做一般的心理和情感准备。在某些情况下，所使用的技术甚至与用于治疗的技术类似。国际运动心理学协会主席费鲁乔·安东内利教授在瓦克和克拉蒂的《心理学与卓越运动员》一书中郑重指出：

“运动心理学家必须承担起重要和困难的任务：他必须与每名运动员建立一种情感关系，并注意每名运动员在有意识和无意识中所关注的内容；他必须与每名运动员建立真正的心理治疗关系。无论如何，他的行为不能遵循一般的习惯或规律。”

此外，运动心理学家必须认识到运动员与教练员之间的关系及与他们之间的互动，并努力帮助他们建立一个更有凝聚力的运动单位。

有确凿的证据表明，由训练有素的专业人员进行的这种训练能够对特定运动员的整体表现发挥出应有的作用，并最大限度地增强一支有竞争力的队伍的综合实力。显然，这方面的任何工作都必须这样做：

“……以严谨的心理学专业训练为科学基础；以包括综合测试程序在内的具体实验研究成果为基础；以深入了解个体参加训练、追求胜利和超越自身人性极限的动机为基础。”

在1968年墨西哥城奥运会和1972年慕尼黑奥运会上，一些东欧国家的国家队让心理学家为比赛做准备并在比赛中发挥了很大的作用。即使有越来越多的此类专业人员参与（其中一些人对这项运动只是略知一二），这一概念仍处于初级阶段，在程序、方法和评价方面仍有待深入发展。许多母语为英语的国家的教练员可能对科学地将心理学原理应用于运动员的尝试持怀疑态度。正如瓦克和克拉蒂在他们的《心理学和优秀运动员》一书中指出的那样，“他们（教练员）可能会声称，获胜取决于努力的训练及优良的训练器械，而不是依赖于对训练营的情绪氛围或对运动员的个性特征的密切关注”。

美国运动员获得的奖牌数量，尤其是在奥运会上获得的奖牌数量，似乎为他们的话增加了分量。然而，这可能是真的。正如瓦内克和克拉蒂所说，尽管他们的教练员不够敏感，但因为参赛人数众多，训练设施优越，以及他们从小接触的饮食，美国人能在国际赛事中获胜。笔者认为，如果教练员在上述提到的条件的基础上，能够更加认识到在个体运动员心理训练中所涉及的技术，更加敏感地认识到他们在团队互动的心理推动中所起的作用，那么他们就能取得更优异的成绩。

在这一点上，以下领域可能值得探索：

（1）运用团体和个人心理评估技术厘清个人和团队的动力，并确定优秀运动员这一特定群体的人格特质模式；

（2）收集与态度、动机、智力、技能学习等有关的基本信息；

（3）通过专门手段提高体操运动员及其与教练员之间的交流能力，改善个人整体关系，以及观察和收集第 1 条和第 2 条所述的相关数据（建立信任和相互尊重的气氛）；

（4）为使复杂的心理和生理指标发生显著变化而进行的“放松—激活”训练（竞赛的高峰，精神紧张性训练）；

（5）运动表现预测相关研究的探索和开发，涉及赛前和赛中心理压力训练，诸如“模型训练”、焦虑、投射等；

（6）智力训练（在适当的时候参加）——有充分的证据表明，在准备过程中完成的与特定活动（体操）有关的智力提升可以通过讨论、讲座和阅读的形式来完成，这些形式涉及体育运动的生理、心理和生化要求；

（7）对优秀体操运动员进行记录和统计，包括对练习的反应记谱法、不同的训练方法、恢复速度等；

（8）教练员和体操运动员信息反馈系统的开发；

（9）为运动员提供专门的教育和职业咨询；

（10）参与制订合适的研究设计来评估国家项目的心理学应用；

（11）与其他对最佳表现感兴趣的学科合作（运动医学、催眠干预等）；

（12）提供一系列正在进行的研究资料，描述其在体育界的传播情况。

显然，这里阐述的任务是相当重要的，需要很长的时间来完成。本文所提出的目标只是为了说明这些工作具有潜力。在投入时间和精力变得可行之前，还有很多事情需要证明。只有工作人员和运动员之间具有实现合作的环境，并愿意冒险进入不确定的领域，才能取得进展。这项准备工作本身就是一项单独的挑战。在这种努力下产生的协作也许会为我们今后的研究方向提供宝贵的信息。

在任何情况下，似乎都应该探讨运动员如何在这种要求很高的体育和艺术项目中，通过提高自我心理能力以更好地利用自己的天赋和能力，提升自己的成就。

第三节　一封致丹·米尔曼的公开信——“个性与体操运动员”

编者按

下面是乔·马西莫博士写给丹·米尔曼先生的一封信，丹·米尔曼先生当时是斯坦福大学体操队的主教练。作为教练员和作者，两人都对体操运动中的身心关系非常感兴趣并为美国体操运动员提供过最好的训练服务。米尔曼因他的研讨会、书籍和电影而闻名。

亲爱的丹：

我喜欢阅读你关于体操的哲学和心理方面的文章。感谢你对我工作提出的建议，因为我需要像你这样的体操运动员和教练员的支持，以便继续我的工作。

你在文章中做了一些有趣的陈述，如关于体操运动员纵向研究的问题（学术生涯、生活方式等），我目前的工作将在未来几年内促进这种研究的后续发展。

你在文章中提到，我们正在收集的大量数据，这些数据可以揭示，并最终可能回答你提出的关于恐惧、动机、攻击性、一般态度及与人格和体操运动员相关的一些问题。也许现在是分享这些材料的最好时机。

早在 1968 年，我就申请加入了国际运动心理学协会。该组织的目标是协调和分享越来越多的运动心理学领域的研究。实际上，有3个因素可以解释外界对这一领域的兴趣为何不断地增加：①临床心理学家发现运动经验是行为研究的一个富有成效的实验室；②教练员和运动员自己寻找难以捉摸的、成功的、非身体决定因素的研究；③对于自我实现和积极心理健康等概念的日益关注，而不是继续关注病理和治疗。

如你所知，两年前我作为特别助理加入了我们的国家体操队，作为男子项目的临床心理学家。我不仅关注将临床技能应用于我们的国家队工作人员和体操运动员，而且还专注于国家/国际测试计划，以及其他数据收集程序。

自从加入体操队，我收集了大量的数据，这些数据不仅有美国体操运动员的，而且有在这一领域的一些国外顶级竞争对手的。我们通过与全球不同地区的个人和专业同事的合作获取了这些材料。由于语言不通及制订临床目标和方法的必要性，这个过程相当漫长。尽管存在这些限制，我们仍然取得了一些实质性的进展。

顺便说一句，你应该读过奥格尔维和图特科在1971年10月出版的《今日心理学》杂志上的八年工作报告："如果你想塑造品格，那就试试别的。"如你所知，他们调查研究了15 000名专业和业余运动员，对这个大型"N"的观察结果确实非常有启发性。除了采访之外，他们还会使用类似评估的设备。因为我自己的缘故，同时也因为我工作的重要性，他们为我提供了广泛的基础数据，而这些数据对于专注于这一特定领域的我来说非常有用。他们提出的关于获胜方面的问题与"对审美体验的愉悦追求"引起了相当大的争议！也就是说，它们是相互排斥的吗？当然，我们在东欧的竞争对手有着不同的侧重点。

我在训练中基本操作的前提非常接近你关于身心和谐的观点。体操运动员对自己心理的了解和理解越多，他的表现就越有效率，也越能成功。我也相信，由于运动员特定个性的敏感性，最成功的教练员是那些能够最好地与他们的体操运动员沟通的人。有研究已经表明，最熟练地表达他们团队的个人"社会学"的教练员拥有最成功的记录。技能（许多教练员没有）不能替代技术知识，但它可以帮助实现整个关系效益的最大化。心理学可以帮助人们发展这种能力。

截至今天，我的收集包括了许多内容，涉及个人有意识的动机的性质和他参加体操运动的其他方面大量的自传材料，以及几乎所有优秀的美国体操运动员的性格测试数据。在过去的两年里，那些人已经成为我们的训练营和（或）国际队的队员。此外，我已经积累了目前竞争不太成功的体操运动员的数据。这也是最重要的。我也在尝试收集世界其他地区的顶级体操运动员身上相同的材料（问卷和测试），虽然此时只涉及少数，但这是一个开始，之后会越来越好。

这些材料中个别需要保密，但是，可以谈论趋势。也许现在是说明一些初步观察的合适时机了。许多分析和进一步的数据收集及改进是必要的，但在当时某些方面似乎有些成效。

更多的研究（基础和应用方面）应指出该领域未来的研究方向。就个人而言，我更感兴趣的是将临床知识和技术应用于实际的体操训练和教练员—体操运动员的互动中（这个我们的确需要）。当然，就评价和研究而言，这并没有削弱我保持尽可能科学导向的愿望。

首先，应该指出的是，过去所有的文献都强烈建议，就心理变量而言，从一般人群中选择运动员是极其困难的。同样困难的是，在不考虑身体状况的情况下，从普通的心理学档案资料中判断哪些运动员适合参与哪些运动。然而，我开始觉得，当我收集除体操运动员以外的顶级运动员的数据时，有些特定的组别实际上可能会有所区别。我需要时间和更清晰的证据，但有迹象表明这是非常可行的。

奥格尔维和图特科觉得他们现在已经收集了足够的数据，可以区分集体项目运动员和个人项目运动员（基于个性配置），甚至可以区分参加不同运动的运动员。我还没有研究过他们所有的材料，但是我尊重他们的结论。这当然是令人兴奋的消息。有趣的是，奥格尔维和图特科发现女性运动项目之间的特质差异少于男性，除了击剑、体操和跳伞项目以外。

我可以很自信地陈述的一件事是，我们可以通过人格变量和整体概述来从那些表现不错的选手中区分顶级的世界级体操运动员（这些标准包括分数和国家/国际表现记录）。有证据表明，这不仅适用于我们自己的国家，而且在跨文化上也是如此！显然，仪器也是很重要的，并且在与有其他文化背景的运动员合作时也发现了最大的问题（翻译等）。这方面显然已经取得了一些进展。

如果这种差异在未来几个月（1972 年奥运会）证明有效，这可能代表了我们对体操工作和运动心理学理解的重要贡献。这是苏联人特别感兴趣的研究方面：从心理学的角度来看，将那些顶级竞争者从水平差不多但又确实比他们差的人中区别出来。他们的工作中包含了有趣的绩效预测研究。

我们应该更能回答的是人格因素和态度与成为优秀（顶级）运动员是否有联系的问题，或者是实现这种卓越（鸡或蛋的问题）的偶然因素的问题。目前的信息表明，他们具有个性特征并且在个体人格中有贡献变量，这些特征并不是纯粹地通过训练和竞争获得的。换句话说，在大多数情况下，那些具有最高成就和长期坚持的运动员有更强的个性（顺便说一句，"更强"可能并不一定意味着"更健康"!）。奥格尔维认为比赛似乎没有特性。我们需要更多的研究来证明这一观点。

这个时候请允许我通过自己工作中的一些具体观察来刺激你的胃口。从我迄今为止的研究中可以清楚地发现，在几乎所有优秀的体操运动员中都发现了某些人格变量。这些变量虽然在其他运动员中有不同程度的变化，但是在顶级体操运动员的个性档案中有很强的表现（我需要获得奥格尔维和图特科的支持才能进行明确的量化比较）。最引人注目的是，美国的顶级优秀体操运动员与他们不那么成功的同龄体操运动员相比，前者的"心理表现"（测试和问卷）似乎更接近他们的外国同行。这支持了这些特征往往是体操运动员个人内在心理特征的一个方面的观点。也许我的研究的更大价值在于它可以预测某些方面的人格特征。对这一发现的证明必须等待更仔细的数据分析，但它是一个有趣的趋势。

一般来说，跟大家想的一样，每名体操运动员的训练方案是不同的，对于顶级男运动员来说，上面提到的变量在强度、传播和相互关系方面呈现出了惊人的进展。

顶级体操运动员似乎有着相对较高的目标追求。这种目标虽然会在运动员的训练方案中不同程度地体现出来，但会比任何一般人群样本都更普遍，并且可能高于另一组体操运动员。这并不是最主要的追求，他们通常会为获得比赛胜利所需要的技能持续努力，直至成功。这样做的原因因人而异，但他们需要这样做，这是不变的。

沿着这些相同的研究路线，我们发现，顶级体操运动员对心理和身体耐力有极高的需求（与更不适合的体操运动员相比）。也就是说，他们具有为完成一项工作而不惜付出一切成本的强大动力。

顶级体操运动员一个明显的特征就是他们更加倾向于听从教练员的指导，并按照预期完成任务，出现问题时也会更加内疚。在这种情况下，他们似乎愿意自己接受责备，而不是将责任推给其他人（如教练员、裁判员等）。这里要注意的一点是，我们发现那些成功的体操运动员，他们对“顺从—屈尊”的需求并不普遍，而是存在较大比例的“侵犯需求”，可能表明其中存在某种特定类型的补偿机制。

来自顶级体操运动员的问卷数据令人振奋。除了关于个人动机、风格、特质表现、巅峰体验、焦虑控制等描述性材料外，体操运动员还提供了对优秀教练员特征的操作性定义。除此之外，所有这些材料都再次显示出顶级体操运动员“看起来”很相似。这里令人印象深刻的是最好的体操运动员在“教练员的描述”中的惊人相似性。这可能会让我们的一些教练员感到惊讶，尽管技术知识是十分重要的，但其他因素对于顶级体操运动员也很有启发性。例如，被评估的顶级男运动员（迄今为止的美国人和非美国人）都提到的一个积极的教练员人格变量，就是控制一个人的言语输出；换句话说，就是教练员保持沉默的能力，除非他要说的东西真的有价值。正如我在《体操小姐》上发表的一篇文章中所指出的那样：“我们对喋喋不休的态度倾向取决于文化上的差异，无论如何，优秀的体操运动员往往把这看作训练中一个非常不利的因素。”

尽管到目前为止，我们还做了与有关问卷数据收集等具有同样挑战性的工作，但我希望保留见解，直到工作完成。对问卷进一步分析后，我们将关注体操运动员对心理学家的感受如何应用到国家工作人员的身上。不用说，信息量将更加巨大并更有启迪性。

关于这一点还有太多的内容，限于篇幅不做陈述。希望你可以像我一样“充满好奇心”。

在未来，我们将准备一份有关此工作的完整报告。也许我将有机会把与我们的国家工作人员合作的重点应用到现在的工作中，但这取决于我们的上级对于探索体操相关的新领域的意愿和愿景。

致敬！

约瑟夫·L. 马西莫博士

美国男子国家教练组特别助理

弗兰克·拜尔先生

美国体操联合会主席

第四节　体操运动员对教练员的感知——能力和训练风格

我们写的许多关于体操心理学的文章比那些关于心理学本质的研究更加实用。在研究的发展方面，应用心理学似乎是需要人们继续探索的领域。将心理学原理应用于我们的培训和辅导工作中也很重要，但为了不断改进，我们还需要坚持基础领域的研究。

本节旨在与体操界同仁分享一部分研究成果。我们的资料将始终从普遍规律的角度呈现，并不针对个别的体操运动员。在迄今为止的所有工作中，我们向参与调查的运动员做出承诺，他们的个人反应、测试结果等都将被保密，并且我们会信守承诺。我们将尽力避免使用那些使读者感到乏味的术语和统计细节。但在本节中，有一点是值得肯定的：科研人员过去所做的努力将为许多博士学位研究者打开大门。

笔者与竞技体育领域内工作的国外同事一起，对数百名世界级男女体操运动员的数据，以及中高级竞争对手的信息进行了收集。我们的主要关注点在于从各种角度来观察体操运动员的个性，试图达到以下目的：

（1）通过鉴别心理特征，将这些运动员同他们的竞争者区别开来；

（2）了解体操运动员面临的心理问题，如恐惧、动机和态度；

（3）在全面的个人评估基础上找到更有效的训练方法，通过解决非身体（心理）变量，来实现运动表现的最优化。

在这个过程中，通过医学、物理学、社会学等其他学科专家的共同努力，大规模信息得以显现。关于青年体操运动员的其他研究和成果，可以在本章的“优秀青年体操运动员的心理特征”中找到。

在数据收集阶段使用的方法之一是专为优秀男女竞技体操运动员开发的“优秀体操运动员问卷”。由乔·马西莫博士设计的这个五页多的问卷非常详细，涵盖了有关个人及其体操项目的各种信息。调查问卷经过略微修改后，适合欧洲体操运动员的特殊训练，也便于之后的翻译工作。实际上，调查问卷无论被用于什么地方，其需要的素材基本相同。与其他工作一样，参与填写是自愿的，这会在附信中说明或者被口头告知，体操运动员可以忽略自己不想回答的题目。可以想象，这一方法的使用将使研究者获得大量的宝贵材料。在本节中，我们将讨论一个特别的问题，并对得到的答案进行分析。

问卷的一部分调查是关于运动员认为教练员的哪些特质是重要的，包括教学风格（训练、指导）、个人特征等。教练员特质反映了体操运动员的深层次需求，并且表明他对教练员某些特质的重要性的感知。仔细分析对这一题目的回答，会让我们有一些连统计学家都会为之惊叹的发现。

一、教练员技术的特点

针对这个问题的回答，从整体上清楚地表明了一种趋势，即教练员对体操运动员的重要性与运动员的竞技能力水平有着密切的关系。有证据显示，竞技水平更高的体操运动员和竞技水平相对较低的运动员对此问题的回答有所不同（这份报告中的运动员竞技水平是根据运动员在地区、国家、国际比赛中的表现而评估的）。

非常成功的体操运动员和不太成功的体操运动员之间存在一些差异。对那些当前实际表现不代表真实水平的运动员来说，其显著性差异更大。对数据的进一步分析显示，在大多数情况下，运动水平较高的运动员总是从所列的优秀特质中选出相同的特质，尽管每个人排序可能不同，但是这些特质的排位都会比较靠前。

对于顶级体操运动员来说，列出的主要特征是一般心理领域的动机和心理支持。体操运动员技能水平越高，教练员的这些难以捉摸的特征就越重要。技能水平越高和越成功的体操运动员，似乎需要在情感支持的基础上，寻求更大程度的个人亲密互动和动机激励。虽然一些能力稍差的体操运动员也需要“动力”，但他们并没有明确地表达出来，而是在以任务为导向的言语中体现出来，如“想要我做得好的教练员”“想让我赢的教练员”等，而不是“一名能帮我挖掘自身潜力的教练员”。

运动员的运动成就越低，所表达的特质就越分散。除了在技术水平较差的运动员中，技术知识几乎总被认为是非常关键的。顶级运动员也将技术知识放在了首要的位置（不是教练员自身的知识内涵），它通常指教练员与运动员交流体操技术信息的能力。对于低水平运动员来说，这并不是教练员最重要的特征，而对技能高的运动员来说，它是一个重要的诉求。这里存在一个相反的关系，即运动员越不太成功，对教练员的纯技术能力要求就越高；运动员越成功，这一特质在教练员特征列表中的位置和描述就越靠后。

正如前文所述，在绝大多数情况下，在顶级运动员看来，教练员的首要特质是愿意把体操运动员作为个体去认识和了解，以及他们关心和给予情感支持的方式。这种特征在口头表达上有不同的形式，例如“一名对我感兴趣并把我当人看的教练员”“一名尊重并认识我，将我看作有个性的人的教练员”“一个我可以信任并关心我的人”，但所有特征都表达了相同的主题。这种教练员特质很少被提及，但不太成功的体操运动员也把这些放在了首位。对于该组，如前所述，运动员认可的主要特质是教练员的技术知识。这样类似的短语还有，“知道如何教授难点和技能的教练员”“具有关键知识的人”“能够告诉我如何做各种动作的人”，等等。

高水平体操运动员高度评价的其他特征是激励和保持动力的能力、团队社会化管理能力、在群体的基础上发展有意义的人际关系的能力。不太成功的体操运动员看重的特质是身体力量、熟练的技能和严明的纪律。有趣的是，所有的体操运动员都认为教练员应具备以下两个特征：一个是组织训练的能力（时间管理），另一个是热爱这项运动。

二、行为特质

读者可能会有兴趣了解体操运动员身上被确定的行为特质。虽然某些特质是有想法的教练员要培养的目标，但是让体操运动员自己去巩固这些品质具有很强的鼓励性。目前，人们对于这些表现在体操运动员身上的特质的重要性排序并未给予关注，但这些确实代表了在最成功的年轻人身上最常被提到的特质。除了情感和社会因素，体操运动员还需要有个人沟通技巧及能力、对于体操的奉献精神及组织能力。这里所讨论的教练员的主要特质包括：能够通过欣赏体操运动员个体的学习风格来获得一种理念；言简意赅；持续的禁忌设置和绝对权威的建立；严肃而不失幽默；一般不进行讽刺和消极敌对；保持努力和激情；自我评估；做事公平；以成熟的方式处理人际关系（非同龄人之间）；处理和控制好个人和团队在比赛时的关系；将理论知识转化为实践的能力；对已完成的工作真诚评判而不是害怕评论一个人的运动表现；清醒地做出坚定决策的能力；模范带头行为；在压力下保持冷静的能力；接纳他人分担责任的能力；一个指导其思想而不是打垮运动员精神的人；一个愿意接受建议并愿意承认错误的人；一个为体操运动员提供相互交流的机会并听取他们的关注和问题的人；关注安全因素；对训练和比赛的总体态度表现积极。上面所列的特质并不详尽，还有很多，包括一些完全不可预测的内容，甚至奇怪的概念，但是已经给出的这些特征代表了大多数合理的答复。

报道的材料提出了几个相当有趣的问题。

看看不太成功的体操运动员的能力水平提高后，在他们职业生涯中的某一刻认可的教练员的任务导向特质是否会向情感关怀特质转变，将非常有启发性。另一个相关且有趣的探究是看完成问卷调查表时，那些不太成功的体操运动员是否适合与他们的水平相一致的模式。实际上，随着时间的推移，他们也变得更加成功，这些被提及的特征与那些优秀的体操运动员表达的特征更加一致了。本质上，这就是关于鸡和蛋谁先出现的问题——成功或特定的执教方法谁先出现。这里真正发生了什么？优秀运动员的人格特质决定了“教—学”关系的本质，这一根深蒂固的观念和表达，是否存在心理集群反应呢？如果是这样，并且它不表现于某个特定的体操运动员中，是否可以被人们获得或发展？这不仅仅是对于知识的好奇心的问题，因为它对所有体操运动员的训练都有影响。

三、训练风格和运动员技术水平

本节选用的材料强有力地表明，体操运动员的同质能力分组是设计研究的一种明智方式。尽管从技能较强的体操运动员的表现中获得了某些积极的好处，可是对水平较低的运动员并没有作用。研究结果表明，能力较强的年轻人需要不同类型的训练风格和方法来保证训练的独立性。除非教练员是一个文艺复兴时期的男人或女人，他们可以根据自己的工作对象轻松准确地变换策略。构建成员能力相近的团队有利于训练的高效率。这很明显，任何人都可以毫不夸张地想出来。经验表明，当这样的群体真正出现时，训练虽然随意但完全有效，他们更容易相处，需要更少的关注等。但是为什么会这样，大家还未能完全理解。本质问题是：为什么会出现这种情况？我们的体操历史上经常发生这样的事情：我们做着正确的事情，但是没有合理的理由。在一些团体或个人的训练方法中，似乎有一种微妙的差异——“好吧，赛前每人做 20 次规定动作，然后看看比赛时的表现”。有的教练员会说：“让我们看看在这个练习中哪里可以做得完美些，你觉得这样做怎么样?”事实上，这些代表了心态和方法的差异。

值得注意的是，许多表现更好的运动员来自某些训练组，这些训练组里通常有一个完整的教练团队或者有多名教练员。通常教练员会根据运动员的水平分工负责，一名教练员负责初学者，另一名负责中级水平运动员等。显然，从以上资料来看，这样组织训练是有道理的。但是，选择教练员不应该是随机的或仅仅基于资历，而应该基于谁能提供发展体操运动员水平所需要的知识和领导力。多数情况下，经验丰富的教练员最终会负责训练顶级青少年运动员。有人指出，经验很重要，但我们同样也需要教练员有特殊的个性和教学风格，尽管经验通常伴随着一定的激励能力。

优秀运动员所希望的关系有时已经存在，特别是如果教练员和运动员已经在一起相处了多年，在此期间这种互动已经非常自然了。许多顶尖运动员表示他们已经接受过关系融洽的训练，但不是一直这样。并且，从问卷调查的结果中可以看出，问卷提到的特征是那些期望的特征，但不一定存在于他们当前的训练中。在这些地方可能会有进展，也可能会停滞不前。这时候仍然需要教练员的带领，但是相较于带领式训练，运动员更需要的是教练员的善解人意、人格化的激励和沟通。一些教练员根本就没有这种技能，他们依赖固有的、自认为有效的训练方法，未能认识到运动员已经长大，旧方法在这个水平的运动员身上已经不再合适或效果不佳，比较一下同龄人就可以得出结论。听话的体操运动员的成绩会徘徊不前，最好的情况是他们的体操成绩可以保持，但不会出现应该与成绩高峰相一致的创造性飞跃。如果教练员的条件更有利于发展卓越，运动员又可以做什么呢?这还不好说。也许这就是我们看到国内有相当数量的团队在高水平层面发生变化的原因之一。

还有一些其他的评论是合理的。回答调查问卷的体操运动员年龄都在12岁或以上。你会注意到这篇文章中并没有区分性别，对此的解释很简单，也可能令人惊讶，我们考虑过男女体操运动员不同的个性结构，但是男女体操运动员在找出教练员的特质上似乎没有什么差异。很小的差异可能有很大的影响，但我们的第一次检验表明，存在的差异在于程度而非内容。第二章的“团队训练”相关的内容提供了有关该主题的更多信息和训练建议。

四、对未来的影响

我们可以接受这样一种假设：水平更高的体操运动员需要采用不同的训练风格，如本文所建议的要在本质上更具个性化和激励性。当我们要面对国家级的训练营时，这就要求我们注意运动员的背景、水平和技能类型。这个水平的教练员团队需要更加平衡。这不仅需要我们的教练员具有高超的技术能力，而且也要具备给予情感支持和心理关怀的能力，当然这是对运动员而不是对自己。

根据我们的观察结果，考虑制订国家级教练员培训和评估的计划似乎是恰当的。目前从事这项运动的时间往往是选择训练营教练员的主要标准。尽管从业时间与教练员的能力有一定的关系，但是从业时间长并不一定具备我们研究中指出的特质。另一种常见的，也许更加可靠的标准是从那些训练出过顶级体操运动员的教练员中任命。这一做法的假设是：如果他们带出过好的运动员，那么他们必定是最好的教练员。当然，这可能是一种非常错误的假设。虽然，我们的训练团队中可能有一些教练员没有带出过顶级体操运动员，不过他们却有出色的风格转变和建立良好关系的能力。相反，有些教练员虽然带出过顶级体操运动员，但从更高的层面来看，他们很可能不像表面上看起来那样适合。

本节提出的教练员的天赋并不像看起来那样神秘，确定教练员所需的特征应该是选择教练员的先决条件。一些人可能会出于自私的原因抵制这一理念，但底线是我们必须优先考虑体操运动员的整体发展，这一点要高于任何因素，当然也包括成年人的动机。

同样的情况下，你可以考虑问一下我们的体操运动员，希望谁出现在国家队的训练营里，如果他们都认识这些教练员的话。会出现什么样的结果呢？这一定很有意思。如果这个活动是匿名的，有大量证据表明，一些体操运动员不会认可他们现有的教练员。如果不采用无记名投票方式，可以通过让每位体操运动员提名两名教练员，一名来自他们自己的体操馆，一名其他教练员。虽然这可能会导致运动员受到痛苦打击，但它将有助于运动员中断单一的训练模式，帮助顶级体操运动员获得他们认为重要的训练类型，并在关键时刻起作用。

五、总结

我们多年来积累的研究内容相当广泛。本节中，在顶级运动员希望的教练员的特质方面，我们对此提供了有关信息。您可能也会对第二章的这三节感兴趣："心理学家的教练员观——训练理念""心理学家的教练员观——训练原则"和"训练指导守则"。

第五节 优秀青年体操运动员的心理特征

编者按

优秀青年体操运动员的心理特征是根据美国独立体操俱乐部协会各训练营收集的数据和评估结果得出的。多年以来，这些训练营中有500 多名体操运动员参与了我们的数据收集。以下是针对俱乐部所有者和教练员典型的描述性报告，这能帮助他们了解体操运动员的个性，也能为一些促进未来训练的建议。

一、来自运动医学咨询委员会心理学分会的报告

收件人：美国独立体操俱乐部协会

致：教练员——美国独立体操俱乐部协会优秀运动员发展计划

发件人：乔·马西莫博士，美国独立体操俱乐部协会运动医学咨询委员会心理学分会，由苏·马西莫博士协助

回复内容：关于数据收集与评估的总结

二、一般性描述

65 名体操运动员在训练营参加了为期一周的训练和数据收集工作。所有体操运动员的年龄分布在 6～13 岁，健康状况良好。这是一份训练营的报告，该训练营收集的数据和得出的结果极具代表性。尽管这是一个未通过任何书面测试直接得出的结果，但很明显的是，这些年轻人的竞争非常激烈。这对这样一群年轻的优秀体操运动员来说比较正常，但在处理和解决个人或集体问题时一定要注意。

三、具体方案

根据训练调查问卷，得到以下结果：

- 训练营中女性参与者的平均年龄 …………………………………… 10.7 岁
- 开始练习体操的平均年龄 ………………………………………… 6.5 岁
- 平均每周锻炼次数 ………………………………………………… 5.0 次
- 每次锻炼的平均小时数 …………………………………………… 5.5 小时
- 负重训练 ……………………………………（87% 固定值）1 小时/周
- 跳舞 …………………………………………（97% 固定值）2.5 小时/周
- 跑步……………………（48% 固定值）1～5 英里（1 英里≈1.609 千米）
- 游泳 ………………………………………………（6% 固定值）无时间要求
- 骑车 ………………………………………………（8% 固定值）无时间要求
- 报告的平均热量摄入量 ………………………………………… 1 750 卡路里
- 服用维生素或膳食补充剂 ……………………………………… 50% 固定值

四、数据收集和结果

我们做过许多正式的心理指导，旨在测量视觉—运动—感知协调功能。我们

还提供了一个简单但经过深入研究的设计，用于确定体操运动员的控制点特征。这是一个心理概念，用以表明运动员是否在自己的外部或内部寻找关键动机。

在视觉—运动—感知功能的所有维度上，这一群体的平均得分都较高，优于同龄的青少年。除了标准化的数据，我们还从其他运动中的同龄运动员那里收集了数百个类似的访谈记录。

收集的数据显示，这一特殊群体的年轻人在以下方面表现出优势：

- 听觉顺序记忆
- 短期视觉记忆
- 接受自由、无拘无束的关注和与外部现实的接触
- 规划、组织和持续集中注意力的能力
- 视觉感知和空间关系
- 整合能力
- 内部动力

人们可能会认为，在诸如体操等运动项目中成功的运动员身上会表现出上述特征。这样的判断基本合理，但这个特定群体的优秀程度出乎人们的意料。

在这些领域中有短期视觉记忆的评估，即评估在压力情况下视觉运动的灵活性、速度及快速学习新视觉材料的能力。在这个衡量标准中，体操运动员们表现出来的结果与过去的结果保持一致，完全超越了规范尺度。因此，可以为体操运动员专门制订一套完全独立的规范图表。重要的是，要注意年龄似乎不是这个变量的影响因素，也就是说，无论年龄大小，优秀的体操运动员都很出色。

在另一个领域，动机控制点测量也出现了有趣的结果。绝大多数体操运动员被评估为内控型。这一发现表明，与视觉记忆不同，内控型的程度取决于年龄。视觉记忆是一种神经功能，而控制点特征是支持这一结论的人格特征。这个结果告诉我们，从奖赏的角度来说，实际行为是激励体操运动员的决定性因素。换句话说，他们认为他们做得好的话，会有内在的回报或强化。他们不会从教练员那里寻找激励，也不相信这些来自命运、机会或任何强大的其他因素，而是来自他们自己。他们为自己的独立而感到自豪，并会以自己的方式避免依赖。

五、研究意义和建议

我们建议继续收集年轻体操运动员的临床信息，以便更好地了解其独特心理特征的本质，并协助其最大限度地发挥潜力。

我们与体操运动员之间的人际关系在这个阶段似乎发展得相当不错。此外，此时以下领域适合在体操运动员中进行更多的应用研究：注意力提高、压力管理、控制个人唤醒水平，以及我们说的与运动表现相关的各个重要环节。你可以在第七章的“运动表现相关因素”部分了解到更多的有关信息。

尽管这一群体在许多方面都处于领先地位，包括处理听觉信息的能力，但我们已经清楚地看到他们的强项在于视觉领域。我们认为教练员没有充分利用这种强项。因此，我们建议教练员在强调视觉呈现的同时，为这些年轻人提供口头性的指导。从父母支持的角度来说，如果孩子还没有进入体操馆进行专门训练的话，最值得（投资）的是筹集资金购买一个好的视频录制和播放设备。发布基本指令及对视觉和听觉的反馈需要时间练习，但就这些有天赋的运动员的进步而言，这将是非常值得的。美国教练员不一定了解某些专业术语，有时也会导致一些错误。重要的是，要记住“展现”和“告知”是一种基本的教育方式，但“展现”要先出现或者应该与“告知”同时出现。如果可行，对视频使用的进一步建议是将设备挪到训练器械的实际位置（在平衡木、高低杠旁边等）。使用该设备时，尽可能地接近所要学习的运动项目，这样既可以促进学习，也可以展示给其他体操运动员。第七章的“右脑型与左脑型体操运动员”将提供更多此领域的信息。

大多数青少年都是内控型这一事实表明以下几个特征。

（1）这些孩子对公开口头强制或限制的反应不会很好。他们觉得自己做得好是动机因素决定的，而非外界的影响。

（2）这些体操运动员更有可能把个人的自我竞争（身体测试、技术水平等）理解为成功地完成动作。

（3）对这些孩子的激励计划应该包括任务定向的技能掌握，而不是“啦啦队”或“军队训练”的方法。应该以积极强化的形式给予鼓励，将主要关注点一定程度地放在努力后的结果上。

（4）每名体操运动员都要有一个个性化的技能获得记录簿，带有详细时间表的个人目标手册和整体计划。（参见第八章的“我的目标是……体操运动员的计划”获取更多的信息）

（5）正如前面所指出的那样，这些体操运动员的竞争非常激烈。建议教练员和家长避免在体操运动员之间进行比较，不要进行任何内部对抗比赛（可能会发生冲突）。技能学习、体能测试和常规的比赛会给体操运动员提供所需的比赛情景和经验。竞争态度很重要，但明智的做法是避免火上浇油！

（6）重要的是，让父母了解并参与为孩子制订计划，这并不是说他们应该控制体操运动员的训练，也不是说他们必须全身心地投入。我们说过，大多数父母对这种参与并不感兴趣。但是，自然而然地参与其中，会使他们感受到所信任的教练员对他们的尊重。我们强烈建议教练员与运动员的父母进行开放式沟通。有帮助的、坚定的父母可以成为专注的教练员的真正财富。

第二章 训练心理学

通过近百年来在体育领域结合运动员、裁判员、教练员和运动心理学家的研究，我们积累了许多关于教练员与运动员相处的经验。事实上，本书中提供的大部分信息都是基于对数百个国家、不同年龄组的国际级体操运动员的访谈和研究。

本章首先概述了体操心理学的指导理念和原理，以及近些年来我们出版的一些教练员指导方法，如“训练指导守则”一节的相关内容可以在全国各地的体操馆指导手册中找到；其次涉及了个人和团队的领导风格和沟通技巧；最后讨论了其他与教练员心理相关的话题，如教练员的准备工作和安全问题，道德行为问题与建立个人行为准则的问题，这些对如何成为一名高效教练员是至关重要的。

本章重点：

- 心理学家的教练员观——训练理念
- 心理学家的教练员观——训练原则
- 训练指导守则
- 团队训练——成人权威的作用
- 团队训练——民主的领导
- 体操馆里的安全心理学
- 个人行为准则——道德

第一节　心理学家的教练员观——训练理念

体操训练涉及多方面的工作，但从运动心理学家的角度来看，其中最重要和最困难的无疑是运动员的心理管理及团队的整体塑造。本节我们不针对每天都要面对错综复杂的情况，需要具备敏感而有责任心的教练员个体进行评判，我们的讨论将会涉及训练中教练员的训练理念。

一、训练理念

1. 交流

如果你观察过不同领域的杰出教练员，就会发现，他们的优秀之处不在于对专项运动技能知识的掌握，而在于他们处理团队内教练员、运动员之间人际关系的能力。在过去的几年里，我们考察了被顶级体操运动员看重并寻找的教练员们所拥有的特点。调查结果清楚地表明，同体操运动员的交流与互动技能是教练员最重要的能力之一，甚至超过了技术专长。如需了解有关这些结果的完整论述，可参见第一章的“体操运动员对教练员的感知——能力和训练风格”。

很明显，基于对教练员与体操运动员个性的了解，他们之间的交流越充分，在进一步提高运动水平及运动表现方面所付出的努力就越有成效。这种能力也许是一种天赋，也许是一种反复尝试的结果，也许是经过长期训练和学习的结果。但是，无论这种极富洞察力、能够明确人心理的行为起源于什么，它都是一个将个人和团队努力凝结在一起的重要因素。更多内容参见本章的“团队训练”。

2. 个人理念

教练员的个人理念对团队特色的形成有着至关重要的影响。许多成功的教练员都把他们的工作建立在了解每位运动员的基础上：有什么样的动机，强项或弱项是什么，怎样开始参与这项运动等。其目的是提高共同目标认同感，能够做到互相尊重，并致力于个人和团队整体表现的提升。在小型体操馆或团队中，自然会存在些许内部竞争，以建设性的方式控制这些竞争是极其重要的，与此同时，还要对这些竞争进行监测，避免破坏团队共同努力的成果。

3. 纪律

从本质上来讲，教练员主要挑战的事情是情绪的管理，因此“纪律”是一个重要的概念。在大多数标准词典中，纪律被定义为一种特殊的“学习”方式。有些教练员所制订的纪律是不合理的、严厉的、专制并具有破坏性的。如果在这种情况下下达指令或决定，对个人或团队来讲都是极其不利的，必将以某种隐性方式破坏训练的效果，教练员应该时刻保持理性。体操运动员们欣赏管理的灵活性，而不是无论何种情况都不可逾越或反对的独裁和专制。此外，教练员也要维护公平，不能因个别运动员而搞特殊化，这必须作为“纪律”的一部分去严格地执行。尽管有时不情愿，但是大多数运动员会尽职尽责地遵守这些规定和要求，因为他们认同、尊重那些理性并有权威的教练员。

4. 职业素养

在体操运动中，“一分耕耘一分收获”是亘古不变的法则，成功的体操运动员都是凭借自己的努力取得了非凡的成就，这种愿意努力的心态是很重要的。从长远来看，积极的心态养成是一项持续又微妙的挑战，而极端的心态似乎注定会失败。从运动心理学家的观点来看，理想的心理状态强调专注、自律且目的性强。随着人们对共同目标的接受感和认同感的日益清晰，教练员可以适当地放手。团队中的每一名运动员都明白成功需要百分之百的投入，这是一切的基础。有了这样的共识，即使不强调、督促运动员努力训练，整个团队也会让这样的训练状态保持良好的运转。同时，训练量和训练强度应达到一定的量级，如果在高水平的竞技训练中没有做到这一点，就要及时对训练目标和整体训练情况进行分析。

5. 随机应变

所有的教练员都被要求自主做决定，还经常要在未经仔细考虑时快速做出本能反应：什么时候赞扬运动员，什么时候应该温柔一些，什么时候需要提高要求，什么时候叫“停”，什么时候说“我认为你自己完成完全没有问题”。此外，教练员必须学会如何处理运动员的挫折、愤怒、恐惧、损伤、过度紧张和比赛成绩不佳的情绪问题，或其他任何问题。所有这些指向的都是一群聪明且敏感的年轻人，这就是教练员职业的真实写照和令人兴奋之处。

在某些情况下，一视同仁是非常重要的，如对训练水平的要求。但在其他情况下，这将取决于具体情况所涉及的不同个体，如某位体操运动员的愤怒反应。这是一项需要付出情感、永无止境的任务。很显然，教练员对团队里年轻运动员的个人动态越了解，工作就会变得越容易，过早出现职业倦怠的可能性就越小。这方面可以参阅第三章的“训练中愤怒情绪的滥用”获得帮助。

6. 鼓励个性

在运动心理学家看来，另一项必须要进行的工作是鼓励运动员个性的发展。这同时也是对每名体操运动员学习风格的理解与欣赏。这项工作就像艺术家描绘作品一样，帮助体操运动员们发展自己的风格。但说起来容易做起来难，教练员是不可能将自己完全置身于描绘和呈现的画面之外的，因为每个人都有自己偏好表达的东西。我们经常能听到这样的评论，“所有的训练常规看起来都一样”或“这些训练风格之前遇见过”。从某种意义来说，这是训练过程的一部分，然而，如果“千篇一律”已成为过去时，那么可能意味着这样一种现象：在这种情况下，过于强势专制的教练员会受创新威胁并阻碍创新。对训练的控制与创新的控制是不同的，这是教练员需要经常关注的一个问题。

7. 技术知识

除上述的心理知识外，了解自身的技术水平也是非常必要的。体操技能的教与学需要教练员在技术、机制、原理、执行、运动员选材和安全问题等方面投入精力。由于我们在这方面的知识和要求每年都在增加，教练员也必须去学习这项运动的最新理论思想。没什么比一名教练员假装自己掌握足够多的专业知识更糟糕的了，这是拖垮整个团队的最快方式，更不用提这种心理渎职进一步带来的风险了。有些团队可以在一名技术知识比较薄弱的教练员的指导下运作得非常好，但前提是这名教练员能够承认并认识到自己的不足，并且能够学习所需的专业知识。如果体操运动员能看到教练员向他人学习所付出的努力的话，他们是可以接受教练员在某些方面存在不足的。教练员最强大也最宝贵的资产也许是他们的激励能力。在技术知识匮乏的情况下，教练员往往很难取得队员的尊重，但这远比制造高水平的假象导致运动员们身心俱伤要好得多。

培养对体操运动的技术、安全与内涵的理解是需要教练员不断投入精力并进行研究的。除了这些需要监控的事情外，还有诸如日常训练的内容、家庭作业、训练安排、比赛日程、路程、财务及其他必要的任务，也都是教练员总体职责的一部分。如果你能将以上内容全部结合起来，再加上运动员的选材任务，你就会理解为什么许多教练员像运动员一样，训练结束后疲惫不堪。

8. 榜样

最后，从心理学的角度来看，教练员最大的挑战是为容易受外界影响的年轻人树立一个可接受的、令人钦佩的榜样。这些年轻人与教练员相处的时间比他们与其他成年人相处的时间都要长。教练员能够并且确实会对处于成长期和青春期的体操运动员的生活产生巨大影响，这种责任感不应该被教练员忽视。心理辅导或心理健康诊所不是体操馆的使命或目标，但它也不应该是孩子们体验负面情绪、刚建立的自尊被打击的地方，也不是体验不快、导致内心痛苦的地方。专心于体操的成年人可能会声称自己“热爱体操”，但不能把这种感觉强加到年轻人身上，因为上述负面现象也会在他们身上发生。从我们可能带有偏见的观点来看，这是所有训练中最重要的非身体训练。关于这个非常重要的主题，请参阅《伦理问题》一文获得更多的内容。

二、总结

随着时间的推移，每个以不同身份与儿童打交道的人都会根据自己的经验总结出个人规律。本文的主要内容是简要介绍体育心理学家对体操教练员这一职业的看法。我们都认同，这是一份非常困难但回报颇丰的工作，既痛苦又充满欢乐。如果情况不是如此，我们周围就不太可能存在这么多的体操教练员。有分析认为，无论采取什么方式，这些结果都必须通过体操教练员的个人价值体系呈现出来。最终，以哲学方式出现的是他们为所教导的年轻人付出的动机、行为，更多的是人类经验干预的复杂结果，而不仅仅是阅读、观察或听到的结果。

考虑到这一点，我们编制了一份关于体操教练员和体操运动员相互的心理影响清单，这可能有助于体操教练员形成一种他们能感到自豪的个人训练哲学。在第二章的“心理学家的教练员观——训练原则”中，我们提出了这些训练的指导方针，但不是指导大家“应该做什么和不应该做什么”，只是一种训练年轻体操运动员的哲学性反思。

第二节 心理学家的教练员观——训练原则

本节从运动心理学家和体操训练的角度，对体操教练员的性质进行了介绍。讨论的几个主要主题包括以下内容，即训练是一项极其复杂的活动，涉及技术知识、个人和团队管理、沟通和关系建立、技能、决策、教练员榜样等。训练是一项高度专业和敏感的任务。当面对某种教学状态并能找到积极的应对方法时，训练就是成功的。有人进一步指出，教练员对每名运动员的心理意识越熟悉，他们在体育运动中努力的结果就越成功，也就越能得到回报。

一个人，无论以何种身份与年轻人长期共处，都会在日常经验的基础上形成一套原则或指导方针，他认为这些原则或指导方针对于培养一种成效良好的工作关系尤为重要。本节从50年来体操运动员、裁判员、教练员和研究人员等身份参与体操运动的运动心理学家的角度，提出了这样一份“清单”。有趣的是，所有这些策略都可以联系在一起，并应用于任何教与学的模式中，无论是父母—孩子、学生—教师、教练员—体操运动员或其他互动，其目的都是让年轻人在知识、能力和自尊心方面得到成长。

多年来，以下原则被许多优秀的教练员和体操馆老板称为“训练指导守则”。事实上，许多团队手册中都包含了这些内容，以便所有教练员在制订自己的教学计划时参考并使用。无论如何，我们希望教练员能够在他们训练年轻运动员时发现一些值得思考的问题。

一、训练原则

1. 尽早确立你的准则和权威

这是非常重要的一点。尽管你可能是助理教练员，但你已经积累了一定的经验，你需要对一些事情表明既坚定又明确的态度，在运动员和家长中画出一条明显的权力线，让所有人理解你的做法并接受你的管教。但这并不意味着需要独裁统治，而是需要建立明显的体系。请参阅本章的“团队训练——成人权威的作用”以获得有关角色权威的更多内容。

2. 以一种温暖自然的方式与你的体操运动员相处，但不要以同伴的身份

虽然许多体操教练员都和体操运动员保持着一定距离，但这并不意味着冷漠或冷淡。事实上，体操这项运动恰恰相反。体操教练员需要表现出关心并在情感上给予运动员支持，在共同的工作或娱乐目标上进行互动，而不是简单地被当成“大伙伴”。

3. 少说废话

我们在过去对美国与其他国家的体操教练员风格进行比较的一些研究中发现，在体操馆里有修养的交谈，并不意味着双方的竞争者不进行交流。我们需要做的事情有很多，不要给体操运动员无休止的反馈，因为言语性交流的次数越多，体操馆就越嘈杂。仔细观察体操运动员，只有当你真的有一些有价值的东西可以与之交流时，再对他们的努力进行评价。例如，确保你看到的错误不是偶然发生的，而是一个长期反复出现的错误，这需要沉默、长时间的观察才能发现。不要在你的体操运动员活动时一直评论，而是尽可能多地使用非言语策略，就像我们在文章中指出的那样，“教练员指导的非言语沟通”。如果你需要提问或发表评论，那就逐次逐个地进行，不要强迫体操运动员只对某一个方面进行回应。作为体操教练员，你应该时刻专注于当前的工作与训练任务，避免与运动员闲聊。

4. 要有幽默感，但不要拿训练开玩笑

没什么比良好的幽默感更能迅速地化解紧张和潜在的破坏性局面了。你可以借助幽默感帮助你的运动员正确看待自己和他们的工作。另外，最重要的还是训练而不是一个“笑话”。

5. 永远不要用讽刺和消极的态度指导体操运动员

这种风格很容易被多数体操教练员接受并采纳，但这容易使教练员犯错。因为只有成熟的情绪才能处理和应对任何事情，但青少年正处于自我情绪不成熟的青春期。据我们了解，很多体操教练员认为他们可以用持续的负面评价来斥责体操运动员，因为他们觉得这是一种良好的动力，能促进运动员真正地“学习”。我们认为这种做法是百分之百错误的，尽管偶尔的负面评价是可行的，但从各个角度来看，毫无疑问的首选方法是始终保持正面评价。虽然有些人觉得嘲讽很有趣，但对年轻人来说通常不是这样的，除非体操教练员富有幽默感地偶尔斥责他们。嘲讽取乐并不搞笑，不管你的立场如何，讽刺的评价都是对他人极大的不尊重。

6. 热情地对待工作，并且鼓励体操运动员也这样做

高昂的精神和精力很难保持，但你应该尽一切努力去保持，这能在体操馆里创造一种富有感染力的氛围。许多体操教练员会让运动员在队友积极完成一些动作时鼓掌或尖叫，这是个很好的主意。

7. 公平地对待每一名体操运动员

这尤其适用于在器械上完成旋转的圈数、项目轮换时间等方面的训练情况。事实上，大多数体操教练员在体操馆都有自己最喜爱的队员，尽管有些人会否认这种自然倾向。有时是基于运动员的天赋，有时是基于体操其他不那么容易被识别的因素。但很重要的一点是，要防止这种情况干扰体操馆内整体的情绪气氛。有时，一名运动员会得到特别的关注，也许是因为他能完成难度系数较高的技术动作等。这点非常好，因为队友也会给予他们同样的关注，这是在一个重要心理层面上的公平。

8. 当你和每一名体操运动员一起训练时，要全神贯注于他们

我们经常会在和年轻人交谈的时候，用余光观察别人正在做一些我们想评论的事情。这是繁忙的体操馆里一种自然的干扰因素。但是，不能让它打乱你交流时的注意力，除非这是出于安全考虑。所以，在你谈话时，对你而言，唯一重要的人应该是正在和你说话的体操运动员。要确保你真正在倾听并与体操运动员交流。

9. 当体操运动员做得不好时，不要对他们说“做得好”

大多数体操运动员都知道自己什么时候做得好。如果你在他们明知自己表现不佳时表扬他们，那你的批评也就不会被信服。负面评价完全没有必要，但毫无疑问的是，虚假的赞扬完全没有意义。然而，你可以不断地给予他们有价值的鼓励。这种鼓励是重要且有效的，即使体操运动员很明显地失败了，但他至少迈出了敢于尝试的第一步。你可以这样说，“更好一些”“马上就成功了”“下次，你需要……”等为训练任务提供改正措施。

例如，如果一名体操运动员跳马助跑很慢，不要说“如果跑得再慢一点，你最好别跑了，回来吧”，这是一句既没用又伤人自尊的评价。最好是说“好的，你很努力。这一次起跑时速度很快，保持这个速度”，这才是鼓舞人心的评价。如果你希望看到体操运动员付出最大的努力，并期望得到同样的尊重，你必须学会尊重他们。

10. 说“不”而不内疚，说“是”而不怨恨

这些是非常细小却很重要的事情。年轻人经常会问这样的问题：“我能做另一个动作吗?”教练员出于喜好、情感等因素回答“可以”时，内心独白却是，“我真的不想那么说”。

小心这种情况，因为如果你不小心，你的真实感受便会在以后以一种消极的方式表现出来。当体操运动员问到“我可以吗”之类的问题时，认真想一想再回答，不要让不确定或不一致的答案出现。下定决心，然后对你的决定放心。

11. 做一名始终如一的安全监控员，注意所有的安全问题

保证获取最新的器械与安全指南。如果你在体操馆里使用了大量的身体辅助(保护)，那么就要坚持使用它。这能增强体操运动员的自信心。当体操运动员训练时，或是利用器械进行保护时，你应该在旁边关注他们。这可能仅仅是对体操教练员行为上的建议，但同时也是提示体操教练员从心理上重视。

12. 不要害怕说“对不起”和“我不知道”

体操教练员也会犯错。没什么能比你承认并为自己的错误行为道歉更快地巩固你与运动员的关系了。你这样做的价值会写在运动员的脸上。你当然也不愿意犯错，但体操教练员的态度表明他知道一切错误都会导致危险的发生。如果你愿意承认某种程度上的技术知识有限，你会得到运动员的尊重。尤其是他们不会因此贬低你，而是愿意与你一起挖掘潜能，寻求解决办法以取得更大的进步。如果你因为自我因素假装了解，长远来看，不但会给年轻人带来伤害，还会损害你的基本形象。

13. 为体操运动员安排社交时间

除非时间很短，否则这种情况不应该发生在训练过程中。然而，要让年轻人知道在每天的训练中，社交只能在特定的情况下进行（如热身之前、训练间隙、休息调节后等），让他们知道你知道这点在一项具体的运动中是非常重要的（比如体操），并且会为他们在整个训练计划中安排一个时间和地点来进行社交。

14. 为倾听体操运动员心声而举行一个会议

我们认为这是一个非常重要的影响因素。体操教练员应至少每个月都与运动员坐下来讨论训练工作是否顺利进行的任何问题，可以将其视为“我们团队的状态”对话。会议的规则应该是：倾听、公平。

- 一次只有一个人发言
- 其他人不需要说话
- 任何事情都可以在谈话中提出来
- 当一个人说话时，其他人会和他保持眼神交流
- 不准有贬低的言语
- 问题只用来澄清观点，不要对它进行评判

这个过程需要时间和耐心，因为这涉及团队间基本的信任问题。这是体操馆里非常值得努力营造的一种积极气氛，能够避免问题的积累。参见第三章的“教练员与体操运动员的沟通：倾听与表达”可以了解更多相关的信息。

15. 不断地自学

不管是在体操房内还是体操房外，都要非常努力地工作，了解运动的技术要求和安全性，培养发现问题的能力，以及儿童身体的生长发育、运动生理学和运动心理学等领域的知识。

16. 给体操运动员分配一些任务

体操运动员在做某些决定时会感到一定的归属感，如果能在完成常规动作的同时完成你给他安排的任务的话，那将有助于营造体操馆良好的情绪氛围，但不要把这部分做得太过分，以至于失去对体操运动员的基本控制。让体操运动员一起训练是一种很好的方式，这样可以使他们得到教练员以外的激励，增强自己的自豪感和责任感。

17. 在个人情感上要有预测性

如果教练员和运动员一样喜怒无常，体操运动员也可以接受。但为了得到最佳的训练效果，教练员的情感保持一致性非常重要。这样才能让体操运动员感受到影响自己内在态度的外部因素，教练员才能以一种稳定的方式对他们所付出的努力进行监控。这种反应为他们提供了一种重要的安全感。所有年轻人，甚至是训练有素的体操运动员，都会不时地挑战极限。例如，他们可能在工作上有些懈怠，但他们知道多久才会到达极限。事实上，这最终也会以一种可预测的方式发生。

18. 在任何时候都要成为榜样，尤其是在压力大的比赛中

记住要言行一致。人们很容易夸大价值，也同样容易低估你对年轻人的生活产生的影响。有一种心理结构叫作“认同形成”，教练员在运动员的发展中起着关键性作用，尤其是在青少年时期。告诉你的运动员你想在一场可以完全主宰的比赛中看到“风格”是很容易的，但在激烈的战斗中保持冷静是另一回事，尽量树立好的榜样。

19. 男教练员与女体操运动员合作时要非常小心，不要与异性体操运动员发生性关系

这里不需要进一步阐述。第三章的“男性教练员与女性体操运动员”提供了更多关于这个问题的信息。

20. 有能力激励和管理团队

顶尖的体操运动员会采用向教练员寻求帮助的方法，促进并保持个人及团队的积极性。他们还会依赖教练员来管理整个团队的社会关系。

21. 做那种能引导年轻体操运动员思想但不会打击他们的教练员

不要把运动员的生命和情感当儿戏。很多时候，他们可能是“坚强”的年轻人，他们所表现出的体力、韧性与心理承受能力可能会让你忘记他们还是孩子，但他们毕竟不是成年人。鼓励、支持和赞扬的语言对运动员的精神有很大的引导作用，会让他们成为一个快乐、自信、效率高的年轻人。

22. 对训练、比赛和生活抱有积极的态度

下面是一位著名的美国奥林匹克运动员在她的“优秀体操运动员问卷”中所

提到的。该问卷描述了她在教练员身上看到的重要品质，她说，“我在教练员身上寻找的东西”是“和我一样渴望”和“一个真正热爱这项运动的人”。没什么能比这句话表达得更好了。

二、总结

总的来说，教练员的任务是“与”年轻人“合作”，而不是“妨碍”他们，无论是身体学习方面，还是情感健康与发展方面。要做到这一点，你需要做一个真诚的人，一个会笑、会哭、能分享、能承诺，能对他们进行多方面关心的人。你应该对运动员非常感兴趣，因为他们是人，而不是机器——不需要过多地参与他们的生活。这需要实践、耐心和成熟的判断。

最后，请记住，在写体育史时，你的训练活动不太可能被记录下来。保持对事物的洞察力，享受与这些年轻“艺术家”建立工作关系时所带来的满意回报，以及创作过程中你的意识。这才是你的首要目标，并且这些会给你和你的队员带来短期或长期的意外收获与满足感。

第三节　训练指导守则

任何长期指导年轻运动员的人最终都会根据日常经验制定出一套原则或指导方针，他们认为这些原则或指导方针在培养良好的工作关系方面和收效方面都是至关重要的。训练是一项高度专业和敏感的任务，当它涉及积极的教学方法和对每位运动员个性的心理意识时，才是最成功和有益的。以下守则的完整描述可以在上一节中找到。

- 坚定地树立权威
- 以成熟的方式与你的体操运动员相处，但不要以伙伴的身份
- 少说废话

- 富有幽默感
- 永远不要讽刺或否定体操运动员
- 在体操馆里要热情，鼓励体操运动员
- 公平地对待每一位体操运动员
- 一对一工作时要全神贯注
- 不要在体操运动员做得不好时对他们说“做得好”
- 说“不”而不内疚，说“是”而不怨恨
- 注意安全因素，做始终如一的监控员
- 不要害怕说“对不起”和“我不知道”
- 为体操运动员分配社交时间
- 为倾听你的体操运动员举办一个论坛
- 不断地自学
- 给你的体操运动员分配任务
- 在个人情感上要有预见性
- 任何时候都要做一个积极的榜样
- 不要与体操运动员发生性行为
- 有能力激励并管理团队
- 做那种能引导年轻体操运动员思想但不会打击他们的教练员
- 对训练、比赛和生活抱有积极的态度

第四节　团队训练——成人权威的作用

体操教练员经常为如何严格或宽松地对运动员进行管理而感到烦恼。在这方面所做的决策常常会影响训练的整个过程及其团队内部关系的质量。

团队训练部分的两节探讨了在体操团队训练中利用成人权威的重要问题。这部分解释了一些理论和实践的含义，这些含义指的是一群年轻人一起训练的挑战，而不是一个人；还讨论了非体操情境下的不同领导风格与权威的相关研究结果。研究结果同样适用于体操教练员，存在一种特定的领导风格，可使体操教练员比其他人更受欢迎。在本章的“团队训练——民主的领导”中，我们将详细阐述这种领导类型，并从首选的训练方式中挑选最有效的为使用人员提供建议。

一、个人与团队

由于个别体操“明星”经常成为头条新闻和关注的焦点，所以我们很容易忘记，在大多数情况下，教练员不但与团队中的孩子们打交道，而且与团队中的其他人打交道。这一挑战，就本质而言存在这样一个问题：一名教练员在什么时候应该行使多大的权力。在讨论这个问题时，教练员需要考虑两点：第一，事实上，处于团队中的体操运动员，其日常行为并不总是与他独处时相同；第二，基于这一事实，为了个人与群体的发展，教练员指导训练的责任、领导和特权，是对“团队有利”的。

教练员通常会意识到，他们不能忽视整体的任何一个部分，除非高水平比赛中有具体要求：如果不这样做，你就不能取得成功。从直觉上讲，优秀的教练员早就明白，领导团队比表面看起来复杂得多。团队不是一个固定的有机体，团队的情绪、竞争力、合作能力、激情等方面每天都因诸多原因发生着变化，甚至时刻都在变化。

个体的个性不仅会影响群体行为，而且会因群体或团队成员而有所改变。例如，大多数成年人在青少年时期都有过这样的经历，即当有第三者加入两人世界时，他们“最好的朋友”的关系就会发生变化。在一个庞大的“团队”环境中，这种变化自然也会发生，并会对团队造成非常显著的影响。

团队环境能以不可预测的方式来影响每一名体操运动员。由于团队生活具有特殊的复杂性，教练员不但需要尝试理解团队中那些是否可以接受的力量，还需要理解这些力量在队员心理方面产生的影响。

二、成人领导

许多力量会影响团队的性质，其中有一些或多或少是不言而喻的。当然，正式教练员的素质和特征是其中最重要的影响因素。非正式领导的性质，即团队所敬仰的体操运动员也是一个关键因素。此外，环境是否宽敞，设施是否齐全，以及训练任务的性质等，都会影响团队的行为。同样的，团队也会受到体操运动员的个人影响，这种影响作用的大小通常取决于目标的制订。团队“精神”也会受到天气、节假日、学习压力等多因素的影响。最终，体操运动员个人会接受体操教练员的绝对控制并服从权威，就像面对学校里非常严格的教师或宽容的父亲（其他家长）一样。

正如前面指出的，教练员的领导风格通常是这些因素中最为重要的。因为效率高的教练员总是能把他们紧密地联系在一起，利用鼓励的方式减少运动员挑战难度时的焦虑感，以及适当调整过紧或过松的要求。例如，如果一名教练员意识到假期的前一天“团队”处于高度兴奋状态，那么他就会表现得比平时更自信。

如果一名意志坚强的运动员病痛复发了，他可能会进行更强制性的干预。如果训练要求特别高和困难，他可能会改变训练方法。这些都是教练员为了团队互动而做出的重要而微妙的决定。这些决定来自智慧、经验和对群体动态心理学的认识。当然，对一名教练员有效的东西不一定对另一名教练员有效，因为他们也是有人格结构的个体，其人格结构会影响他们的敏感性和灵活性，以及他们对支配或控制的需求程度。

承认教练员的个性和训练环境，是否有更客观的数据有助于确定适合指导一个团队及其成员的成人权威性质和程度呢?

三、经典研究

虽然近年来有很多研究认为教练员和训练风格是团队管理中的 个重要变量，但是利皮特和怀特针对非体操运动员群体所做的研究仍然是一个经典案例，对开发一个可行的训练模型具有相当大的影响。这项研究调查了不同类型的领导对群体内所谓“社会氛围”的影响。

这些研究人员赞助了四个由十岁男孩组成的俱乐部，俱乐部的主要目的是寻求各种手工艺活动。每家俱乐部的成员都是通过使用不同的社会测量工具接受研究的，以获得相似的人格特征、社会关系、健康状况、社会经济背景和智力的平衡。

每一组由三种不同的领导者中的一种进行领导，为期六周。在这段时间结束时，尽管每个小组的身体状况相同，但三组之间的领导风格类型不同。经过培训的观察员用同种方式详细记录了研究小组及其成员的行为，并从中得出了研究结论。

四、领导风格

在利皮特和怀特看来，年轻人所经历的三种领导方式分别是：独裁专制型、自由放任型、民主型。

（1）在特点上，独裁专制型的领导者通常要掌控局面，规定活动是什么，并为每位成员分配具体的任务。这种方式需要进行铁腕统治，而且这种措施往往针对个人，对赞成的人给予赞扬，对不喜欢的人给予批评。负强化占主导地位。

（2）自由放任型的领导倾向于或多或少地让团队自行组织并进行活动。控制者投入的精力和指导最少，只有看到活动具有潜在危险时才进行干预。大多数情况下，没有领导，也几乎没有人鼓励或劝阻组员自己建立何种形式的领导。

（3）作为领导者，民主型的领导参与团队工作的程度要高很多。他们会在适当考虑成员的意见后提供计划。领导者参与并与成员一起设定可达成的目标。虽然这种领导者更有人情味儿，但不能有偏袒的现象发生。他会向所有参与者提出有根据的建设性批评，并持续运用正强化。

五、指导意义

本研究结果对于团队的领导者，特别是体操团体的教练员而言，具有重要的启示意义。这项研究的主要结论是利皮特和怀特所说的自发的凝聚力，在民主方式领导的团体中比在其他团体中更容易实现团结。总体来讲，被民主方式领导的团体在朝着预定目标前进的过程中，有更多的相互帮助并且也有更多积极的行为。此外，在这些团体中，不满意的情况也要少得多。

很显然，发展竞争优势和进行高强度的体操训练需要有权威和有组织的领导，但这是经常出现的情况，不应该被认为是独裁的同义词。对于那些希望在执教中更加“民主”的教练员来说，一个常见的谬论是，他们错误地把形式当成了内容。体操训练可以民主地组织，就像本文使用的术语一样，不需要体操运动员进行演讲或投票！民主控制是一种社会契约，也是一个心理健康概念。它的核心是存在于领导者和团体之间及团体内部的情感。如果用几句话来概括这种民主控制，那么可能就是相互尊重的感情。这是一个需要阐述的基本概念。

这项关于专制和放任的领导风格之间关系的研究结果相当具有煽动性。有研究数据表明，这些团体中的年轻人更喜欢专制模式，而不是有点冷漠的自由放任型领导。在自由放任的环境中，交头接耳和中断谈话是显而易见的。但专制风格的团体似乎有两种不同的回应方式：在一个专制型团体中，即使有领导者在场，队员也会有相当多的反抗。然而，在另一个专制型团体中，当领导者在场时，他们表现出相当多的顺从，但当领导者离开时，往往会发生混乱。对于某些教练员来说，可能这些观察结果并不令人惊讶。众所周知，一名软弱的教练员往往不受运动员的欢迎，甚至会到被蔑视的地步，而这样一名教练员在如体操等高风险的活动中，会在体操运动员中引起很大的焦虑。一名实行严格控制并给出方向的教练员，即使这个计划可能完全来自他或她自己，但通常来讲会更容易被接受。最好的结果是教练员指导与运动员参与相结合。我们也知道，一名专制的教练员可能会非常成功地控制一个团队，但如果纪律松懈或教练员缺席，团队可能会“分崩离析”。

无论在哪个年龄段，持续限制心理成长的领导，终将遭遇群体成员的报复或罢工，这两种情况都不会使学习效率最大化。因为，这不仅会让太多缺乏主动性的领导者出现，而且会使年轻人在心理上出现或多或少的抵触情绪。

在心理准备的竞争中，目标设定是一种既定的工具。如前所述，在民主团体中，目标不像在自由放任或专制团体中那样没有结构，而是由整个团体在领导人的积极协助下制定的。此外，由于民主型领导者的敏感性，他会让目标持续呈现在队员眼前，年轻人能够不断地看到自己的进步。队员们可以清楚地看到，他们正在使用可衡量的措施朝着自己的目标前进。这是体操项目中需要组织和实施的真正目标。你可以在第八章的“把目标设定作为训练工具”中找到有用的循序渐进的指导方针。

六、总结

本节我们提出了一些对在体操训练中成年人的权威作用有影响的观察：

（1）在训练团队的民主模式中，领导者的责任取决于教练员。这是一个经常被误解的概念。

（2）在这个模型中，责任承载着一种义务，即意识到什么时候应该成为一名非常强大的领导者，什么时候应该以另一种经过深思熟虑的方式介入。

（3）教练员民主领导的目标是群体控制和自我约束的教学，它将随着体操运动员年龄和经验的增长而增加。同时，教学要激发运动员最大的身体潜能，支持其重要情感的发展。

最后一点是不容易做到的，在本章的“团队训练——民主的领导”中，我们将更详细地研究关于教练员如何能够采用民主的领导风格，并提供一些在这项高要求的运动中完成工作的建议。

第五节 团队训练——民主的领导

在上一节中，我们讨论了在体操训练管理中应采取何种严格或宽松的方式。此外，我们还研究了与青年运动员在一个小组而不是一个人一次进行合作的特殊挑战所产生的一些理论和实际影响。本研究探讨了非体操团体中不同的领导与权威模式，这种模式与潜在的教练员领导风格相关。有人说，任何一种领导模式，如果在运动员各个年龄段都不停地限制其心理成长，最终都会遭到反抗或某种形式的顺从和“放弃”。这两种反应都不是促进学习的必要条件。有人指出，心理限制不仅会发生在权威型和放任型领导身上，而且可能发生在自力更生的年轻人身上。

在上一节提出的各种模型中，有一种被认为比其他模型更有利。这种风格在本质上被称为“民主”，围绕这一概念形成的是一种非生产性的“训练”方法，而这种训练方法也被在高强度的体操项目中进行了研究。最常见的谬论是，教练员希望自己能努力，以实现更加民主，但他们不愿意这样做，因为他们把形式当成了内容，而民主的方式意味着需要更少的控制。有人指出，一个基本的民主并不总是完全民主的，也不需要多成功。民主控制被证明既是一种社会建构，也是一种心理和精神健康概念。最重要的是，有人指出，这种民主模式的核心是领导人与该团体之间及该团体内部存在的一种核心情感。

本节我们将更详细地描述民主领导模式，并提出一些建议，以便教练员在这种首选的训练方法中能够最有效地利用权力，且仍然保持高水平体操训练的优先地位。

一、相互尊重

如果这次讨论中提到的民主控制的类型可以用一个词来概括，它们很可能就是“相互尊重”。在一个民主的体操训练环境中，体操运动员的“感觉”和“意识”处于基础水平。教练员尊重他们作为个人、团队成员，甚至作为人的事实。

乍一看，这似乎是一个非常简单的说法，但实际上它说了很多。从本质上说，如果教练员对运动员没有真正的尊重，民主的方式就不会奏效，体操运动员和教练员都会有一段非常艰难的时期。这种态度不能仅仅只是欺骗年轻人，虽然它很难做到，但如果有时间、承诺和耐心，尊重并非不可能。在本节提出的真正的民主体育运动中，运动员“知道”教练员的感受，因为他们有时会直接参与计划和决策及纪律和方向的评估中，只要他们有理由这样做。这并不意味着体操运动员在各个方面都要负责，或者他们要完全按照自己的方式行事，但这确实意味着他们在适当的时候能得到倾听的机会，他们的意见也会得到尊重，尽管这并不一定是自愿接受的。在积极的动机上，让运动员真正被倾听需要花费一段时间，但你可以在体操运动员内进行征求其意见的讨论；在团队的训练服或队服的选择、募捐、社交活动，甚至是实际训练日程的某些方面，让他们参与进来。一些教练员在这方面做了很多，并认为民土形式的讨论必须是正式的。虽然议会程序在成年人群体中很有价值，但它通常会阻碍年轻人之间的自由思想交流。

相互尊重的氛围是民主体操环境的特征，当然，这不但包括教练员对体操运动员的尊重，还包括体操运动员对教练员的尊重。然而，这种尊重基于教练员的能力和成熟度，而不仅仅基于“教练员”本身。实际上，我们所说的尊重并不是指像尊重军官的肩章或警察的徽章那样。

更准确地说，在民主模式中，当体操运动员认识到教练员具备能意识与训练活动相关的咆哮、发怒和发现问题的能力时才会对其产生尊重。教练员还可以进行组织活动，以便事情可以更顺利和有效地运行，同时，面对出乎意料的事情时要能保持灵活性。教练员擅长从体操运动员那里获得灵感，但他们又有能力控制一切，从不会让事情失控。最后一点从心理学的角度来看非常有趣：年轻人，会像许多成年人一样，有时会表现得充满敌意，但是也会因为自己的情感失控而不愿表现出来。

很明显，在这些情况下，有一名能够通过自己的力量重新获得个人控制权的领导（教练员）对运动员而言会有很大的帮助。通常情况下，体操运动员会感到焦虑不安，比如在学习困难的技术动作或者在参加重大比赛之前。在这些时候，体操运动员需要并想要一名强大的教练员来有效地处理这些问题。若教练员是民主的，他会知道这种情况何时发生，并能够及时采取行动。然而，即使在这些比较困难的时期，教练员仍需寻找机会让体操运动员尽可能地参与到决策中来，从而确立他们的个人价值。

当然，教练员在专业性方面应是受人尊敬的。一名有学习动力的体操运动员，会欣赏一名对所教的知识有控制力的教练员。

二、教练员的局限性

重要的是，为了获得体操运动员的尊重，新的教练员不应该有任何侥幸心理，他们必须知晓一切，并使它更加完善。这种尊重指向了“超级教练员”的概念，正如第三章的“‘我有一个问题，是关于我和我的教练员’”所描述的，单靠人力获得这种状况是不可能（或不可取）的。不幸的是，有些教练员认为他们已经达到了这个水平！对于教练员来说，假装自己是一位真正的艺术大师，不但会给自己带来沉重的负担，因为这样做违背了教育的目的，而且这样的状况会给体操运动员带来严重的伤害。

尽管体操运动员会尊重一名非常有能力的教练员，但教练员也有一些易犯的错误和局限性，即使这样，运动员在观察教练员如何处理这些问题的方式时也会收获一些东西。这些观察代表了一种心理健康方面的观点，并会对民主控制有一定的影响。

笔者认为，有时一名教练员能够坦诚地承认自己的缺点，从长远的角度来看，他会得到尊重，队伍的纪律性也会得到加强。从心理健康的角度来看，体操运动员还会从与一名受人尊敬且会承认易犯错误的教练员的合作中获得经验。毫无疑问，要实现这一点，教练员必须拥有较强的胜任力，即教练员能将自身的局限性在某种程度上转化为教育优势。一名承认自己在教授一系列技能上并不完美的教练员，也可以获得体操运动员的尊重。因为他够强大且有足够的信心说出他就像体操运动员那样还有一些东西需要学习。

在我们看来，民主控制与心理健康的全面发展密切相关，它不仅有利于内部控制的发展，还可以提高体操运动员的自尊，正如第六章的“提高自尊”中所讨论的，“这种自尊一部分可能来自看到一名受人尊敬但并不完美的教练员，会让运动员意识到，尽管他们的最终目标是做到熟练，但也可以不必每一次都做到最好”。在竞技体操比赛中，心理障碍往往是由对完美的迫切需求及如果不完美就会产生的痛苦和不足感所造成的。

最后几段的重要信息是，一名民主的教练员要对自己的能力有信心，并能在大部分时间里运用这种能力，但他不一定要完美无缺，而且，成为这样的教练员可能有助于青少年的情感健康。

因此，民主的教练员应做到：

（1）给予体操运动员需要的赞赏；

（2）最大限度地了解个体在不同阶段中的心理状态，这些心理状态会对领导方式和领导程度产生影响；

（3）认识到一个团队可能是训练过程中积极或消极的强大因素。

在这些方面，民主型的团队中有很强的成就感、团队感，能使成员一起团结协作，并有助于其自我控制，使他们逐渐减少对专制主义的需要。

三、了解儿童发展

最后一个关于民主型领导完全不同的风格论述是有依据的。如果一名教练员对儿童身体发展相关的知识理解并吸收的话，才能最有效地将本文讨论的原则付诸实践。这些知识会使教练员了解 6 岁或青少年或任何正在接受培训的年龄组运动员一开始的期望值。例如，教练员不会从 5 岁的孩子身上要求太多的凝聚力，因为他们在社会发展方面不如 9 岁和 10 岁的孩子。同样，教练员也会注意到一些中学生内心的骚动，这使得他们中的一些人的行为反复无常。了解孩子在不同发展阶段的情况，能使教练员不会在期望或方法上过于天真或苛求，因为这样做可能会弄巧成拙。如果教练员将这一点与团队士气、积极的因素及团队的其他特征结合起来，那么他就在采用民主领导风格方面迈出了一大步。

四、总结

综上所述，在体操队中采用民主型教练员领导风格的特点是：

（1）来自教练员的尊重，对教练员的尊重，对团队本身的尊重，对个体成员的尊重；

（2）理解领导和团队互动的复杂性与权力使用的关系；

（3）提供有助于持续培养学习兴趣的训练环境。

并不是所有的教练员都能像本文中描述的那样在民主模式中发挥作用。然而，无论采取什么样的原则，民主的领导风格都应该被教练员所采纳，无论是对个人还是体操运动员的培训来讲，这种领导风格将最有可能收获到积极的效果。

第六节　体操馆里的安全心理学

许多刚开始做体操训练的教练员和指导员为了掌握复杂的体操训练技术，要花很长时间、很辛苦地进行学习，术语、识别技术、基本的安全“思维”和组织（物理布局、垫子的使用和其他辅助）是专业教练员培训的关键组成部分。事实上，所有注册教练员必须通过美国体操安全认证课程，因为这是作为其取得会员资格的重要组成部分。

有一个重要的部分，通常没有得到应有的重视，即教练员在心理原则和安全教育之间关系上的准备工作。本文旨在介绍一种更高层次的心理和安全意识，这不仅能促进打造一个更快乐的体操环境，而且对不同水平的年轻运动员来讲也是更安全的。

教练员和指导员最终会形成一种与青少年互动的个人哲学，以及一种完成训练任务的个人风格。希望这一方法包含了对儿童生长和发育（包括身体上及其他同样重要的地方）的高度理解，如果没有达到这样的要求，那么运动员情绪的稳定及心理的发展将会与其实际年龄不同步。这类知识对于为体操运动员建立和维持一个全面、有效、健康的学习环境是必不可少的。职业教练员应该关心孩子整体的发展，而不仅仅是他们身体的发展。这种态度与安全运动相关的心理因素有直接关系。

一、动机和安全

首先也最重要的是身体发展和心理表现反馈的发展（需要做什么才能完成技能的信息）和持续的正强化，这是对个人表现出来的期望水平的奖励。这种在相互尊重气氛中的交流能够激励体操运动员继续努力，以达到掌握的程度。这种指导方法能为运动员持续的努力提供回报，同时也能增强他们在积极进取方面的自尊。这种心理模型和安全之间有什么联系？自我感觉良好的孩子通常在训练时注意力更加集中，在这样的环境中训练更容易感到个人的“安全”。体操运动员的幸福感有助于身体的安全，并且这样的运动员更专注，更愿意接受纠正建议，通常也更能适应周围的环境。如果体操运动员在消极的环境中训练，并且经常遭受奚落、嘲笑、讽刺和贬低自己的互动，会更容易引发情绪压力。这些年轻人随时都会发生意外，因为他们关注的是接收到的情感信息而不是身体上的指导。那些对自身感觉不好的运动员可能会在潜意识里惩罚自己——还有什么比惩罚自己的身体更好的方法呢？有关此话题的更多信息，请参阅第四章的“行为改变——强化”。

二、交流和安全

另一个重要的领域是与身体健康有着直接联系的自然心理，包括教练员与学生之间的开放性交流。体操运动员不会直接告诉教练员自己的真实感受，他们需要教练员的鼓励。在体操运动员觉得自己无法接近教练员的情况下，教练员的独裁做法可能会阻碍他们需要交流的通道。很多时候，一位体操运动员可能并没准备好展示独特的技巧，或是意识到一种“恐惧”的身体不适感。有些人害怕告诉教练员他们正处于这样情绪低落的状态中。通常这些非言语信息是明显的，但是教练员除了直接从运动员那里得到这种信息外，还应对这些信息持有一种开放的态度。如果交流是开放性和鼓励性的，教练员必须确保自己能做到真正意义上的“倾听”。这就意味着，当运动员向你坦诚他们的感受时，你不应该在他们说话的时候暗自琢磨自己该如何反应。如果你这样做，你就没有真正地倾听。你应该尝试去理解体操运动员的个人感受，而不是否定他们的想法。这并不意味着你仅需要根据运动员的反馈来做决定，但同时这些信息也不应该被忽略。无论什么原因，体操运动员都不能不谈论他们对受伤和安全风险的恐惧。当你的运动员谈到恐惧时，避免说“你害怕什么”或更糟的“不，你不害怕”。阅读第三章的“教练员与体操运动员的沟通：倾听与表达”和第五章的“理解、克服和应对恐惧”等内容，你可以获得更深入的论述。

三、身体准备和安全

讨论的第三点是身体准备和安全有关。这对你来说似乎是天赐之物，但从心理角度来说，身体准备在安全方面的重要性有时会被忽视。所有教练员都知道，一名有天赋且悟性高的体操运动员可以完成任何项目，这是令人兴奋的。我们都有自尊心，当我们急于求成时，天才儿童面对的诱惑也许是走捷径，也许是跳过重要的基础积累。从长远来看，专注“一步一个脚印”学习模式的心理学立场是明智的。在教学过程中跳过一些步骤不仅会造成安全隐患，而且会导致体操运动员无法充分意识到自己的潜力。想要纠正缺失的环节要比花更多的时间学习并掌握基础知识更困难。这样做会影响其他技能的学习，而疏忽的做法往往会导致运动员职业生涯的倒退。总之，记住“你的身体准备是你最好的心理准备”。

四、总结

在这样一篇简短的文章中，笔者不可能详尽地讨论心理与安全之间的联系。这里提出的观点是为了鼓励新手甚至有经验的教练员，在这个难以做到的方面提高关注度。最主要的是，你要认识到保证接受训练的运动员的人身安全至关重要，而且要相信，职业教练员的责任必须包括努力确保一名崭露头角的体操运动员不受到任何伤害，即让他们在精神上也是安全的。以下是一些建议：

（1）始终保持积极的学习模式，在这种模式下，体操运动员会得到自尊增强的反馈；

（2）开放并愿意接受来自你队员们的关于他们理解和担忧的个人感觉反馈，永远不要否定这些内心的表达；

（3）为了安全起见，运用某些心理学原则，引导体操运动员坚持在不危及自身安全的情况下进行渐进式学习。

第七节　个人行为准则——道德

在当今良好的社会氛围中，道德是一个众所周知的概念，并得到了相当多的详细讨论。许多职业都有相当严格的道德规范（律师、医生、心理学家等）。许多准则都是多年来对相关问题进行设计和审议的直接结果。教练员作为一种职业也不例外，年轻运动员的教练们应该严格遵守职业道德规范。

如果我们回顾美国教练员发展委员会出版的《奥林匹克教练员》一书就会发现，在教练员研讨会上，美国奥委会曾提出过一项关于教练员职业道德的报告。

该报告强调，教练员首先要做的是与运动员建立关系，帮助他们以积极的方式发展。为此，第一步也是最重要的便是制订一套行为准则，以满足教练员与运动员之间互动的期望。事实上，这就是美国体操运动的发展方向。美国奥委会在制定道德规范方面取得了很大成就，这些能更好地为那些参加体操运动的人服务。

有许多明显的障碍和阻力妨碍道德和行为准则的制订与采纳。一个基本现状是，没有多少教练员喜欢谈论这个话题。这不仅因为教练员认为这侵犯了他们的自主权和自我管理权，而且因为其中的一些内容是敏感的。对许多教练员来说，道德困境是一个敏感的话题。他们即便知道这些问题的存在也宁愿否认它们。关于道德准则的一个主要矛盾是，人们往往从不同于生活中道德的角度去看待体育运动。

一、道德行为

例如，在过去的几年里，我们之中有些人见过体操教练员对待运动员的方式，就算没有民事或刑事诉讼，在训练环境以外，这种方式也会是被解雇的理由。一些人认为，在体操馆可以被人接受的东西，在训练环境之外可能是无法被接受的。这是否就意味着，训练环境中的行为是凌驾于法律及道德之上的？如今，参与体育运动的运动员对教练员带有虐待、贬低和有辱人格的行为十分敏感。很多教练员会利用体操馆解决他们在权威及控制方面的个人问题。那些涉及控制主题的个性化议程所包含的主题通常会被身居高位的教练员滥用职权所控制。客观性的丧失常常发生在那些年轻的体操运动员身上，并会直接导致他们在情感上受到伤害，因为他们把教练员当作一种特殊，甚至神一般的人物看待。一个富有启发性的行为准则可以被每个人期待、接受。

由于许多教练员的生计依赖于运动员的产生和表现，他们在某种程度上利用学生的时间和幸福感是可以理解的。体操中一直强调安全，但我们都知道，有太多教练员为了团队的胜利，在没有任何准备的情况下过早地采用大“技巧”。一个道德准则也强调了这样一个问题：过度强调胜利会对运动员造成持久性伤害。当你面临保住工作的问题时，对这个问题的抵制应该得到尊重。然而，这是一种伦理观点吗？

目前已经确定了12～20岁运动员所寻找的教练员身上具备的7个特征。基于这些特征，笔者建议教练员应优先发展与运动员积极、有益的关系。我们多年来对国内外竞技体操运动员的研究也发现了类似的结论。本文将从体操运动的角度来探讨这些特征。

二、教练员特征

1. 能力

有研究清楚地表明，大多数运动员希望教练员了解他们的业务。这不仅意味着教练员需要掌握基本的技术和生物学知识，还意味着教练员能够以一种清晰有用的方式向他们传达这些信息。在这方面，值得注意的是，通过对数百名体操运动员进行问卷调查后发现：少数成功的运动员认为“技术能力”是教练员最重要的一个特征。根据比赛成绩与训练记录判断，成功且经验丰富的体操运动员对这一特征的重视程度要低得多。这表明教练员在情感上的鼓舞与支持能力更为重要。我们提出的问题是：优秀教练员的关键特征在于，能力是否能够随着运动员需求结构的变化而成长、改变。显然，死板的教练员在这种灵活性方面可能会遇到困难。这仍然是一个目前为止没有进行充分研究的有趣问题，它在很大程度上影响着教练员的专业性及项目的进步。

2. 亲和力

另一个重要的特征是，体操运动员都希望拥有一名了解他们想法、语言及感受的开明教练员。他们也在寻找那些既能接受自己对其执教风格的反馈，又有能力承认自己过错的教练员。许多体操运动员表示，他们通常不和教练员沟通，因为他们感觉自己的担忧通常被证明是错误的。最常见的两个例子是，体操运动员不愿告诉教练员他们害怕一个技巧，觉得自己并没准备好按规定去完成，或者他们受到了一些身体上的伤害。许多人认为，教练员经常否认这些运动员表示过的关键信息，并以“你害怕什么”“那又怎么样”“太笨了”“别再说了”或“你在装模作样”来回应他们。从教练员的角度来说，这种领导风格很难让体操运动员听话，许多人宁愿冒着激怒教练员的风险也要让他“相信”。在承认自己的过错方面，对运动员说“看，我昨天的行为太过分了”“我很抱歉”的教练员将在个人信誉上小有收获，很少有其他行为可以像这样快速地突显教练员的人文素质。

3. 公平性和一致性

这种程度的互动是难以维持的。尽管大多数教练员可能想否认自己在体操馆里有“最喜欢”的运动员，但这种微妙的偏好，有时是能在训练环境中被明显察觉到的。体操运动员和其他运动员一样，期望并应该得到平等对待。每个人都应该遵守原则，虽然教练员需要考虑个体差异，但运动员期望教练员能及时了解并处理每个人的独特需求和特点，这并不一定意味着不公平。所有运动员都应得到这种善解人意、个性化的管理，而不是少数人。道德规范将会详细论述这一领域。

4. 自信

体操运动员应该依靠教练员在训练内外树立一个积极的榜样。运动员通过寻找一套明确的指导原则，将教练员的长期与短期目标同整个团队（或个别成员）相联系，许多适用于体操运动员的规则和纪律也会在教练员的行为和个人准则中有所体现。以身作则，被视为一项道德准则。

5. 动机

运动员在教练员身上寻找的另一个基本特征涉及动机的相关含义。动机基本可以分为两类：外在动机和内在动机。来自体操运动员之外的刺激是外在动机。取悦教练员或家庭成员，获胜的实际奖励等都是外在动机。有内在动机的运动员发现，他们的动机包含更多的个人因素，如自豪感、技能的获得和熟练地掌握技术等。体操运动员的动机很少是由纯粹的一种因素引起的，就像大多数运动员一样，动机通常由外部因素和内部因素相互结合产生。如果作为一名激励者是教练员的道德责任，那么他对这项运动的热情也至关重要，因为教练员的热情和奉献精神是一种非常强大的激励技巧，极具感染力。在这方面，他们对体操运动的热情应是合乎道德的。

6. 个人关心

总的来说，大多数运动员（包括体操运动员）都希望教练员真正关心他们作为人的整体健康，而不仅仅是运动奇迹。有时，教练员既是一个成年朋友和导师，又是一个指导运动员进行体能训练的人。许多年轻人希望和教练员平等地吐露心声，而不是被当成下级来询问。在这方面，相互尊重是非常有利的。尤其是当运动员受伤时，这一原则变得更加明确。当年轻运动员不能参加比赛或不能为团队作出积极贡献时，他们往往会在某种程度上遭到忽视或遗弃。教练员的这种行为是不正确且不道德的。

7. 支持

体操运动员希望教练员既能鼓励他们，又能要求他们最大限度地发挥个人潜力。他们会寻找能给予自己安全感和自信心的教练员。所有运动员都希望教练员能够认可并赞扬他们的成就，也能建设性地指出他们的不足和需要改进的地方。公然使用恐惧、威胁和控制的方式来进行指导，往往不符合道德规范，且会带来适得其反的结果。

三、采用“个人行为准则”

综上所述，尽管一些体育联合协会在制定严格的道德规范方面取得了进展，但许多都不涉及所期望的特征类型，也不涉及刚刚提到的教练员与运动员之间的关系问题。体操道德守则解决了可能被误解的动机和训练方法等问题，为所有注册教练员和体操训练场所制订指导方针，并持续监测和更新他们的道德规范。然而，基于之前提到的 7 个特征，即能力、亲和力、公平、自信、动机、个人关心和支持，也许我们在体操团体中，应该努力采用这些额外的期望特征作为我们自己的“个人”行为准则。想要更深入地了解这一重要问题，请参阅“‘我有一个问题，是关于……教练员’”“训练中愤怒情绪的滥用”及“男教练员与女体操运动员”等内容。

第三章 教练员与体操运动员的人际关系

我们认为，在体操或者任何一项运动的成功法则中，最重要的因素是教练员与运动员之间关系的质量。这是最能代表一名教练员与运动员协作成果的领域。研究表明，教练员能对运动员产生特殊的影响。虽然已有的研究成果和经验已经总结出许多基本原则，但教练员和运动员之间的关系在本质上具有个体差异性，是人与人之间的化学反应。

本章重点：

· 反馈的艺术：教练员与体操运动员的沟通模式

· 教练员与体操运动员的沟通：倾听与表达

· 教练员的非言语指导

· “我有一个问题，是关于……教练员”

· 训练中愤怒情绪的滥用

· 依赖冲突中的性别差异

· 男性教练员与女性体操运动员

第一节 反馈的艺术：教练员与体操运动员的沟通模式

“你搞清楚自己的动作了吗”“你自始至终都做得很差劲”“你需要再收紧一点，照此看来很快就会有进步”“不是我们执意寻找，而是你一直都没有让我看到提高”。上述都是教练员对运动员的真实评价。有些是积极的，有些则十分消极，还有的处于两者之间。不谈质量，这些都是教练员对体操运动员的口头反馈。

这种反馈可以对体操运动员的运动表现给予技术指导，同时也是一种交流，这种交流包含了关于个人、非体操行为及其影响等方面的信息。本文将关注这种特殊类型的反馈。我们通常将这种交流认为是教练员指导模式的一部分，它能够帮助运动员了解自己在训练中所表现的态度或个人表现是否达标。在此情况下，反馈是帮助“另一个人”的途径，因为反馈往往意味着至少两个人在进行交流。这不能与生物反馈系统混淆，因为生物反馈系统大部分是独立的经验或强化，主要针对的是对预期目标进行单向修改。

反馈的给予与接收在上文中被定义为一种可以被学习的技能。它是教练员与体操运动员沟通中非常重要的一部分，对体操训练氛围的改善或抑制有着巨大影响。从长远的角度来看，如果在错误的时间或以不恰当的方式给予行为反馈，后果将不堪设想，而最好的结果便是反馈没有产生效果。

一、恰当的反馈

以下是一些有效且适宜的反馈原则。

1. 对体操运动员提出的反馈应当具有描述性，而非单纯地进行评价

最有效的方法是教练员将注意力集中在体操运动员的动作上，而不是试图把它转化成对运动员的判断。“你的行为在过去半小时里干扰到了三名队友”这句陈述虽然是运动员不想听到的，但它比“你真令人讨厌”更加有效。

2. 反馈应侧重于运动员的行为对教练员及其他运动员造成的感受上

“当你不训练或者干扰到我训练时，我和大家都觉得十分沮丧”这句话明确告知了运动员其行为所产生的影响，同时也能给予其空间来决定如何应对这种影响。必要时，教练员可以下达命令（“现在就停止”），但这样做并不会真正促进体操运动员个体的可建设性学习。

3. 反馈应当具体化，而不是笼统的

比如，“你的话太多了”可能比“你太自我了”更加有效。与其他情况一样，这种情况下的口头反馈可以伴随着非言语的行为，比如把手指放在嘴唇上这个非常普遍的手势，意味着对方需要安静。

4. 教练员和体操运动员沟通中的反馈应具有行为指导性，目标应针对运动员能够完成的行为

当运动员想到一些自身根本无法控制的缺点时，会增加他们的沮丧和痛苦感。“不要害怕”或者“停止颤抖”的话语，并不会帮助有焦虑特质的运动员鼓起勇气去尝试高难度的技术或动作。

5. 比起被教练员强迫训练，运动员主动要求的反馈是最有效的

当一名体操运动员需要或者想要得到反馈，这时你们的沟通会更加有效。一些教练员通过停止训练或给予运动员某种程度的疏远来激起运动员的这种欲望。当运动员问“我错在哪里”时表明他此时可以接受反馈。虽然体操运动员经常在动作失误时提出这个问题，但当其个人细节行为表现出明显消极的反应时，也可以给予其反馈。

6. 及时的反馈最有效

通常而言，反馈与技术强化是一样的，在行为发生后立即提出为宜。当然，这也取决于体操运动员聆听的意愿和他人的支持。

7. 应检查反馈表达准确以确保沟通的清晰

为了达到这一要求，教练员可以要求体操运动员尝试用自己的语言复述个人的问题，以检验他们的说法是否与教练员想要传达的信息一致。在此过程中，反馈对体操运动员而言往往会更加清晰。

8. 一定不能给运动员如“垃圾”“退步”或“退出”之类的反馈

如果教练员觉得必须要对体操运动员说一些十分消极的话以帮助体操运动员做得“更好”，那么他需要扪心自问，究竟需要帮助的人到底是谁。

9. 反馈应该避免问“为什么”

高效的反馈应当由行为与指令组成。一名总问运动员为什么做某事或为什么不做某事的教练员是处于内在动机理论世界里的教练员。避免问“为什么”能够帮助教练员避免业余的心理学的错误，避免失去底线。教练员应致力于完善运动员的动作并不断地进行训练。沉浸在治疗型谈话中是非常容易且具有诱惑性的，但毫无意义。

我们开始讨论时提出，虽然大部分的反馈是教练员给予体操运动员的，但这些反馈仍然是双向的。我们能否接受这样一种假设，即适当的反馈是运动员了解自己的途径，因此体操运动员为教练员提供反馈也具有重大意义。但知易行难，习惯于自我掌权的教练员并不会接受这样的信息。这种行为很大程度上取决于体操运动员与教练员的熟悉度及教练员的开放程度。

二、反馈的阻力

即使一切都被合理地反馈，也依然会受到运动员的反抗，其中的原因是什么呢？以下是阻力产生的一些原因。

1. 体操运动员期望得到负面评价

首先，我们不得不承认所面对的困难不仅仅针对我们自身，也有他人。体操运动员经常不确定教练员是否值得信任，也不确定教练员对动作的观察与判断是否真的有效。当然，这是极个别的问题，取决于交流双方个性与共性的特殊条件，也取决于先前反馈的目标实现程度、改变程度。有些体操运动员害怕了解人们对自己的真实看法，这种情况不只在运动员身上出现。我们曾经与许多体操运动员交谈过，出乎意料的是，他们希望听到的评价主要是负面的，因为大多数的教练员与体操运动员之间的相处模式就像教师指出学生的错误一样。这种想法普遍存在的原因是教练员在非技术性的反馈交流中经常忽略运动员的积极品质。像“我真的很欣赏你的训练态度”这样的评论只需要一瞬间来表达，但带来的自尊心的满足与积极性提高的影响是数年的。

2. 体操运动员自身是内在原动力

我们对年轻竞技体操运动员的研究证实，正如第一章的“优秀青年体操运动员的心理特征”中所指出的那样，大多数高水平体操运动员都属于以独立于他人为荣的自我内部心理的控制者。在一定程度上依赖教练员等人的想法与他们性格中的一些特征相矛盾。对于另一些人来说，他们会花费许多时间去依赖他人或者寻找可供自己依赖的人，因为反馈机制通过运动员与教练员之间的沟通提供了重复继续这种模式的机会。

3. 解决行为性困难

非物质性反馈阻力的一个额外来源是，体操运动员可能更加倾向于寻求支持和同情，而不是发现自己动作上真正的难点。当教练员试图提出一些需要改变运动员行为从而解决当前问题的方法时，他们可能完全不会听。解决一个动作难点可能意味着运动员需要暴露自身一些已经避免或者希望能够避免的问题。同样，体操运动员可能认为自身的问题是独特的，没有人能够真正理解。

4. 给予行为性反馈

站在教练员的角度换位思考，对运动员的非运动行为或态度进行反馈并非易事。大多数教练员都喜欢提建议，当然，从技术角度而言，这无疑是教练员的职责之一。这样做意味着教练员的能力要十分突出，这也是许多教练员的痛点。然而，当谈到行为性反馈时，教练员会陷入一个“告诉”或“犹豫”的角色中，而不是去检验沟通是否适合整个问题，是否适合我们期望该运动员所能达到的能力、胆量和力量方面的目标。同样，在这种情况下，教练员有掉入业余心理学家的陷阱的危险，而这往往会给青少年带来不良的影响。

5. 运动员产生抵触心理

如果我们接触的运动员产生了抵触心理，那么将会出现更大的问题。这时，教练员可能会就问题进行争论或给年轻运动员施加压力。教练员以此类错误的方式对运动员提供帮助是其产生防御和抵抗心理的原因。这背后往往意味着时机不当或方式有误。总之，在这种情况出现后，教练员最好停止反馈工作，直到双方冷静后才可以重新评估运动员的情况。如果教练员试图用施加压力的方式来应对体操运动员的抵触心理，那么效果会适得其反，并会造成更大的沟通鸿沟。进一步的讨论可见第六章的“体操中的防御机制”。

三、反馈要求

为了达到上文中所讨论的最有效的反馈，我们需要做到以下几点：

（1）花费时间和耐心来培养彼此的信任；

（2）运动员认真聆听教练员指导的同时，教练员要更加认真地倾听运动员的反馈；

（3）教练员和运动员必须将反馈视为联合经营的事情；

（4）教练员的支持会使运动员的表达更加流畅。

在训练中，非体操行为的反馈会影响训练的质量，反馈机制将运动员和教练员双方的需求纳入参考范围。这种反馈被大多数体操运动员接受，因为它是真实的，而且会在温馨并充满尊重的氛围中起作用。反馈是体操运动员在特殊情况下了解自己的主要手段之一，这些感受最终也会带来更加令人满意的运动表现。尝试一下，你会喜欢上它的！

第二节　教练员与体操运动员的沟通：倾听与表达

心理学家或许不了解运动员与教练员相处关系的重要性，但运动员和教练员之间的交流对训练效果有非常显著的影响。教练员会通过言语性与非言语性的形式对运动员提出有关其运动表现的信息和整体行为的反馈。正如我们在第四章的“成功的关键”中所阐述的，以上所有信息对于调动运动员的积极性并充分发挥其潜能方面至关重要。人非圣贤，教练员和运动员在交流时出现压力是正常的现象，但这种潜在的压力可能会导致双方在教授和学习的过程中崩溃。在此情况下，教练员和运动员需要冷静下来，坐在一起找出问题所在，并共同制订解决方案。

下文并不针对特殊问题与其解决方案，旨在研究普遍存在的教练员和体操运动员之间的沟通问题。本节涉及两个重要方面：教练员的倾听和体操运动员的表达。同时，我们还将探讨两者之间的相互影响。

在解决问题的方案中，教练员和体操运动员都应该牢记一条原则：倾听的目的是发现对方如何理解自己，表达的目的是向他人表明我们如何理解自己。当然，在一些特定的讨论中角色可以互换，体操运动员是倾听者，教练员是表达者。无论如何，不管双方扮演何种角色，这个原则都适用。

一、教练员的倾听

学会倾听，培养倾听能力是教练员难以掌握但必须逐渐熟悉的技能。无论从短期还是长期的角度来看，这都是掌握并理解体操运动员所面临的问题的唯一途径。这一点对于成年教练员来说通常更具有挑战性，因为他们可能已经习惯自己的言语不会受到质疑。然而，当教练员与体操运动员的沟通出现问题时，以“我更成熟，并且是你们的教练员”这一原则行事是一种不明智的做法。虽然事情可能得到暂时性的解决，但最终的情况往往会变得更糟。因此，如果问题涉及真实事件或具有突发性，教练员和体操运动员可能会因此产生分歧时，最好在事情冷却后安排一次谈话，因为当双方都具有理智的时候谈判成功的概率会变大。当这种情况发生时，体操运动员学会抑制自身冲动、判断教练员言语的正确性是非常重要的。教练员则必须假定体操运动员的观点对其自身具有重大意义。倾听这些内容意味着教练员要非常努力地分析这些信息，以便找出对运动员而言具有意义的观点。当教练员拒绝倾听或忽视体操运动员所说的大部分内容时，这意味着他们没有给予体操运动员可靠的评价。没有人喜欢自己的观点被他人认为是不重要、不明智的。然而，当教练员没有做到倾听时，这恰恰是体操运动员对其产生的感受，即教练员的这些行为意味着他对体操运动员的不尊重，甚至是某种程度的轻视。

在体操运动员与教练员的交谈中需要注意，一些明显的信号意味着教练员没有做到认真地倾听。

（1）你如果在运动员发言后进行了长时间的思考再发言，意味着你并没有真正倾听或试图理解其想法。

(2) 如果你发现自己正在主导一次谈话，并或多或少地掌握着话语权，而运动员在一旁难以开口，那你可能没有鼓励运动员参与到对话当中。但为了更好地倾听，你必须及时为其他人提供发言的机会。

(3) 如果你改变了话题，忽略了本次谈话特定的主题及体操运动员的评论与疑惑，这也意味着你并没有认真倾听。

(4) 玩头脑游戏是一个非常容易犯的错误。如果你发现自己试图让体操运动员犯错，从而表明他的做法是愚蠢或矛盾的，那么，本次谈话就失去了为理解去倾听的目的。

教练员的任何行为迹象都会让运动员产生不公平的压力感。这使年轻人难以敞开心扉去向教练员诉说，难以去告诉你他们的感受和他们对自我的理解。这可能会强化教练员的主观意识，但事实上并不能解决问题，也不能改善彼此在训练中必要的工作关系。在这种消极的交谈中，教练员和体操运动员结束谈话时都确信对方是不可理喻的，讨论最终会比以往更趋向于一个双方都不满意的方案。在这种情况下，不良情绪依然具有破坏性，尽管可能不那么明显。可以肯定的是，相同的问题会再次出现，任何一方“充耳不闻”的时间越长，解决问题的难度就越大。

二、体操运动员的表达

年轻人觉得他们很少被完全理解或认真对待。事实上，每个年龄阶段的人都会产生这种感觉。对大多数人来说这是一种十分常见的情况，但有一个简单的测试，即要求被试者复述其听到的话可用来了解自己被倾听的程度。除非有特殊情况，否则几乎没有人能够完全令人满意地复述我们所说的话。每名体操运动员都认为自己的立场是明智的，是基于自身真实经验和所相信事实的真实表达，但其他人，包括教练员，往往表现得好像这些都不是真的。他们似乎看不到运动员良好的判断力，或者认为其是胡思乱想，或者相信运动员的话中含有隐藏的动机。当然，这有两种可能：一种是教练员没有做到认真倾听，另一种是双方没有正确地表达。

表达意味着尽可能充分地公开具体经验、想法和感受，以便让我们的观点变得理智。我们希望教练员在没有确凿证据的前提下审视我们时，能像我们审视自己和自身立场一样的明智、真实与诚信。但是，与一名不懂得倾听的教练员保持沟通是很难的，所以你会非常容易理解在这种情况下双方的交流会中断。与教练员保持沟通关系，对运动员来说需要相当大的勇气，同时也需要教练员放下敌意与戒备，敞开心扉去真正倾听运动员的心声。他们成年后会希望解决这个问题，但不是所有人都是如此。尽管困难重重，但若想让体操运动员与教练员的交流富有成效，解决这个问题非常必要。

体操运动员需要意识到的几个阻碍或妨碍表达的因素如下。

（1）对我们而言，自己的观点是非常清楚和明晰的，所以我们常常假设其对于教练员来说也应该是如此。即使没有这种想法，我们也会经常犯一个错误，那就是希望教练员能够单纯地相信我们良好的判断力。

（2）有时我们会犹豫是否该占用教练员的时间去充分解释我们的观点。如果体操运动员有些恐惧或觉得教练员可能不愿意倾听，那情况更是如此。

（3）我们经常避免把担忧描述得过于真实，以免暴露我们的真实感受，而把它们归因于第三方。当我们这样做的时候，我们所说的话会从我们自身的重要性方面误导其他人。

在座谈时不与教练员进行交流的体操运动员，无论面临什么困难，都会付出相应的代价。他们的顾虑将会被忽视和误解。在这种情况下，体操运动员将会发现自己的成绩停滞不前，并责怪他人麻木不仁。如果发生这种情况，体操运动员需要扪心自问是否做到了良好的表达，是否从个人关注的角度公开了自己的经历和感受。

三、教练员与体操运动员的沟通

随着以上基本准则逐渐被人们理解与接受，教练员和体操运动员可以用一些其他的技巧来进一步改善双方谈话中的沟通环节。

1. 言语

试着通过你的言语性和非言语性行为（包括眼神交流、记笔记等）表明你愿意接受对方的信息，同时也要时刻保持专注。

2. 复述

教练员和体操运动员双方都要做的一件具有重大意义的事，就是用自己的语言复述对方所说的话，这样可以快速地辨别错误。

3. 感知检查

以自己的方式和词汇去表述，确保你已经像接收到文字内容一样，体会到了其中所蕴含的感情，并且可以像收到消息一样体会到说话者的感受（如“你对此感到难过”）。

4. 行为描述

交换具体的、可以观察到的与讨论问题相关的行为，但不对他人进行指责、贬低或尝试去概括其动机（如“周二你和一个人待了20分钟，而没有和我在一起”）。

5. 感觉描述

说出自己此刻的感受，这可能会在沟通过程中产生一定的影响（如“现在我觉得非常紧张”）。

6. 通过以下几方面来控制整个沟通的过程

（1）你的非言语性行为是否与你的言语相匹配（如注视对方、专注的姿势）？

（2）你的反馈是否会有帮助（如“也许……会更好”）？

（3）你是否能识别对方的反馈（如“这是一个很好的发现”）？

（4）你是否对自己表述的内容负责（如“我一直在考虑……”）？

（5）你是否能公开说明信息中想要表达的意图？

如果教练员和体操运动员真的尝试过本文所提出的建议，他们会发现彼此之间的沟通会更加容易，双方都会有所收获。虽然这需要花费时间和努力，但是每一点细微的变化都会对这种重要的交流方式产生影响。值得注意的是，这里提出的所有指导原则同时也适用于人与人交往中其他类型的交流，如亲子之间或师生之间。

第三节 教练员的非言语性指导

如果你见过运动员的训练，就会知道教练员与运动员之间的沟通交流就像师生一样。大多数情况下，言语性交流只会在某些动作指导中，经过训练，他们紧接着会进行另一种单向或者双向的交流。这些简短或详尽的交流是对运动员表现的反馈，是积极或消极态度的强化，是运动员和教练员之间的配合，换句话说，就是谈话。

近年来，得益于社会科学的大量研究及其中一些偶然发现，我们对沟通领域的理解有了很大的扩展。在研究中，我们曾或多或少片面地把重点放在口语或书面语上。目前，人们对过去被忽视的非言语性交流的兴趣逐渐浓厚。

人们对非言语性交流与相关行为的研究可以追溯到 1872 年，当时达尔文率先阐明了人类与动物表达情感的过程。弗洛伊德是第一个对该领域进行系统研究的人，他的研究有关特定行为的隐含意义。有关人体动作学（面部表情、肢体语言等）的现代学者将这类研究带入了一个日益学科化的时代。

这一切与体操教练员有什么关联呢？如果我们同意教练员与运动员沟通配合的主要目的是提高训练的有效性，从而提高运动员的运动表现这一原则的话，那么所有有助于改善这种关系的信息，无论是技术上的、医学上的还是心理上的，都应该被重视。如果我们放开眼界去探索，会发现在其他领域和学科中有很多值得我们利用和学习的部分。

显然，在教练员与体操运动员的沟通交流中，除了上文讨论过的相对更加传统和常见的口头反馈，实际上还使用了许多非言语性交流。通常，非言语性交流是自然而然产生的。例如，尝试失败后的皱眉，努力过后的微笑，以及搭在肩上的手臂等都是非言语性交流的例证。目前已有的研究表明，我们可以预先主动地在训练中使用非言语性的表达方式并使之成为训练计划的一部分。我们对奥尔加·柯步特教练与运动员在训练中使用非言语性交流的方法进行了观察。其间，我们发现训练双方几乎没有讲话，但显然双方进行着大量的“交流”，这可以从柯步特的眼神及后续的训练行为中看到。反馈尽管细微但效果十分明显。显然，运动员和教练员之间的交流达到如此亲密的程度需要双方多年的接触，此类案例并不多见。随着科技的发展，通过分析视频来学习运动技能技巧取得了显著的效果，在实际训练中附加使用非言语性交流可能变得更为重要，也更为适宜。

此外，第一章的“体操运动员对教练员的感知——能力与训练风格”研究了最常被顶尖体操运动员称为理想教练员应具备的个人品质，结果表明最重要的一点是“少说教”。在本节中这是指教练员只有在提出有价值的反馈信息时才发表评论。当然，非言语性交流解决了无效沟通的问题，它使重要的反馈可以在发送者和接收者之间传递。

言语性交流始终是人类交流的主要方式。在教学中，讨论并解决问题的模式已经成功地延续了数百年。与此同时，大多数人都经历过用无声的方式表达自己的时刻。这最能够打动人，而且对运动员的影响比我们所熟知的其他方法更加持久。鉴于此，我们应当在非言语性交流方面进行更多的思考。

我们列举了五种常见的非言语性交流行为。

1. 象征性动作

象征性动作可以替代语言帮助双方进行交流且易于理解，如挥舞拳头、挥手致意、大拇指向上或向下等。体操运动员在一次成功的尝试后看到教练员突然腾空跳起，他基本上不需要进行翻译转化就可以直接获得教练员所传递的信息。

2. 说明

通过发出声音提示体操运动员来强调或纠正动作的行为被称作说明。解释说明行为包括在表达重点时轻敲鞍马、摸高低杠或平衡木等。

3. 调整

某些持续的动作象征着倾听者与诉说者之间角色的转换。比如，姿势细微的转换或点头，表示此时在交流中的体操运动员应该发言，这是一种非言语性的调节。

4. 通过面部表情来表达情绪

人的面部表情是情感表达的主要方式，它所包含的情感是前几种方式远不能及的。教练员的脸上可以很明显地从表示喜悦、完全高兴或轻微不满的表情到表示极度不高兴、恼怒或沮丧的表情。他传达出的情绪一大部分取决于脸上的表情。教练员的脸色通常会很难看，似乎表现出愉快的情感对于一名教练员而言是十分不专业的，并且将有可能打破教练员与运动员沟通中的“纪律”。然而事实并非如此，我们都知道，作为一种激励因素而言，积极态度的效果大多数情况下都会优于消极态度。

5. 干预强化

强化指包括根据个人需求及情绪状态对人或物进行操控干预的行为。这包括自我强化（抓头、扣手指、转动拇指等）、交叉强化（双臂交叉放在身体上、腿向上移动等）和物体强化（把弄首饰、双手来回扔胶带、转动手表等）。干预强化通常与其他类型的非言语性行为一起出现，更能够强调沟通双方的感受。

那么，如何将这些对非言语性交流的观察应用于日常体操训练中呢？在本文的开头我们曾提到过，许多教练员已经通过简单自然的反应在不经意间进行了非言语性交流。我们建议教练员们在与体操运动员进行交流的同时，更加慎重地尝试一些公认的、有效的非言语行为。当然，言语性交流对于教练员给予运动员高技术性的表现信息来说也是不可或缺的一部分。然而，第七章的“右脑型与左脑型体操运动员”中的研究表明，当教练员的做法以一种更加形象的方式表现出来时，更容易被体操运动员接受。许多教练员可以仅仅通过徒手或其他大型运动装置从技术的角度对运动员进行有效的动作“纠正”。就技能学习而言，以上方法最理想的手段是将实践指导与视频分析相结合，无须过多解释。

使用上述非言语行为可以在无须消耗时间和精力，将所得消息转换为文字的前提下获取大量信息。例如，教练员在摇头的同时将握拳的一只手重击到另一只手掌上，就是一种不用语言就能表达和强调他的沮丧或失望的方式。同样，一个宽容的微笑伴随着轻拍后背、敬礼、拍手或将手臂抬向空中等动作，也能如实地向对方传达一种在经过成功的尝试或令人满意的努力后彼此愉悦的感受，无须多言。在上述两个例子中，教练员通过非言语方式可以省时、准确地向运动员传达信息。与言语强化理论一样，积极的非言语反馈与消极的非言语反馈作用的比率大约为4:1。

百闻不如一见，就体操训练而言，多多积累经验，进行实践是非常有必要的。

第四节 “我有一个问题，是关于……教练员”

这些年来，我们收到了数百封来自体操运动员、教练员和家长的来信，内容涉及本节提出的问题及与运动训练有关的其他类型的心理问题。在大多数情况下，我们会一一回复，这一行为广受好评。收到读者的反馈是一件好事，无论褒奖还是批评都能使我们保持警觉。

运动员在为了有更好的运动表现而努力的过程中会伴随很多问题的产生。因为每个人都是独一无二的，有着不同的遗传基因和成长背景，所以看待问题的方式也各不相同。我们的讨论不可能涉及训练中可能会出现的所有问题，由于个体差异，也更难提出适用于每个人的建议，但在我们收到的信件中有一些基本问题被反复提及，显然，不论个人还是团体运动员对自身训练情况的感受大致相同。

有几次，我们收到了几封令人吃惊的信件，这些信件大多来自体操运动员，他们寻求解决个人问题及在训练场地中遇到特殊情况的帮助。这些信通常以“博士，我有一个……问题”开头。许多来信提出的问题在训练场中十分常见，虽然所有的问题和回答都应当被保密，但我们认为，针对某类问题对大多数读者进行统一回应的效果可能会更好。

本节将针对体操运动员来信中普遍存在的“教练员”问题进行讨论。以下是我们所说的超级型教练员、放手型教练员、偏爱型教练员和消极型教练员的案例。

一、超级型教练员

我们需要承认，教练员经常被认为是万能的“超人”。事实上，教练员也是普通人！他们承担着与运动员同样的训练压力和负担。听起来这是一件非常容易理解的事，但许多体操运动员在某种程度上仍然觉得他们的教练员是超人。这种情况往往出现在年轻运动员的身上，富有经验且较为年长的运动员知道事实并非如此。

大多数教练员都是敬业、富有爱心并且工作勤奋的人。他们热爱这项运动，并尽其所能地帮助运动员发挥自身潜力，但他们同样也会犯错，也会像我们一样从这些错误当中学习并成长。如果你现在的教练员似乎不具备这些品质，那么你很可能需要寻找新的教练员了。知易行难。也许目前的训练条件是你唯一的选择，在这种情况下你几乎会陷入困境，但你必须充分利用它并继续训练，因为这种异常艰苦的条件意味着每年都会出现更多的机会。无论条件如何，只要你的教练员具备这些条件及修正完善的能力，那么你将会很有前途。有些运动员试图寻求理想化的训练环境，但存在这种想法的人无论在哪里都不会满足。归根结底，这是一个寻找最佳搭档的问题。大多数体操运动员都希望在一个团队关系和谐、满足感强的环境中训练，在这种环境里他们可以学得缓慢但扎实。记住，无论你的教练员水平如何，他都是一个有情感、缺点和欲望的普通人。尊重赢得你信任和信心的教练员，但不要期待奇迹的出现。

在此类背景下，我们来看一看体操运动员所描述的关于教练员的一些具体情况。

二、放手型教练员

一些体操运动员表示教练员会坚持要求他们去做一些他们自己觉得做不到或并没有准备好的事情。这是一个大问题！这反映的真正问题是：谁是正确的？没有准备好的感觉是否只是一种猜测？或者仅仅是自发的恐惧？是否教练员的想法是正确的，只是你不愿意接受他的判断？另外，你是否真正认识到自己对训练内容的掌握情况，对高难度技巧的学习情况，或是否真的被要求做一些在身体和精神上都不可能完成的事情。这些难以回答的问题在很大程度上取决于个人情况。

在这种情况下，每个人能做的最重要的事情就是让教练员知道你的感受。在出现一些明显的畏缩、颤抖、哭泣或其他类型的反应时，大多数教练员会发现你的异常并给出相应的对策。一些使命感强或不想让教练员失望的体操运动员会尝试克服困难并超越自我。这种激励在一定情况下是有效的，但对于一些人来说会起反作用。如果你在承受能力范围之外强撑着表现，根据经验而言你不仅不会得到任何赞同，而且可能会承受更大的压力。因此，虽然你要对教练员负责，但更要对自己负责。

如果你无法强烈地表达自己的感受，那么就要与教练员多多沟通，共同采取措施达到目的。你可能需要从源头入手来改善目前的状况，请参阅第八章的“我的目标是……体操运动员的计划”和“把目标设定作为训练工具”以获取有效的提示和方法。如果情况越来越糟，运动员真的对教练员的要求产生了恐惧并无法思考，那么一定要拒绝它并且承担相应的后果。任何一名教练员都不希望运动员受伤，运动员也不必以得到赏识为目的而冒险。归根结底，在沟通中双方要做到彼此坦诚并互相尊重。总而言之，教练员与运动员之间正向的情绪感受是相互的。

某种程度上，教练员的工作是引领你的意志，而不是打破它。一旦你决定投身于体操运动，就意味着原则上你同意并渴望专业教练员的指导。这往往意味着大多数情况下你不能自己做决定，需要听教练员的指挥，这是训练中必须要做到的。以上案例讨论的是自身往往感受不到但会分散训练注意力的情感因素。你可能是出于忠诚，但如果出于对教练员的恐惧，那么真正的学习状态很难维持下去。至少，你需要直截了当地和你的教练员分享你的担忧。教练员并不总是对的，他们应该对运动员的情绪保持敏感。

三、偏爱型教练员

许多体操运动员声称自己的教练员对某一队员有偏爱，这给自己和其他队员带来了很大的困扰。我们从未遇到过坦诚可靠以至不在工作中掺杂个人喜好的教练员。在人际关系中，人们会对特定的人产生更加强烈的偏好，训练中也是一样的。当然，有时教练员会把更多的注意力放在更有天赋的运动员身上，但也并不总是基于天赋，也可能出于其他因素。无论如何，当个人或团体体操运动员明显地感觉到某些人经常受到教练员的偏爱时，局面会非常糟糕。有时也会出现因为针对练习某些技术而需要教练员额外单独帮助的运动员。大多数教练员事先会跟其他运动员说清楚，并表示这种情况是很正常的，每名体操运动员在适当的时候都会受到同样的特殊对待。有些教练员也可能会在特定的时间忽视某些运动员，但这与“偏爱”无关，只是为了鼓励运动员产生自我激励并明确自身方向。这是完全可被运动员接受的暂时策略。

在第四章的“行为改变——自我评估”中，我们阐述了运动员独立于教练员并在配合教练员的同时互相鼓励的益处。这不但是一个很好的做法，而且可以减少教练员对个别运动员给予特殊关照所产生的一系列影响（我们同时也应注意受到特别关注的人在与其他运动员的相处中会有困难）。如果某一个或两个人不断地“吃偏饭”，那么其他运动员除了反抗之外毫无办法。作为团队的其他成员，必须要让教练员意识到这一点。如果你认为教练员十分专横强势、无法接近，那么也许唯一的解决办法是寻求其他成年人的帮助（如家长）。我们不愿给出这样的建议，正如第十一章的“我的女儿是竞技体操运动员”所指出的，我们并不支持家长干预教练员的训练。我们所谈论的极端情况会对训练行为造成极大的破坏，这种情况发生时，必须尽快解决。任何教练员都会遇到此类情况，我们必须对这种问题的解决加以重视。大多数教练员都会尽量做到一碗水端平，公平地分配时间，并根据需要给予每名体操运动员同等的关注。大部分时候他们的努力是有用的，但难免会出现问题，当情况越来越糟糕时，集体行动是最好的解决方法。

我们不能要求一名体操运动员在感受到自己被忽视的情况下还能审视自己的行为。几乎没有人能够长时间地忍受这种状态，即使是德高望重的教练员。趋利避害是人的本能，但在被“忽视”的问题上，我们更应该思考确认这种感觉是不是仅仅是由于自己情绪上的“不满”。

四、消极型教练员

有些教练员嘴上说得很好，但想法却不积极，总是用消极或刻薄的言论来贬低运动员。他们经常大喊大叫，甚至时不时地发脾气。对于一名年少的体操运动员而言，找到一名富有童心与耐心的教练员绝非易事。对事物看法消极的教练员往往会使运动员对正在做或即将要做的事情感到怀疑和内疚。更为严重的情况是，低气压的训练环境会使人非常不愉快。大部分运动员能通过意志和自我主动调节来适应，另一些人则会在无奈之下选择放弃训练。随着压力的增加，有些消极型的教练员可能会陷入更加消极的状态，这是另一个问题。但即便是消极型的教练员对待训练也会有积极的状态，大多数体操运动员可以将这种消极视为教练员训练风格中的一部分而接受与适应。更多相关的问题可翻阅本章的“训练中愤怒情绪的滥用”。

还有一种应对方法是大家齐心协力，互相给予积极的支持，这可以为教练员改变自己的训练模式起到借鉴作用。互相支持需要体操运动员自身的成熟，要求往往较高且只对少数人有效。我们相信团队中整体影响力与压力的作用——对于偏爱型教练员而言，运动员最有效的做法是直接向教练员反映问题。虽然这种方法有时收效甚微，但无论如何，一旦某一问题被大家共同关注，教练员就不得不重视，他可以轻易驳回运动员个人的意见，但当团队一起提出问题时，情况就会完全不同。公众的力量可以使教练员改变自己的行为。当运动员集体这样做的时候，结果通常是获益良多的，教练员会调整自己的训练方式。

五、总结

对体操运动员而言，解决问题的第一步是将问题反馈给教练员，对此我们已经有了突破性的发现。除此之外，也可以采取另一种方法，如果训练场地中有好几名教练员，那么运动员可以通过其他教练员来传达信息，在解决问题方面总会有沟通起来更舒服的教练员。这并不是对自己教练员的不信任与不忠诚，尽可能地利用有利条件来改善训练状态是值得赞同的做法。作为教练员，你必须以开放的心态审视自己的行为，以及该行为对你所负责的团队及运动员个人产生的影响。教练员必须做出适当的行为改变，从而确保运动员身心的整体健康。

第五节　训练中愤怒情绪的滥用

大多数人认为生气是一种不愉快的情绪。它会引起剧烈的身体变化，如心跳加快、出汗甚至产生恶心的感觉。体操运动员和教练员都是普通人，具有同样的情感。在教练员和体操运动员相处的过程中，双方的耐心逐渐变少，会导致愤怒情绪的产生。但研究表明，愤怒是每一段健康关系的自然组成部分。

一、理解愤怒

为了更好地理解、处理这些情绪的动力因素，我们需要了解关于愤怒情绪的几件事。

(1) 愤怒通常有几个心理目的。我们不能总是误把愤怒和个性冲突联系起来。人们会用错误的方式表达愤怒从而满足他们各种可疑的情感需求。

(2) 愤怒通常是其他情绪所导致的结果。恐惧和焦虑感可以快速地转化为愤怒，并在运动员训练期间表现出来。事实上，愤怒的体操运动员可能是受到了惊吓。有时，愤怒情绪可能会习惯性地转移，体操运动员可能会失去最初产生情绪的本意。这的确会给学习的过程带来麻烦。

(3) 人在愤怒状态下容易被刺激并迁怒于人。愤怒通常使人很不舒服，大多数人在愤怒的情绪下很容易冲动地说出气话来表达自己的不满，但过后就会立刻后悔，想要挽回。这种情况下，我们愤怒情绪的“出气筒”可能与引起我们产生愤怒的原因完全无关。

(4) 人们往往没有意识到愤怒是由于想要满足个人需求。虽然发现自己的愤怒情绪很简单，但有时难以找出使其产生的真正问题。例如，从表层来看是你不满教练员在训练中的打击，但真正导致你产生愤怒的原因可能更多地与你的自卑情绪有关，即教练员的打击只是一个非常明显的提示信号。

愤怒情绪的滥用是很常见的，我们应当提高控制意识，对情绪的滥用予以警觉，要知道，这种情况会真正损害教练员与体操运动员的关系并且限制体操运动员的发展。事态失控后，任何一方都可能会变得具有防御性，甚至会反击，而负罪感往往会随着无理的愤怒或者愤怒情绪的消退而产生，这可能会从根本上对运动员学习训练的进程产生更加严重的危害。

随着研究程度的加深，我们对情绪的了解也更加地深入。重要的是，要发现自己是如何表达愤怒的？事情的具体情况是什么？以前也是这样发生的吗？除了愤怒自己还有其他感受吗？在情绪失控或爆发之前发生了什么？还有谁牵涉其中？你所能分辨出的任何共性问题都将帮助你缩小搜索范围，从而找出引发愤怒且可能会使你迁怒于人的因素。一旦了解了自己的愤怒情绪（的确存在的前提下），那么你就了解了自身情绪滥用、误用的行为及其掌控方法。

下文罗列了一些常见与罕见的、或细微或明显的因为情绪滥用而影响训练的行为。这些行为会对训练场上双方的工作关系和自我意识造成不良的影响。行为1~4常见于运动员，行为5和行为6常见于教练员。

二、愤怒情绪的滥用行为及矫正

行为1：愤怒是逃避个人责任的一种方式。这种行为经常发生在体操运动员缺乏安全感或不愿承认错误的时候，即“推卸责任”综合征。我们发现这种类型的愤怒情绪往往出现在特定情况下对某行为缺乏责任感的青少年身上，他们会指责教练员、裁判员、器材等。当事情进展得不顺利时，有这种行为的运动员常常会把自己塑造成一个“受害者”的角色。随着时间的推移，这种情况会导致他人产生一些负面看法，这是青少年不成熟的一大标志。

正确的行为：这种类型的体操运动员，首先要接受人无完人这一事实，尤其是孩子天生就是一个完美主义者，或者是在他的父母过分期待望子成龙，对他的要求很高的情况下。其次要接受自己犯错误，动作失误或器械使用失误并不能说明自己不是个好运动员。最后要抛开虚荣，学会道歉并接受现状是很重要的，我们要从错误中学习，吸取经验教训，而不是掩耳盗铃，当我们推卸责任并将其归咎于人的时候，便关上了进步之门。

行为2：把愤怒指向“替罪羊”。这是一个非常难控制的坏习惯。人在生气的情况下往往难以用适当的言语表达自己的感受。例如，教练员说了一些让你感到焦虑的话，但你不能把情绪表达出来，因为这可能会使教练员愤怒，所以你需要把它藏在心里。通常的情况是你会将情绪发泄在无关人员的身上，比如兄弟、姐妹、父母，甚至是训练伙伴。可以说，这些无辜的旁观者莫名被迁怒只是因为他们和你的关系亲近。

正确的行为：试着让自己先冷静下来，用更巧妙的方式处理愤怒情绪。例如，如果你不能接近主教练，那么你可以把助教或其他没有直接参与训练的同伴当作善解人意的听众。一个客观的倾听者往往可以帮助你彻底地想清楚整个事件，也许只是倾诉就够了。等双方紧张的状态慢慢放松之后，彼此就会有充分的时间、空间来表达自己的立场，要让对方知道你的感受。这种消除误会的方法有助于防止日后的冲突。

行为3：通过发泄情绪来减少焦虑或缓解内心的紧张。这是目前我们发现的最容易出现愤怒情绪滥用的情境之一，与行为2有关。在体操训练中产生的紧张和沮丧感，如果在长时间的累积下得不到有效控制与缓解，那么一旦走出训练场，他们所有的感觉就会释放给周围的人或事，这对人际关系而言是一种真正的压力。有时运动员在训练场上也会出现情绪爆发的情况，但这种做法并不会为你赢得关注。

正确的行为：有时我们的情绪从低落转换到放松的状态需要一个过渡期，这是我经常建议教练员在运动员训练结束回家前给他们一段时间冷静的原因之一，这包括一些额外的拉伸时间、放松消遣，或一个小型会议。除了有益于运动员的身心健康，这也是一个能够使运动员放下那些在器械训练中累积的挫折感的大好机会。

行为4：会哭的孩子有奶吃。一般而言，这种不成熟的做法是从孩童时期延续下来的。许多年纪小的运动员从过往经验中早已知道，只要自己足够胡闹就可以达到目的。尽管这种做法在训练中无济于事，尤其是当运动员面对一名强有力的教练员时，但它往往会被噘嘴、生闷气等行为动作所替代。一段时间以后，教练员就会对这种做法有所察觉，所有滥用愤怒情绪的做法都毫无益处。

正确的行为：最重要的一点是，所有过去有类似怒吼、咆哮等行为或倾向的人必须控制自己的行为。他们必须坚守底线，做出有利于整个团队的事情，而不是只考虑自己。体操运动员需要学习更易被大家所接受和理解的方法解决问题，要尊重和理解队友的需要。

行为5：把愤怒作为一种激励技巧。这主要受到那些认为完成任务的唯一真正动机是恐惧感的教练员的青睐。通常而言，恐惧是由愤怒的爆发和可怕后果的威胁产生的。这种训练方式会使青少年运动员和教练员之间形成敌对关系，不满和怨恨的情绪会伴随训练的进行而出现，因为恐惧而产生的尊重根本不是真正的尊重。在短期内它会有成效，但若每次的处理方式都一样，那么在这种情况下，整个训练学习模式很快就会崩溃。

正确的行为：运动训练与学习的核心要义是用积极的方式奖励运动员的优异

表现，从长远的角度看，这也是克服愤怒情绪滥用的唯一方法。教练员必须尝试去发现运动员身上的优点和长处。知易行难，许多教练员都做不到，因为他们根本意识不到这件事的重要性，我们对此类注定失败的训练只能表示无限的同情。一些鼓励、支持和积极的举措会推动双方的关系并为其持续注入动力。消极的批评至少应该在私下进行，以便体谅一些团队成员，并保持士气。

行为6：付出太多，因对运动员恨铁不成钢而充满积怨。从本质上讲，虽然教练员的工作是有偿的，但他们确实把时间、精力、知识奉献给了运动员。教练员几乎没有自己的私人时间，长期的工作难免累积怨气，有时这种怨气会在训练中爆发，这是由个人挫折感所导致的。其中隐藏的信息可能是："我为大家付出了那么多，为什么没有得到回报，甚至运动员不努力训练，没有成绩?"

正确的行为：对于教练员来说，要先正确认识自己的工作，为了团队甘于付出，但同时也要重视自己的感受。不过需要注意的是，必须打破体操运动员头脑中形成的一些把教练员的付出看作是理所应当的负面想法。如果你是因此而困扰的教练员，不妨从让运动员知道你期望在每次训练结束时收到一声"谢谢"开始。长此以往，你会收到越来越多的个人回报，这也会帮助你减少因为没有得到回报而产生的愤怒。

三、总结

以上列举的愤怒情绪的滥用仅仅是一部分例子，其他相关行为由于数量庞杂、类型众多而难以统计，我们无法在此分类逐一列举。在如今的体育运动中，每名运动员都想获得优异的运动成绩，我们正朝着这一目标努力奋斗，这是值得提倡的，也是理所应当的。然而，我们收获优异成绩并为之喜悦的同时，往往伴随着大量的愤怒、挫折、焦躁情绪。

生命太短暂了，建立良好人际关系的重要性不言而喻，我们不能因为缺乏对情感控制而使其受到威胁。训练中教练员和运动员的关系是最亲密的，也最容易发生愤怒的滥用和误用现象。做情绪的主人将会对每一个个体有益：更加舒适的人际关系和不断上升的自尊感可以增进健康。随着人们内在的充实，对愤怒情绪也会更加地有掌控力，彼此都会更亲和友善。情绪有巨大的能量，相对冷静的情绪状态会给我们带来高效与舒适的环境。对每一个人而言，建立更健康的情感关系是最值得追求的个人目标。

第六节 依赖冲突中的性别差异

一直以来，高水平体操运动员都是男、女分开单独训练的，男、女队教练员与体操运动员在情感及沟通“氛围”上所产生的差别是显而易见的。两种组合的训练强度可能相似，但双方进行的沟通却不同。其原因虽然在很大程度上取决于教练员与青少年个体，但大部分差别的产生是因为性别差异。正确认识青少年独立性与性别的关系对整体的训练会起到促进作用。

一、依赖和独立

字典中对“依赖”的定义是：由其他权威人士所主导的行为。这里涉及从属关系和征服关系，依赖的人会寻求他人的支持或帮助。“独立”被定义为不受他人意见、控制和帮助的从属或影响的行为。这一概念意为以独立或自力更生的方式按照个人意愿和判断行事的自由。显然，上文所定义的独立，会导致教练员与体操运动员在训练中产生矛盾，尤其是在争取自主权益顶峰的青少年时期。

在美国文化中，相较于男性而言，女性在争取独立方面表现出较少的斗争冲突和较小的压力，尤其是在 12 ~ 14 岁的青少年早期。女性往往比男性更能理解规则的合理性与公平性，也更能包容来自父母、教师和体操教练员的“命令”。她们可能从孩童时期起就对父母权威或其他权威更易接受。在训练中，女性运动员也表现出较低程度的叛逆与自我主张。

女性表现出较少叛逆冲突的一部分原因是文化的强化，特别是青春期的前几年。社会普遍认为，在这段时间里，女性会表现出依赖性、服从性，男性会表现出日益增长的独立性、自信心和攻击性。除此之外，青春期的男性在性冲动和攻击性方面也会发生显著的变化。因此，我们更加需要对这种情况加以控制，从而缓解男性与父母、教练员的冲突。

同时，我们也不必将这种男女差异过分夸大，虽然青春期的女性仍然保留着部分依赖性，但这与她们独立性的发展并不冲突。无论男性还是女性，极端或普遍依赖都不是一件好事。在现今的社会，高度依赖通常意味着缺乏真正独立的自尊。

二、依赖的类型

依赖关系的存在形式各不相同，并不是每个有依赖倾向的人都表现出同种程度或固定模式。每名教练员执教期间会在体操运动员身上看到不同程度的依赖行为。其中一种被称为“专注学习型”依赖，指体操运动员把学习一项技能当作自己唯一的目标，从而积极寻求教练员的帮助。在这种依赖中，体操运动员依靠教练员来学习技巧，并以掌握技巧为目的将教练员作为教师。这种类型的依赖与寻求教练员给予情感、支持和安慰的“情感型”依赖有着实质性的区别。在“情感型”依赖中，运动员寻找教练员的首要目标是提高个人幸福感。在这种情况下，就“情感型”依赖行为的功能而言，体操的训练与学习是次要的。

另一种类型的依赖可被称为“侵略型”。此类依赖往往表现出目标的负导向，旨在操纵双方的训练关系及相关沟通。“侵略型”依赖表现为训练中带有对立性质的控制感。通常这种依赖关系是在训练场外发生冲突的延续。教练员总是觉得自己是在和体操运动员争辩对抗，而不是作为教练员指导，事实上，他们可能才是这种依赖关系的受害者。

尽管近年来女权运动得到了发展，但在美国社会中，人们普遍程度上还是认为女性容易产生情感依赖，关于男性的此类看法则少得多。这主要是由于刻板印象中男性是坚强且独立的个体。训练中，男性教练员可以发现一同训练的男运动员所表现出的“专注学习型”依赖比“情感型”依赖更明显。这种情况并不总是正确的，但的确是最普遍的。这就是为什么人们认为在训练环境相同的情况下女性比男性更情绪化的原因。在大多数情况下，这一观察结果确实是准确的，因为女性教练员在互动中往往真的比男性教练员存在更多的情感依赖。

“专注学习型”依赖的性别差异较小，从男运动员的表现而言，它比“情感型”依赖更加常见（例如，依靠教练员获得技能掌握方面的客观帮助）。尽管女性运动员对他人会有更多的情感依赖，但她们并不会在学习方面过度依赖他人（例如，没有能力处理训练中产生的技术问题）。的确，如果一名女性运动员缺乏足够的独立学习能力或产生过度的情感依赖，她可能会利用依赖来控制和操控他人以逃避因自己的行为过失而产生的责任。

依赖关系是可选择的。一方面，一个发育成熟、具有良好适应能力的女性在情感方面比男性同伴似乎更依赖于一个相对较小的群体，这个群体往往由彼此互相信任的同龄朋友组成，她的行为似乎没有表现出普遍存在的依赖性，常见的对于女性的此类“依赖”刻板印象具有误导性。另一方面，男性青少年对成年权威人物，例如，父母或教练员等人的依赖程度低于女性，他们更容易对男性同龄人产生高度依赖，以逃离家庭的束缚来宣告自我主权。

三、指导意义

本文简要讨论了冲突发展过程中依赖性与独立性的性别差异，对不同级别的教练员给予了一定的启示。当与年轻男性运动员一起训练时，男性教练员应该注意运动员可能更冲动和叛逆，这不只是因为人们对男性的刻板印象，还因为他们青春期的特质。如果教练员意识到了这一事实，避免双方不必要的权力争夺，训练效率就会有所提高。在协商设定共同目标、提高体操技术并取得成功后，可以提高对技术和训练负荷的要求。关于训练中教练员和运动员双方谁占主导权的争论会极大地干扰训练，我们要尽可能地避免此类情况的产生。

在女性运动员的训练中，虽然她们很遵守纪律并表现出对命令的绝对服从，但教练员需要意识到良好的训练模式是彼此间的承诺及目标的设定，不是无益的从众和依赖。这种依赖关系有时是无意识的，是教练员为了满足自己的权欲和控制欲的结果。有些教练员不能容忍任何挑战自身权威的事，并会大力反对运动员任何独立做主的行为。青春期早期的女孩最难教，因为她们对于在“权威”下工作更加敏感，但对于团队中的个别成员而言，一定程度的反抗可能会更加有益。从长远的角度来看，一些“反抗”的机会可以改善整体的训练氛围。

最后值得一提的是，与女性体操运动员一起训练的男性教练员需要仔细审视双方互动中可能发生的一些“性化”的现象。公然的挑逗、过多的身体接触、言语上的影射等行为会严重干扰训练关系，并会对青少年的心理健康造成真正的伤害。正如本节所讨论的那样，“情感型”依赖往往在女性体操运动员身上表现得更加明显，这一点尤为正确。与体操运动员身体接触的数量在一定程度上也取决于其年龄，小学阶段的孩子相对不容易误解这种鼓励的形式。在性成熟时期，教练员应当留心观察并减少亲密接触。在青春期，除非庆祝需要，要极力避免双方的身体接触。在比赛中双方应该形成良好的互动，不要表现出冷酷和冷漠的情绪，应当注意自己的情感表达方式。不幸的是，很多教练员都是通过惨痛的经历来吸取教训，在这种情况下，一分预防胜过十分的治疗。我们在下一节中针对该问题提出了更多的观点。

第七节　男性教练员与女性体操运动员

在训练中，积极的教练员与运动员的关系是建立健康训练关系的一个重要方面，然而，男性教练员同女性运动员的互动过于性别化是一个非常严重的问题。近年来，我们收到了许多对此问题感兴趣的读者来信，信中表示他们想要我们更加详细地解释这一问题。在此，我们将进一步讨论训练中男性教练员与女性运动员的问题。

许多男性教练员与女性体操运动员建立了独特的、相互支持的关系，但也有一些男性教练员对女性运动员的态度有些敏感。当男性教练员与处于青春期的女性运动员一起训练时，双方的关系总是存在一种危机，实际上这是异性吸引与幻想在作祟。如果教练员处理不好这种关系，情况会变得非常棘手。女性性征的发育（月经、第二性征的发育和其他生物学现象）在 12 ~ 18 岁时达到高峰。这段时期，女性容易产生暧昧不明的性幻想，因此也更加需要在这期间断开其与父亲自然的“性”联系，使她们形成对未来价值体系的构建。

体操这项运动的意义正如它的动作技术要求一般，需要个人能力、掌控感和个人认同感、良好的关系、优雅的姿势、积极的姿态和自我认同，是成长和发展着的。竞技体操就其本质和身体素质需求而言是一项高强度的体育运动，教练员和体操运动员为了追求各个方面的完美表现会共同花费数千小时的努力，达成了不同程度的亲密关系，无论对单人还是团体，都是很普遍的情况。这对每一个人而言都是获益颇丰的经历，但于青少年运动员而言，青春期的表现会非常脆弱。

教学思考

在训练中，以下几个方面尤其需要评估与监控。

1. 教练员的作风

如果男性教练员总与女性运动员产生亲密接触或对女性运动员做一些轻浮的举动，那么他很有可能有作风问题。教练员需要与运动员有所接触来传达真正的温情和关心，但这些好的品质与过分的行为是有界限的。女性运动员面对这种情况会本能地逃离，因为个人关系而破坏训练中的公正、公平会给运动员带来很大程度的焦虑。当然，也不乏一些女孩依靠与男性教练员的私交而得到了更好的培养，但这只是极少见的情况。经验告诉我们，良好的关系需要阳光、真诚、互相尊重，为了完成目标而共同努力。要避免一切暧昧不清的言语举动，于这个阶段的青少年而言，玩笑和危险行为之间的界限非常模糊，即使是出于善意的动机也可能会产生误会。

2. 身体接触

另一个担忧来自男性教练员与女性运动员的身体接触。这看似不值一提，但事实上在我与体操运动员的谈话中，许多女性运动员都曾提及××教练员在训练中和她们的身体接触。值得一提的是，这种接触现象可能会引发训练中男性教练员与女性运动员一起工作的动机问题。

3. 主导与支配

目前仍然会出现因男性教练员利用“教练员威望”对运动员施压而产生控制和支配运动员的现象。这种现象可以追溯到教练员早期学习体操的经历，运动员与教练员的沟通与互动可以解决该领域中的遗留问题。教练员的控制心态会带来专横、独裁的氛围，而训练效果则是建立在恐惧、盲目屈服和顺从之上的。通常这样的控制与支配会被伪装成“规定”，运动员无法在高压环境下训练。

4. 大男子主义

对于许多男性教练员而言，这份工作给他们带来了极大程度上的自我满足。他们是训练场上、场下的英雄人物，是让女孩们变成明星的梦想先生。这样的光环就像一个陷阱，每个人都希望自己受欢迎，但被“崇拜”和被“爱”是有区别的。

从历史学和生物学的角度来看，男性和女性之间的吸引力是出于天性、自然而然产生的。无论在男性或者女性体操教练员的指导下，同样的吸引力可能会在心理层面上被教练员和体操运动员高估，从而造成很大的影响。然而，我们必须记住教练员是成年人。教练员需要进行谨慎的自我监督并反省自己采取这种训练方式的原因，答案有时可能是令人震惊的，但我们仍然应该继续进行探究，对接下来的行为进行必要的改变。教练员和体操运动员之间的关系是训练中十分重要的一个方面，但年轻的女性运动员的幸福感是最重要的。关于这方面的更多信息和相关事项，我们在第二章的“心理学家的教练员观——训练原则”和“训练指导守则”提出了一些指导方针以解决这个问题。

第四章　理解动机

本章试图对晦涩难懂的动机概念进行剖析，部分内容有些技术难度但很有价值。此外，我们对教练员和体操运动员提出了基础性建议，以促进他们对动机作用的理解，列举了在训练中应用相关理论的注意事项。

本章重点：

- 成功的关键——动机来源
- 成功的关键——外在动机
- 行为改变——强化
- 行为改变——自我评估
- 控制点和训练效果

第一节　成功的关键——动机来源

无论是在家里、在学校，还是在训练场，教学和学习的主要困难之一就是如何在训练方法上引导和利用“学习的意愿”。就本节而言，我们将学习的意愿等同于动机。没有动机的学习通常不会持续很久。有研究表明，动机越深入、越全面，学习就会越持久且所学的内容越能被更好地吸收。在体操运动中，动机可以源自运动员的需要，但这种需要经常或有时必须由教练员事先准备。动机不会平白无故地产生。倘若因训练方法无效而使士气削弱，学习意愿减弱或导致障碍形成，那么再强烈的动机也无法带来成功。

任何人都应该清楚地知道，动机的重要性体现在生活的各个方面。对工作和娱乐而言，其根本动机是为了工作和娱乐的质量与数量。获得满足、喜悦、期望结果都是影响动机的因素。动机可能还有很多来源，例如，无法获得成功的恐惧、赞许带来的纯粹快乐或者伴随成功与胜利产生的舒适感和喜悦感。

一、内在动机与外在动机

动机的来源甚广，以至于没有人能够将其详尽地列出。心理学家提出了技能学习的内在动机和外在动机。为使内容更具实用性，本文仅讨论在体操表现方面的内在动机、外在动机及其关系。

我们将训练的内在动机定义为体操运动员的自身需求得到满足。外在动机指体操运动员为了满足他人所施加的要求。显然，父母的期望属于外在动机，但是在体操领域，大部分外在动机的主要来源是教练员与体操运动员之间的互动。举例如下：

（1）运动员为了自身获得学习结果的喜悦与功能而进行技能学习，就是一种内在动机的结果；

（2）运动员在教练员、同伴的要求下或被告知学习的作用而使其觉得“应该做”，则是受到外在动机的驱使。

有些运动员在他们掌握一个新技能时会有极度快乐或兴奋的感觉，很多时候，展现在体操运动员脸上的笑容不仅是学习乐趣的结果，而且是与实际的身体感受相关的产物。我们曾经听过体操运动员描述在空中做一个完整的翻转动作，然后将双脚稳稳落在垫子上后的感觉。为了尝试这种感觉而努力就是内在动机的一种形式。以获得最终结果的功能为动机是最容易的，因为它促进了自身技能的提升，而且可以提高裁判组的客观打分数。同样，后者也是持续掌握技能的内在动机。

外在动机（来自教练员）的程度和成效与这名教练员在体操运动员和团队中的权威程度、受尊重程度和个人影响力直接相关。许多体操运动员不仅会为自己“工作”，而且会为教练员“工作”。他们从经验中认识到，遵循教练员的指令会取得成功。然而，如果教练员总是做“错误”的决定，或其投入没有带来积极的结果，那么他最终将无法再次激励体操运动员。偶尔的失误可以被原谅，但是总是“出错”将给无法胜任工作的教练员带来厄运。有一种情况除外：尽管教练员十分愚钝，但运动员的内在动机强大到能使他坚持不懈。不过这种情况极为罕见，所以千万不要指望它。

内在动机与外在动机之间的界限有时很模糊，不过我们需要弄清这两者之间的关系。理想情况下，年轻人学习技能的原因是他们在学习中体会到了令人兴奋的感觉。由于他们在锻炼中获得了某种刺激，然后促使他们去更好地学习。然而，对于年轻的体操运动员来说，这些动机很少能在短时间内获得。即使存在某种程度的内在动机，初学者仍可能会把体能训练和柔韧练习看作一件苦差事，那么对他们来说这很快就会变得枯燥且痛苦。

于是，教练员发现最大的困难在于发现关键点，并提供能够维持体操运动员兴趣的外在激励，使他们在有意愿每天进行学习的基础上，满足其创造性的需要。在第九章的“体能训练……太令人沮丧了！”中可获得更多的有关内容。

我们认为，当今的学校必须更多地利用外在动机，因为并非所有的学习都是体操运动员自己选择的结果。许多儿童是在父母的意愿下选择的体操，或是在电视或录像中受到了启发，如第十一章的“我的女儿是竞技体操运动员”。但完成这项任务的现实情况可能很快就会让他们失去兴趣。如果在这条路上的前进是一个自然选择的过程，这是很好的，但是很多时候，一些具有真正内在动机的人才也会流失。由这项运动的魅力所创造出的英雄主义幻想也许会把一个年轻人吸引去训练。虽然只是一小步，但这可能为他开启一个光明的职业生涯。或许它值得“好好投资”。

二、训练管理

当强有力的内在动机取代了由教练员和工作人员创造的外在驱动力时，才能使这些努力的体操运动员在面对众多的挫折和失望时依旧继续前行，至少他们能够意识到梦想的实现并非轻而易举。不过，知易行难。

要创造出保持工作热情的外在条件，需要建立一个清晰的激励系统，营造好的整体氛围，管理者会面临一个巨大的挑战。任何一位在体操领域努力尝试过的人都知道，用不了多久自己就会有一种黔驴技穷的感觉。一些方案的确很枯燥，被高度激励起来的体操运动员可能会坚持，但兴趣最终一定会降低。那么从长期看来，这样的方案一般不能被称为有效，因为很多有可能成功的体操运动员会半途而废。

有教练员或体校工作人员认为，如果内在动机不足以支撑体操运动员，那么他就不应该参加这项运动。显然，教练员不可能一天 24 小时为体操运动员提供动力。然而，如果认为仅仅依靠年轻人的个人驱动力，而不考虑持续的外在刺激就可以激励他们，这或许也不合适。即使是顶尖、优秀的体操运动员，教练员也会发现有必要及时为他们提供外在刺激。通常情况下，高强度的训练和比赛将激励他们持续不断地努力。然而，只要有意识地以一种有组织的方式形成或提供外部激励，就可以提高成功的可能性。相关内容将在下一节进一步探讨。

第二节　成功的关键——外在动机

动机的概念被定义为“学习的意愿”。内外在动机的一些区别已经在上一节进行了讨论。需要记住的是，我们的最终目的是最小化外在动机（尽管在某种程度上它必须存在）和最大化内在动机（因为在产生需要满足体验及意识到学习的作用后获得快乐）。同时应该承认动机与成熟是相关的，包括身体上、情感上和智力上的准备。人们不会用对待青春期孩子的方式来激励一个六岁的孩子。这或许显而易见，但令人惊讶的是，有多少教练员在与他们的运动员打交道时忽视了这个相对细微的发展性问题，使用高于学生或低于学生成熟程度的谈话方式。

为便于讨论，本节将聚焦于如何为有需要的训练场提供合适的帮助。同时，本文仅关注运动员青春期前、青少年时期及成年早期阶段的相关内容，因为儿童早期和动机的相关问题更多地在基础动作教育领域进行了研究，需要单独成文。

一、训练场地的条件

首先，训练条件（无论是物质的还是非物质的）为外在动机提供了最大来源。一个令人愉悦、内容丰富、思虑周全又实实在在的安排能够鼓励体操运动员专心致志地刻苦训练。例如，有的大公司早就意识到音乐对生产力的激励作用，这并非一个随意的想法，而是基于我们对人类精神——神经系统的知识。除了音乐的类型，音量的大小对人们的动机水平也有影响。可惜，对体操有益的音乐并非总是青少年喜欢的类型。在大多数情况下，协商是最好的解决办法。研究发现，很多训练场存在照明不当的问题。从安全的方面来说，良好的照明十分重要。同时研究也表明，照明能够影响人们完成某项任务的动机。

毫无疑问，教练员和其他工作人员的整体态度、热情、期望、个人承诺和工作专注度都是外在动机的主要来源。重要的是要记住，那些能够使动机增加的任何条件，都需要在态度积极和纪律严明的气氛中才能够起作用。

二、表扬

每个人都喜欢被表扬。表扬，就像惩罚一样，是一种训练方式。表扬与惩罚的目的在于调整或对外显行为做出价值判断。在训练场地，这些表扬主要来源于教练员。鼓励加上支持性的、积极的技术输入是从外在角度激励体操运动员的最佳方式。这是教练员与体操运动员之间的关系为何如此重要的原因之一，也是为什么我在前面的部分强调了教练员需要有理解每名运动员的沟通方式及需求系统的智慧。

大多数人通常都是靠正面的评价成长起来的，比如“你做得真好”“我对你的努力很满意”。然而，很多教练员却会将评价的重点放在消极方面，可能事后想起来会再添加一些积极的东西，而不是开始于一句鼓励的话，然后再说“但是你必须……”等。

适当地不给予表扬或给予反对也能够成功地激励体操运动员，但如果不适当的话，对一些人来说这将会是毁灭性的打击。当消极的反馈以一种建设性的方式进行时，它能够鼓励（从外在）体操运动员努力去做得更好。通常，教练员从皱眉到直接的谴责都会带来个体行为的改变。毕竟，教练员不能对运动员进行体罚。假如运动员在高低杠比赛中大腿后部撕裂，那么这段时间内教练员更需要注意与运动员交流的形式，虽然这些原本就是教练员应该做的。还有的运动员会在与教练员持续不断的“斗争”中表现得很好，但无论如何，这是个人风格和个人沟通问题。只要它有用而且对孩子没有破坏性，我们就应该使用。

三、目的与目标

在运用表扬来激励运动员的过程中，教练员与体操运动员建立以任务为导向的目标也是有效的。这是一个相对容易开始和实施的方法。每名运动员都有一个属于自己的文件夹。其中有一个按事件排列的目标清单，附带由教练员记录的技能获得时间表，这些数据的主要依据来自体操运动员。

例如，每周或者在任何对提高体操运动员的训练节奏和水平有意义的时间，教练员都会和运动员坐在一起回顾目标的进展情况，然后看情况做出适当的调整。当运动员掌握了一项技能时便做出标记，然后再决定下一项技能的学习。在一些训练基地，这些表单会被张贴出来。这可能带来一些负面影响，不过它主要取决于这个团体的氛围和社交情况。这样，每名体操运动员可以在训练场轻易地看到他人做得如何——他们是否在进步，是否在主动训练。显然，张贴个人目标表（也可以由团队完成）可能会再次激励教练员和体操运动员，但这种方式不应被用来打击运动员。当教练员试图使用外在动机时，他们会发现外在动机会有很多形式。第八章的“把目标设定作为训练工具”提供了很多追踪目标的例子。体操运动员可以参阅第八章的“我的目标是……体操运动员的计划”，里面有如何实现个人目标的例子。

四、动机的变化

在国内外的很多训练场，人们经常会看到各种外在动机的变化形式——团队精神的鼓励（如当队员掌握一项新技能时一起欢呼、评选“每周之星”等）、激励海报、口号标语、特别计划（如娱乐时间、野外生存日等）和具有挑战性的活动。所有这些都是外在动机的重要方面，需要被不断地检验和调整。本节只涉及了外在动机的概念，而我们所做的一切，从倒立比赛、小型会议到蛋糕销售、特别展览，都是为了达到这个目的。人们在“发明”这种动机的形式时，唯一的限制就是他们的想象力。

训练场的工作人员需要将积极思考、鼓励学习、相互尊重和努力训练作为其公认哲学的关键要素。如果它是任务导向且计划仔细的话，那么努力训练本身就可以是一种非常强大的动力，有时甚至是唯一的可靠动力。这需要时间，但却值得。

五、总结

最成功的方案会在外在动机下使越来越多的参与者产生内化的动机。敏感的外在动机会使运动员逐渐形成内部动机。个人感觉需要的满足、最终结果带来的作用与愉悦，以及体操表现本身将成为持续参与的主要动力。

有关动机的部分，我们强调以下几点：

（1）学习意愿和需求是体操训练的基础；

（2）个人的这种意愿越强烈，学习也将越持久；

（3）表层动机常常是诱导深层动机的必要条件；

（4）有效的训练不会停留在动机的外在层面，而是不断地以各种方式使之带来更多的内在激励。

第三节　行为改变——强化

显然，动机的重要性体现在生活的各个方面。满足、喜悦及对预期结果的基本需要都是动机的组成因素。

在前面两节中，我们讨论了在体操领域的一般性动机。其中指出，无论是在学校或是在训练场，教学与学习的主要困难之一是如何激发和使用意愿去学习。前面的章节强调了动机越深入、越全面，学习也会越持久和深刻。同时，前文也指出，如果因训练方法无效而使体操运动员士气削弱，学习意愿降低，那么再强烈的动机也未必能带来成功。在有关动机理论的文献中，我们经常遇到“外在的”和“内在的”这两个术语，它们也可以被应用到体操中。

学习的内在动机是为了自身需求的满足。当体操运动员认识到最终结果将带来的作用或愉悦感时，作为内在动机的结果，他们就会做出相应的行为。

外在动机是为了满足或达到外在环境所施加的需要和要求。当运动员因为教练员的要求或被告知某项学习的作用时，而使其感到“应该”去做，那么则是受外在动机的驱使。

为了方便讨论，我们将再次把这种难以捉摸的学习意愿与动机的概念等同起来。通过利用外在环境中发现的控制作用（利用外在动机）来关注行为的发展和改变。

一、正强化

最常用的控制行为的方法是正强化。在运动员展现出一个期望发生的行为时给予奖励，以促使其完成技能。在实践中，正强化提高了预期行为的响应率。但教练员通常会对个人所需的正面激励数量估计不足。

多年来，人们已经知道了如何在环境中测量和报告那些可以对运动员起强化作用的条件。当然，大多数教练员还在尝试用各种各样的技巧来鼓励期望行为的发生，但只有越多地运用研究，才能更有效地开发体操运动员的全部潜力。

当教练员运用正强化理论时，应该牢记以下内容。与一般的观点相反，我们有必要时不时地使用负强化，而非仅仅依靠正强化。1:4 或 1:5 的标准比例为两者的频率提供了一个可供参考的指导。另一个原则是，不要把消极和积极的品质定义为同一种行为。例如，做更多的仰卧起坐、俯卧撑或短跑，对训练来说是可取的，但如果把它们作为对没有执行某项特定技能或未能表现出正确行为的惩罚，那么这些活动将会降低有效控制的可能性。

二、强化的频率

通过控制行为来影响行为的另一个重要原则是增加正强化的频率。强化通常有两个主要来源：教练员和体操运动员。我们先把教练员看作激励来源，如果教练员认为自己能够发挥重大作用，那么他会在这方面做出最大化努力。

显然，当教练员负责的体操运动员较多时，所涉及的后勤问题会严重限制教练员专注于重要任务，而且往往会使他低估活动的重要性。研究表明，团队奖励对体操运动员在团队中的个人表现并没有长期影响，成功的关键似乎在于提供个性化的积极强化。通过提高正强化的质量与数量，可以改善教练员的工作效率。

增加正强化的数量，意味着当期望技能被正确操作或表现出某种行为态度时(如决心)，教练员应当施加正强化。这通常指利用“可教时机”，重点在于期望行为发生后立即提供强化。理论模型表明，提供的条件作用越多，对行为的控制就会越有效。一些可以使用的技术包括音量调整、肢体手势及与运动员或团队保持不同距离。教练员需要有意识并尽可能多地运用这些技巧。

三、反馈

我们在第三章的“反馈的艺术：教练员与体操运动员的沟通模式”中，讨论了教练员与体操运动员之间沟通的其他方面。这与技术修正建议和成绩信息有关。奖励表明了对行为的认可，成绩信息则提供了关于行为本身实际价值的反馈。这种成绩信息并非总是对单项技能或整个过程进行分析，但可能涉及诸如整体执行力、工作水平、工作负荷等因素。因为成绩信息本身并没有激励作用，所以，应该将奖励和成绩信息尽可能多地结合起来。当它们被结合使用时，体操运动员会在奖励的激励下做出相应的行为，然后根据技能评价提供的新信息（成绩信息）获得反馈。

四、总结

综上所述，教练员应该努力做到以下几点：

（1）尽可能地进行个性化奖励或强化；

（2）增加奖励行为的数量；

（3）提高言语和非言语性奖励的质量；

（4）将奖励的数量和质量与技术性的成绩信息结合。

在接下来的一节中，我们将进一步详细探讨这一领域的各种研究成果，以及除了教练员这一来源外（体操运动员本身）进行强化的方法。我们还将思考一些能促进持续正强化的组织调整方式，并研究如何使用奖励才能在获得更多表现进步的同时，减少强化物的消耗。

第四节 行为改变——自我评估

对动机的讨论涉及了以下几个概念：学习的意愿、内在的和外在的、正强化与负强化、可教时机及成绩信息。在本节中，我们关注的是通过在外在环境中发现控制因素来改变行为，即利用机会进行外在激励。我们强调，逐渐控制行为和带来行为改变最常用的技术是在个体化的基础上使用正强化。同时讨论了强化的质量与数量，以及如何在日常工作中最大限度地发挥理论作用的问题。

前文指出，虽然奖励表明了对行为的认可，但成绩信息提供了关于行为本身实际价值的反馈（技术分析）。这说明在大多情况下，成绩信息本身并没有激励作用，所以应该尽可能地将奖励和成绩信息结合起来。当对这些方式进行组合时，体操运动员会受到奖励的激励，再次做出动作，而这也需要凭借成绩信息来提供反馈。

本节我们将进一步深入动机领域，探索源于教练员以外的强化方法，即源自运动员本身的方法；同时，思考如何在组织上进行调整，以便在训练安排中最大化地提升效果。

一、强化来源

之前我们已经指出了教练员能够影响强化的质量与数量。有研究表明，就强化而言，那些以教练员为导向的训练场通常具有较低的激励机制。在这种情况下，动机似乎是通过对环境的试错反应来维持的，且从长期来看，其强化力度很弱。

先前在运动心理学上的一项研究可以阐明动机效应。该研究比较了教练员控制和运动员控制的组织方法对游泳运动员行为的影响，并对三种情况进行了比较：①正常训练环境；②两名教练员进行强化的训练阶段，排除其他行为；③游泳运动员使用行为游戏，并对他人行为负责的训练阶段。结果表明，当教练员只专注于使用正、负强化时，会有一个看得见的效果。然而，当使用行为游戏的游泳运动员要对其他人的行为负责时，产生的效果最为显著且远比其他两种情况有效。重点是，当行为（强化）的结果频繁出现时，就像运动员控制的情况一样，行为控制会更有效。

这些结果表明，教练员可以在训练场地通过使用其他资源来增加强化。在体操训练中经常遇到“自我”问题的教练员在使用这一方法时会遇到麻烦，因为这意味着他们得愿意放弃一些可能与声望有关的个人控制权。

根据这些研究趋势，体操运动员应该学会如何及为何为其他人提供强化。他们也应该学会如何通过对表现的自我评估来强化自身。此外，体操运动员对技能训练中涉及的技术“任务”了解得越多，从教练员和自身所获得的成绩信息也会越多。最终，当教练员能够频繁地对技能相似（同质）的小群体，而非大群体提供有质量的强化时，那么他将在行为控制上获得更多的成功。如果教练员尽可能地改变训练情境，使之从教练员导向的控制转变为体操运动员和教练员共同导向的控制，则动机将会增加。显然，在这种情况下，正强化的质量和数量都会增加，训练将提供更多基于行为的动机，而不是常见的以教练员为中心的限制性方法。

二、连续的正强化

有研究指出，增加正强化的数量对所预期的行为改变非常重要。为了最大限度地利用这一点，每次预期行为的发生都应该得到强化，换句话说，强化应该是连续的。显然，在开展一项综合性的体育竞技项目时，团队合作比单枪匹马更势不可当。从心理学的角度来看，明确是否有办法提供持续的正强化的问题很有意义。这的确是一项艰巨的任务，但绝非不可能。尤其在训练环境中，我们可以利用体操运动员本身或教练员来提供积极的强化。另外，我们也可以在初始阶段提供连续的正强化，然后逐步扩大强化对多次行为的影响。

为了便于实施持续的正强化，需要一些组织的变化。

（1）当强化来源于教练员时，教练员会在特定的时间仅仅关注个体或同质性较强的小群体，而忽视团队中的其他人。然而，当正强化来源于运动员而不是教练员时，这个问题就可以得到有效解决。即使教练员未在场，体操运动员也可以在强化下继续训练。

（2）必须帮助体操运动员对自己的行为进行自我评估和强化。除了提高他们对具体体操技能的“技术性”意识外，也需要对他们进行一些自我分析能力的训练。

（3）需要对训练环节进行协调与组织，以便每名体操运动员在相似的行为上能够相互评价，正如在行为游戏中的做法一样。

（4）尽可能地使用能够提供持续评估信息的现代技术。

教练员必须努力消除在训练场里常见的组织惰性，加强正强化作用。这可以通过开发一个阶段性系统程序来解决。教练员在执行程序时需要整体思考，一点一点地进行并保持勇气。此时，正强化会逐渐增加期望行为的发生。接下来的问题是，期望行为发生后的持续性反应，这个过程被称为“延伸强化计划”。延伸强化计划需要提供间歇性的强化缺失，直到体操运动员能在一次强化后表现出多次期望行为（技能）。

当体操运动员第一次碰到特定行为后的所期望的强化没有出现时，他们也许会有些困惑，但他们会拒绝继续吗？答案显然是否定的。他们会继续训练，并会在一个积极强化后，成功地完成多次期望行为。体操运动员仍然拥有动力，并能够像之前一样完成预期行为。在体操训练中实施这种延续可以说是一种真正的艺术。如果进度太快，反应速率也许会因为期望行为的放弃而下降，所以教练员在此过程中需要保持谨慎，并要提前做好计划。

生活的经验告诉我们，依赖于人为或人为设置的环境可能会出现问题。这同样适用于人为的正强化。如果计划的成功完全依赖于某个设备或某个个体，那么人们很容易就可以想象如果这些条件消失了将会发生什么。因此，为了获得完全的控制，最终我们要努力使强化能够自然地出现。

三、自我评估

在形成持续性反应的过程中，最易获得的强化来源于自我评估。当一名体操运动员能够评估他或她的行为（技能表现、运动负荷等），并判断他们做得如何时，无论怎样，强化都会发生。很明显，当正强化由自我生成并且基于客观的测量结果（如成功完成技能）时，期望行为会更加持久。

改变动机状态的最后一个原则是放弃控制自然发生的强化。这意味着，教练员要让运动员学会如何评估行为及准确做出决定。理想情况下，教练员能够在这一阶段利用环境让运动员分别形成自我强化和外部强化，并使之在需要时同时起作用。但目前还难以达到这种理想状态。您可以在第八章的“我的目标是……体操运动员的计划”和“把目标设定作为训练工具”中找到有关自我评估和表现的更多内容。

四、总结

综上所述，促进行为改变（动机）需要注意以下几点：

（1）明确要被激励的具体行为；

（2）仔细制订实施计划；

（3）丰富正强化的数量和来源；

（4）不断强化目标行为以达到期望比率；

（5）延伸强化计划以使强化带来多次反应；

（6）使强化能够自然发生（自我评估）；

（7）必要时反复使用。

第五节　控制点和训练效果

本章已经多次讨论了动机这个概念。“肯定”是与动机相关的一个概念。在本节中，我们将其定义为体操运动员努力后获得的反馈与奖励。肯定与积极动机和消极动机相关，正是这些动机影响了体操运动员对训练的态度。教练员与体操运动员之间的关系及各种训练方法的有效性都与这一概念密切相关。

由于个体的差异性，影响其行为的肯定类型也同样有所不同。不过，有两种常见的方式可以用来激励体操运动员，一是来自外部的影响，二是个体内部的因素。当然，在很多情况下，运动员受这两种方式的共同影响，而非单纯地依靠外部肯定或内部肯定获得动机。每名体操运动员都会形成自己的信念，知道什么样的动机对他们来说最有效。

一、控制点

最近对“控制点”的研究与“肯定”有直接的联系，并且它对动机和有效训练有重要意义。控制点是一个心理概念，指个体认识到的控制其行为结果的力量源泉。强化指以积极或消极、言语或非言语的形式对个体施加影响以鼓励或阻碍某特定行为发生的过程。一般来说，有两种类型的控制点：内控型和外控型。内控型的体操运动员往往会认为是自身行为影响和决定了其所获得的结果。换言之，在他们看来，好的行为本身能使他们获得回报并起到强化作用。外控型的体操运动员则认为，对他们的刺激与强化在某种程度上受命运、运气或其他重要人物（如教练员）的控制。从定义上看，肯定、动机、强化和控制点之间显然是相互关联的，但在实际应用上，他们并不具有明显的指导意义。不过，随着对控制点更加深入的研究，它应该会具有更加清晰的指导意义。

在过去六年里，我们研究了美国独立体操俱乐部协会的国家精英发展项目。该项目具有高度选择性，对体操运动员的准入与参与都进行了仔细的控制与监督。由此产生的年轻运动员们确实非常了不起，展现了高水平的体操技能。作为运动医学工作人员，部分职责是收集关于这一人群的动机、态度、个性和其他心理因素的信息。为建立这些天才运动员的档案，我们使用控制点自陈量表对他们进行测量。有400多名体操运动员接受了评估，其中86.87%的人被认为是内控型。这个有趣的发现对教练员指导有天赋的体操运动员有重要的启示。更多的内容可见第一章的“优秀青年体操运动员的心理特征”。

过去的研究表明，控制点对教练员与体操运动员的关系具有直接的应用价值。外控型的人比内控型的人更容易受到条件作用的影响。外控型的人受到轻微的言语影响时反应与预期一致，内控型的人对类似尝试的反应则没有变化。内控型的体操运动员（如上文提到的天才运动员）不会对言语上的微妙条件作用做出反应，因为他们主要通过成功地完成一项技能来寻求奖励或肯定。这一事实至少在一定程度上决定了在寻求有效激励方法时对此类体操运动员的指导方法。

对控制点的其他研究表明，以一种明显的或不太微妙的方式对外控者施加影响，如教练员的勃然大怒或威胁，会使其训练出奇得好；而对于内控者来说，这种方法并不奏效，甚至在大多数情况下会使他们的行为向相反的方向进行。这些内控型的人基本会忽视甚至抵制这种影响，并因此表现出“令人沮丧”或“消极”的行为。

在这一领域，另一项有趣的研究与体操裁判员有关。研究人员分析了裁判员的控制点类型，并在研究中发现，当比赛顺序是以所谓的“更好的运动员”的次序上场时，即使随后上场的运动员的实际表现并未达到较高分数的要求，外控型的裁判员所给的分数也会较高。这些裁判员似乎受到了期望效应的影响，即认为第五名运动员会比第一名做得更好。研究结果表明，外控型裁判员比内控型裁判员更易受到期望效应的影响。研究人员还认为，一些外在因素可能会影响外控型裁判员的评判标准，如负面的群众反映和来自教练员的恐吓言论。

关于控制点的大部分研究都表明，内控者会抵制外部对他们造成的影响，而外控者往往会顺从与接受。这里面临的挑战就是，对那些抵制言语影响并在面对来自教练员或他人的公然强迫时叛逆而行的运动员，我们究竟应该如何更好地激励他们？也许有个“棘手的孩子”的教练员正面临着如何应对内控型体操运动员的问题。这样一名“令人沮丧”的体操运动员可能有着坚强的品格，他正向内寻求肯定与强化而非试图通过教练员。

在这种情况下，如果教练员单纯使用以任务为导向的技能学习，而不是依赖某种程度的外部影响计划，将更可能获得成功。对于这类运动员的反馈要尽量避免“主观”上的内容，而应严格使用技术术语，着重在技术上指导其动作技能的掌握。第八章的“把目标设定作为训练工具”中有更多相关的内容。

二、有效训练

以上关于内—外在控制点的讨论明确表明，最有效的训练是根据体操运动员的主要动机系统使用不同的方法。是否给予肯定、何时何地肯定都与认识并理解每名运动员的独特性有关。考虑到其中的复杂程度，以下内容是在不考虑个体运动员如何被肯定的情况下，讨论如何使学习和动机具有意义。

从所有有关动机行为或教育和心理学的文献中，我们可以得出一项重要指导原则——处理人际关系和学习往往适合采取积极的方法。毫无疑问，积极的训练方法和有效性之间具有很强的相关性。令人惊讶的是，尽管教练员在口头上认可，但依然有很多教练员，甚至一些认为自己在教学模式上运用了积极方法的教练员，事实上并没有运用积极的行为方式。他们并非故意不为之，而是常常在压力下忘记了。对教练员与体操运动员之间的互动采取积极方式，并不意味着如何做才是重要的。对技能操作的优缺点进行评论同样必不可少，但这种评论应在一种支持和积极的心理气氛中进行，并建立在尊重个体的基础上。在这样的环境里，批评对运动员学习有积极的作用。

建立这种良好氛围是一个有关情感态度的问题，并不容易实现。事实上，有些教练员根本无法积极地思考与行动。这样的教练员也许能做出成绩，但能否长期保持进步值得怀疑。即使能够保持，运动员所付出的代价也是一个严重的问题。

三、训练建议

下面列举的几种方法可以帮助教练员积极思考并营造积极的氛围。

（1）当期望行为发生时，要立即奖励或强化。像奖励结果一样奖励努力；使用言语表达，如“做得好”；使用非言语性的鼓励，如拍拍后背、给予微笑等。

（2）一个明显的错误发生后，要鼓励体操运动员（另一种形式的强化）。在某一环节上失误通常是显而易见的，就像没有必要对平躺在地上所涉及的技术进行冗长而详细的解释一样。一旦确定体操运动员没有受伤，教练员应给予一个关心或积极的肯定，要避免小题大做，并使体操运动员尽快回到任务上来。再次强调，要鼓励努力，而非仅仅要求结果。

（3）当要提出建设性的建议（批评）时，先指出哪些是正确的。先强调正确部分，继而讨论需要改变的地方，可使运动员强化自我动机来纠正错误，而非形成消极动机来避免失败或教练员的批评。

（4）永远不要把体操运动员的努力视为理所当然。最好要让个体或团队知道你欣赏他们的努力，因为这有利于建立积极的工作氛围，同时也有利于体操运动员的学习。

（5）有选择地使用有意义的鼓励方式。提供支持，但要避免成为一名“啦啦队队长”，因为这可能会激怒体操运动员，甚至使他们朝着你的期望反向行动（尤其是对于前文所提到的内控型运动员来说）。

（6）永远不要讽刺。有时候，讽刺可能会以“开玩笑”的方式起作用，但大多数情况下，教练员要避免使用。

（7）远离惩罚——这也是一种负强化。不用跑圈、做俯卧撑或者不断重复体操技巧来惩罚运动员。此外，这会改善训练的消极影响。

（8）对失败的恐惧会随着对惩罚、否定的恐惧的减少而减少，无论惩罚或恐惧来自言语上、身体上还是其他方面。

（9）当有令人满意的群体行为发生时，使用正强化，如言语肯定，“你们真的很团结”，等等。用积极的方法来奖励或强化，阻止消极行为的发生。

（10）不要像一名军训教官一样，总是唠叨或与体操运动员争吵。如果运动员无法应对，就以一种非惩罚性的方式将其从当时的情景中抽离，因此此时他们无法处理这件事，而不是停下所有事情分析问题。

（11）避免因个人行为而对团队实施纪律处分，可私下进一步处理。

四、结论

以上建议对团队成员使用的积极方法同样适用于团队管理。保持外部秩序非常重要，因为这将有助于运动员的内心平静，促进其学习。一般来说，为了使训练更加有效，教练员应该记住以下几点。

（1）每名运动员对激励策略的反应不同。通常，反应情况与激励的内外部来源有关。

（2）教练员应该努力确定每名体操运动员是内控型还是外控型。这不需要多么复杂的测试。仔细观察体操运动员受到激励时的反应，有助于教练员确定最有效的训练方式。

（3）不管体操运动员的动机、偏好如何，积极的方法都会有助于其长期并最大化地学习。

（4）尽管为了弄清楚最适合某个体操运动员的肯定方式，教练员需要花费大量的时间和精力，但这种努力不仅有助于改善人际关系，而且长期来看也可以提高训练效率。

第五章　克服和管理恐惧

很明显，除了纯粹的天赋，影响像体操这样高风险运动的各种水平训练效果最重要的因素之一是对恐惧的管理。

现实中，我们被运动员问到最多的就是关于处理恐惧的问题。本章以调查开始，虽然这些调查是过去收集的，但今天仍然发挥着重要作用。此外，本章的主要目的是：让教练员和运动员对恐惧的概念有一个基本的了解；给处理恐惧提供可操作的方法；与年轻的体操运动员分享他们所提出的问题的解决方案。

本章重点：

- 对恐惧的调查及其指导意义
- 体操中的恐惧——“我害怕!”
- 应对“我害怕……”问题的指导策略
- 恐惧·跌倒
- 理解、克服和应对恐惧

第一节　对恐惧的调查及其指导意义

几十年来，我们通过多种形式的调查、心理实验和比较严谨的研究，收集了运动员心理方面的数据。调查结果显示，多数情况下训练年限之间的差异及运动员个体之间的差异都不大。然而，这些数据及它对教练员和体操运动员的影响需要引起我们的注意。

本节是关于体操恐惧心理的非正式调查报告。选取 8 ~ 13 岁的相对水平较高的女子体操运动员为调查对象，她们都曾代表美国各地的私人体操俱乐部参加过为期一周的国家发展训练营。以下是调查问卷及研究结果。

一、关于体操恐惧心理的调查问卷

（1）在这项运动中，你最害怕的是什么？

回答：56% 的体操运动员认为平衡木是最令人害怕的。

（2）害怕时你有过乐趣吗？

回答：54% 的体操运动员表示在特殊情况下有过，例如坐过山车。

（3）你有没有因为害怕而想过放弃体操？

回答：78% 的体操运动员曾因为害怕而想放弃体操，并且许多人表示这种感觉出现过不止一次。

（4）你有现在就想退出这种感觉吗？

回答：6% 的体操运动员表示她们感到非常害怕，并且现在就想放弃。训练营中每个有类似情况的人都曾经私下讨论过这个问题。

（5）什么对你克服恐惧最有帮助？

回答：被提及最多的具体心理策略有想象、表象和自我暗示。

（6）你害怕的时候都找谁倾诉？

回答：16% 的体操运动员向教练员倾诉，50% 的体操运动员向父母倾诉。

二、调查结果

这项调查的结果不仅有趣、信息量丰富，而且对教练员、体操运动员和运动员家长也都具有重要的意义。

（1）恐惧是一种十分常见的、所有人都经历过的感觉。体操运动员应该勇敢地面对。

（2）体操运动员应该从这项调查中意识到，从事体育运动的运动员都曾因为害怕而时不时地想要放弃。虽然训练营中 78% 的体操运动员都曾因害怕而想放弃体操，但事实上，她们参加了这个训练营，而且并没有放弃，这确实鼓舞人心。这意味着从事体操项目虽然会让人产生强烈的恐惧感，但是这种感觉不足以使人放弃。

（3）调查中大多数体操运动员提到的克服恐惧的心理策略可以运用到教学中。表象（比如在头脑中回顾技能）、积极思考（比如我准备好了）、全神贯注（比如我现在必须做的事）、暗示（比如计数）、平静而勇敢（比如不冲动）等都是管理恐惧的重要方法。这表明，教练员和体操运动员应该像对待身体素质训练的重视程度一样去努力训练心理素质。心理的“力量素质训练”和“柔韧素质训练”应该作为额外的“训练”被真正地实施。

（4）平衡木被许多女性体操运动员认定为最令人害怕的体操项目。这一事实给了我们许多启示。对于体操运动员来说，这再次证明了恐惧是普遍存在的，但它的存在并不一定意味着她们在这个项目中会表现得很差。平衡木是女子体操四个项目中对女性心理影响最大的一项，也是唯一一项通过两个“场地”对运动员进行特殊挑战的项目——一个是平衡木本身，另一个是距离平衡木 49 英寸（1 英寸 =2.54 厘米）下面的场地。它在所有的项目中是一个非常独特的存在，它会使运动员的中枢神经系统的负荷达到最大，尤其是当平衡涉及神经生理任务的时候。教练员需要明白这一点，要在个体差异和负荷相当大的情况下，为运动员的技能掌握和信心树立留出充足的时间。这可能需要比其他活动更多的时间，当然也需要每个人都有很大的耐心。

（5）令人意外的是，只有 16% 的体操运动员在害怕的时候会向教练员倾诉。笔者访问了一组体操运动员，被问及为什么很少有人会和教练员讨论她们的恐惧时，她们的回答发人深省。她们有三个不愿意向教练员倾诉的基本原因。

首先，体操运动员说她们不愿意与教练员分享恐惧感受的主要原因是她们确信教练员会否定她们的感受。教练员会告诉她们“不，你不怕”或“没有什么可怕的”，等等。她们宁愿生活在恐惧中也不愿听到这样的回复。在某些情况下教练员的第一反应是说她们过于敏感，但运动员则认为她们的担忧基本都被忽略了，或者被搞得哑口无言。

其次，体操运动员不想在教练员或队友面前显得软弱，不想被叫“胆小鬼”“懦夫”。这和你的感受被否定是不同的。在这种情况下，她们的恐惧感虽然没有被别人否定，但却会被认定为没骨气。

最后，体操运动员不想承认自己的弱点。这不重要，重要的是运动员也有自尊心！

（6）教练员必须意识到，创造一种让体操运动员相信她们的感受可以被倾听、被尊重、被认可而不是被封闭、被否定的训练环境是多么重要。这是“民主”教学模式的进一步体现。这不仅对体操运动员的心理掌控具有重大意义，而且在降低运动损伤发生概率，防止今后持续产生恐惧心理方面也会起作用。有关这方面的更多信息请参阅第二章“团队训练”部分的内容。

（7）这个非正式调查有一个令人惊讶的结果——大量的鼓励有助于消除恐惧。这表明，简单的赛前动员无法减少体操运动员在练习过程中产生的焦虑情绪。恐惧是伴随情绪而产生的状态，必须要科学、认真地应对。假装不害怕或是鼓励运动员不去想它，这些方法在短期内可能有用，但要想对运动员有长远的帮助还需要更多的努力。

三、结论

由调查结果可知，对于运动员的恐惧心理而言，外部辅助性的解决方法是无效的，体操运动员的个人心理策略才是管理恐惧的最终方法。教练员需要认识到它是让年轻人无法充分发挥身体潜力的头号心理问题。努力加强他们对这个问题的认识，调整他们的处理模式，才能帮助体操运动员应对恐惧。对这一问题的进一步研究可以在本章的“体操中的恐惧——‘我害怕！’”，和“理解、克服和应对恐惧”中找到。

第二节　体操中的恐惧——“我害怕！”

多少次我们听到了那句熟悉的“我害怕！”多少次实力相当的体操运动员在比

赛时，因为有些人坚持了而有些人没有坚持下来导致得分拉开了差距！因此，决定体操成败最重要的因素很可能是对恐惧的管理，这比运动员的技能水平更为重要。学习如何处理恐惧同样需要练习，就像练习新的体操技能一样。正确的出发点应该是着眼于概念的细节，了解与“心理状态”相关的更多内容。

恐惧，是一种害怕的状态，它总是与一种叫作焦虑的东西联系在一起。每个人都遇到过恐惧的情况。这时候你的身体会发生许多生理变化，如肾上腺素的释放、心率加快、颈部的肌肉特别僵硬、尿频、盗汗、耳鸣、颤抖、打哈欠。伴随这些反应，积极的一面是个体警觉性的显著提高和感官模式的全面调整，如视觉和知觉、听觉辨别，但重要的是要意识到这些是人们在害怕和恐惧的情绪状态下产生的生理反应。更多的细节可参照第七章的“运动表现的相关因素——压力和唤醒”。

一、恐惧及相关概念

标准词典和精神病学词典对恐惧及相关概念的描述似乎比较恰当。

1. 恐惧

在大多数的资料中，恐惧被定义为“一种由于对危险情况的预见而引起的不愉快的甚至更强烈的情绪”。

2. 惧怕

它通常伴随着更普遍的恐惧的概念，表现为厌恶现状、不愿意面对甚至逃避现状。对大多数体操运动员来说，在他们的职业生涯中，一次又一次地害怕参赛但又得全力以赴，这种情况一定很常见。

3. 恐惧症

恐惧症或恐惧反应是一种夸大的恐惧心理，是一种非理性的过度的心理状态，除非通过长期的治疗干预，通常情况下是无法自愈的。恐惧症在体操运动员中并不常见，尽管会有运动员存在持续的强烈恐惧状态，但我们认为这些只是趋近恐惧症的边界。

4. 恐慌

在最极端的恐惧形式——恐慌中，当事人往往会出现没有任何原因的精神和身体失控。大多数成功的体操运动员不会达到恐慌的程度。我们见过运动员在关键时刻到来之前表现出近乎恐慌的焦虑，有些人甚至会出现呕吐和其他极端反应。许多教练员都有过这样的经历：体操运动员原本能够将某项特殊技能发挥到极致，但身体突然失去了控制，行为开始变得狂躁！这时，他们的精神也同样会狂乱。一旦这种情况被克服一次后，第二次就会更容易成功，因为第一次可怕的时刻已经过去了。然而，一般很少有体操运动员会达到这种程度的焦虑。

考虑到体操运动员在面对紧急或潜在的“危险情况”时所感受到的情绪，为了便于论述，我们将使用字典中对焦虑的狭义定义。然而，如果一名体操运动员在训练时激情四射但在比赛中却双腿发软，那我们要面对的就不是之前所说的恐惧了。在这些情况下，我们看到的是他们对竞争的心理层面的反应（被评估、与他人接触、与对失败的恐惧程度成正比的焦虑，以及竞争压力对自我潜能的破坏），而不是对特定技能中潜在危险的基本理解。现在我们来看看学习训练阶段的恐惧情绪。

二、恐惧的诱因及表现

每个人在生活中都会经历恐惧，也会出现经历恐惧后的反应。这些是正常现象。任何一名体操运动员的恐惧程度都与他们的个体特征有关。通常胆小的人比那些积极进取的人更容易恐惧。当然，情况并非总是如此。我们已经知道，在压力下，有些体操运动员会变得更为积极，他们那些看起来似乎更胆大的同伴却成了纸老虎！胆怯和安静不是一回事。在各种情况下了解体操运动员，久而久之教练员才能了解他们独特的个人气质，能够在管理恐惧、对运动表现影响的有关问题上选取恰当的沟通方式。

导致每个人恐惧的原因是不同的。在一名体操运动员看来危险而致命的内容，可能在另一名体操运动员看来却是轻而易举的。这些情况也可能发生在同一个人身上，例如，有的女性体操运动员，可以很容易地在平衡木上做团身后空翻，却无法完成简单的后软翻。这些反差有时让人不可思议。有些体操运动员嘴上说对所有事情都感到恐惧，但是，尽管存在这种广泛的焦虑，他们还是会以一种令那些无法完全应对的人感到敬畏的方式克服它们。有的人可能会表现得相对冷静，但直到做出决定或行动的那一刻才发现自己其实非常害怕。恐惧虽然有迹可循，但随着时间的推移，除了经验之外没有什么是万无一失的办法。重要的是要尽早确定对体操运动员造成恐惧的一系列因素，以便在训练中将其影响最小化。调查的结果对于确定什么条件下如何安排时间进行技能训练具有重要意义。

恐惧既是体操运动员个人经历的产物，也是父母教育方式的产物。有些父母总是不断地提醒孩子某些活动存在潜在的危险（例如“游戏时要小心，否则你会受伤”），这很可能使孩子尤其是在身体行为方面对周围环境潜在危险的感知过于敏感。有趣的是，一些研究表明，长子往往会避免像体操这样的高风险运动。原因是，新手父母往往会过于紧张、过度保护他们的第一个孩子。在大多数情况下，曾经摔倒过尤其是摔伤过的人在做头朝下的特定技能及相关动作时会很自然地回避。这些经历，再加上父母早期的教育方式和自我保护的本能驱使，确实能让许多非常恐惧的人保持谨慎。在这种情况下，这些人通常不会把体操当作职业选项。这是一个普遍的现象，即曾经遭遇意外的人，往往会对人类生存的价值赋予新的定义。

如前文所述，虽然许多人在已知的危险下看起来坚如磐石，但没有人是真正无所畏惧的。我们经常听人说体操运动员“无所畏惧”，但仅仅从字面上理解这种“无所畏惧”是不准确的。如果遇到有“无所畏惧”的情况出现，真正需要研究的应该是那些已经能够管理自己的情绪并且成功面对恐惧的体操运动员。

三、克服恐惧

笔者已经和许多国内外的知名体操运动员谈论过有关恐惧及如何应对恐惧的问题，如需进一步了解，请参阅本章的“对恐惧的调查及其指导意义”。令人惊讶的是，一些体操运动员能够清晰地说出他们的应对措施，最常见的是被称为“命运”或“决定论”的哲学。简而言之，体操运动员的心态是：“如果我要受伤，那么无论我做什么最终还是会受伤，这就是因果。所以我要好好准备，不要因为对受伤过多的关注而浪费精力。”这种类型的体操运动员通常能够很好地集中精力，尽管有时他们会明显地感到害怕而且完成技能的可能性很小，但他们还是会努力尝试。采访结果表明，这种方法是成功的体操运动员控制恐惧最普遍的方法。要想解决这个问题，你首先要对自己的身体状态有充足的信心，然后将意外的发生置之脑后。这并不是说否认恐惧，而是认为这是一种既定的命运。很明显，说起来容易做起来难，但是这种方法在高水平运动员身上非常有效。当然，许多体操运动员已经找到了高度个性化的方法来克服恐惧。这些方法不胜枚举，从宗教仪式到涉及控制呼吸练习、放松技巧甚至自我催眠的焦虑管理，不一而足。我们对运动员的建议是，只要你认为有效的方法都可以用。

如果我们没有指出许多体操运动员是在坚忍和勇气的基础上战胜恐惧的，那就是我们的失职。他们在认识到潜在的危险后，仍然可以不顾一切地追求技能是因为他们具有很强的动机和非凡的勇气。这类运动员面临挑战时从来不找借口，通常都是勇往直前的。他们并非对危险熟视无睹，而是下定决心克服恐惧，不再害怕。对于一些体操运动员来说，承认自己的恐惧并让你知道就足以帮助他们减轻恐惧。每一个人都不尽相同。应当注意的是，这种方法与另一些体操运动员对待恐惧的态度截然不同，这类体操运动员只会尝试那些看似没有风险的事情。要注意，什么都不怕也不是好现象，因为这可能是一种非常愚蠢甚至是致命的伪自信。

四、基本原则

训练时，教练员每天都要面对恐惧。帮助体操运动员克服和应对恐惧是一项非常困难但极具挑战的任务。以下是一些教练员应该强调和考虑的基本原则。

1. 渐进性

就像所有优秀的教练员一样，在教授一项新技能时应该使用“渐进性”的方式。在完成最终技能时每个分解动作都应被有序地掌握，所以循序渐进是必要的。这种模块构建技术是一种基本的预防技术，可以减少运动员在学习难度动作时积累的恐惧，消除他们在训练过程中的恐惧心理。

2. 准备活动

上面提到的与渐进式学习相关的概念是身体和情感准备的概念。做好身心准备工作不仅能促进运动员对新技能的掌握，而且能使他们形成积极的心态。随着教学方法的发展，注重准备活动的教练员可以很自然地帮助运动员控制尝试危险动作时的恐惧。

3. 保护与帮助

我们不得不讨论一下保护与帮助及其作用。我们不用向读者详述选择安全步骤的重要性，但应该指出的是，良好的保护与帮助能够帮助体操运动员应对某一危险动作练习时的恐惧。有一些教练员认为，如果严格遵守构建的“渐进—准备”模块，那么就没有任何保护与帮助的必要。也许这是真的。过度的保护与帮助当然是要避免的，然而合理的保护与帮助是不会形成依赖的，还可以促进学习。除了给运动员提供实际的保护以外，如果体操运动员知道保护与帮助的方法，以及它们与掌握这项技能之间的关系，通常会有相当大的帮助。对于一些体操运动员来说，他们唯一想知道的就是教练员会提供保护和帮助就可以了，不需要进一步的解释。一般来说，运动员对整个动作的技术要领、保护与帮助等了解得越清楚，完成动作时产生的恐惧就越少。

在下一节中，我们将提出一些非常具体的程序性建议，教练员或许可以利用这些建议来帮助体操运动员克服恐惧心理。

第三节 应对“我害怕……”问题的指导策略

上一节中，我们将恐惧定义为一种强烈的、令人不快的情绪，这种情绪与人的心理结构对危险的意识或预期有关。我们将这一问题的讨论限于体操学习训练阶段的情绪管理，并将其与一些体操运动员在整个竞技环境中所经历的更为普遍的焦虑分离开来。我们还强调，某种程度上的害怕是体操运动员对潜在危险的一种完全自然的反应。有研究指出，除了基本的运动技能，体操运动员应对恐惧的能力可能是区分好的体操运动员和更有能力的体操运动员，或者说是更成功的体操运动员的最重要的因素。

为了协助教练员降低运动员在训练难度动作时产生的恐惧，我们提出了下面三个基本准则：

（1）以“建立模块”的方式逐步增加学习技能的难度；

（2）技能发展中的身心准备；

（3）注意保护与帮助过程中的人际支持。

接下来我们将讨论具体的步骤，教练员可以通过这个步骤来帮助体操运动员掌控与特定技能相关的恐惧。随着时间的推移，教练员将与运动员建立一种牢固的工作关系，并会对体操运动员在学习和恐惧行为方面的一般心理特征有所了解。知识是最好的老师，它得来不易又不可或缺，因为它在很大程度上决定了教练员如何对待一名体操运动员。显然，要想适合实际参与人员的沟通系统，对下面提出的建议进行修改很有必要，因为它在提高运动员心理能力方面确实具有参考价值。

一、步骤

第一步：向体操运动员提议在没有保护与帮助的情况下独立完成某一项技能。前提是运动员对这项技能已经掌握得差不多了，且在此期间产生的任何恐惧都已被克服。通常体操运动员会表示在你提出这个提议前他们已经准备好了。这时不要抑制他们的激情，但要确定你们已经达成一致了。

第二步：回顾学习阶段的进展。例如，体操运动员最初在低平衡木上练习技能，接着是完整技术动作逐步完善，身心准备得以增强。其间，如果体操运动员出现了明显的恐惧，便要明确地说出来。尽量减少那些运动员提出恐惧却没有得到教练员回应的情况发生。

第三步：如果你确信这一切没有问题，那就相信运动员已经掌握技能，他们自己完成没有问题。

第四步：针对技术难点进行相关的热身动作。保持对挑战的兴奋是好的，但不要因为担忧而产生畏惧。教练员保持冷静很重要。

第五步：在练习技能时使用学习到的保护与帮助知识。体操运动员应该明确表明在第一次尝试中是否需要保护与帮助。

第六步：在减少保护与帮助的情况下尽量按顺序进行第二次练习，这时如拍拍背这种肢体接触会对运动员有所帮助。与运动员讲话也可以激励他们，当然这种听觉控制是否有效取决于体操运动员的个人特点及教练员的教学方式。

第七步：不要犹豫，去做吧。许多体操运动员更喜欢“突然戒毒法”，也就是说，不需要哄骗、不说气话、没有指示、直接去做。很显然，如果在很多情况下都可以这样，那么上面第五、六步的经典方法就没用了。如果你作为教练员能够接受这种训练方法，那就站在一边，放手让他们自己去做吧！

此外，教练员还要注意瓶颈期。如果体操运动员遇到了瓶颈期，你应该保持耐心，鼓励他们更加努力地进行第二次尝试。先做一些辅助性热身练习（在地面上或是低平衡木上），然后在保护与帮助下再做一次。通常在其他条件相同的情况下，运动员很可能会在这一点上突破我们对他第一次尝试这个动作时的认知。如果同一名体操运动员在多项技能上反复遇到瓶颈，那么他的恐惧行为就会过度，教练员需要重新审视这名运动员的整体训练策略。

二、教学注意事项

以下是一些在体操运动中应对恐惧时可以进一步注意和探讨的内容。

1. 同伴的支持与关注

同伴的支持和关注往往对掌握新技能和克服第一次尝试所带来的恐惧非常有帮助，尤其是当团队中的成员已经在大家的关注下掌握了技能时。教练员们会发现，在训练阶段充分利用同一名运动员进行示范可以加快其他人技能的学习。因为教练员的行为往往不能像体操运动员那样在同一维度上与这项技能产生联系，但是运动员可以。当然，这也取决于该体操运动员本身、运动员之间的关系及训练氛围。

2. 集体鼓励

同样的道理也适用于集体鼓励，作为环境的一部分，它非常有效。有些体操运动员在刚开始练习一项技能时，不想要任何观众，他们更喜欢在没有人的情况下努力完成这项技能。然而，来自队友的口头和精神支持，甚至掌声也是一种有效的激励手段。事实上我们采用的是这样一种策略：当一名体操运动员能够成功地完成预定数量的动作后可以停止练习，然后让他在整个体操馆乃至父母面前展示。这种方法能够成功地让运动员获得个人激励，达成运动目标。第八章的“我的目标是……体操运动员的计划”涉及了这种策略。

3. 赞扬

一旦运动员完成了某项技能，教练员可以给予适当的赞扬，真正的喜悦可以通过相视一笑、点头认可表达出来，但不要小题大做。这对强化学习模型有很大的帮助。不要进一步讨论，应让运动员以较快的速度进行重复。根据训练计划，该技能应独立训练，并根据进步情况逐步调整。成功地重复练习应该会减轻你对这项技能的恐惧。

4. 虚保护与帮助

如果这时发生了意外，教练员最好返回去虚保护一下，然后让运动员再重复一遍（取决于个人）。这个问题应该不会持续太长时间，体操运动员将可能相对轻松地完成动作。这也是因人而异的，有的体操运动员在这时候停止会导致技能完全退化，而对有的人可能并没有太大影响。

5. 想象与表象

想象和表象可以用于增强决心，鼓励体操运动员在尝试之前先想一下该技能。他们可以在晚上睡觉前进行想象，把一切想象成完美无瑕的样子。同样，在练习时，他们应该试着像想象中的自己那样去感受这项技能。详见第八章。

6. 顺其自然

尽管在技能训练方面做了大量的准备，但仍然有些体操运动员不能处理好时空关系。通常情况下，顺其自然地过几周或几个月后再回来，有些人可能会有进步，但有些人的技能可能就荒废了。这一切与体操运动员的恐惧、紧张程度、敏感程度及教练员的训练理念都有关系。

7. 训练计划

通常学习新技能的训练计划是非常有用的。教练员和体操运动员觉得已经准备就绪，就可以按照时间表进行训练。但是计划要保持一定程度的灵活性，不至于使人感到紧张。外部限制和目标时间设定有助于综合多方的努力。《教练员手册——目标设定》这本书提供了制订训练计划的步骤，第八章的“我的目标是……体操运动员的计划”的相关内容也有助于训练目标的设置。

“当你的队员就是不想训练了，你会怎么做?”它经常被问到。对这个问题的回答很大程度上取决于运动员的个人情况和过去的经历。一种回答是继续鼓励或使用善意的谎言，而另一种回答是适当地指出问题。总的来说最好的方法是保持现状，设定一个终止时间并坚持完成，如再做最后两次。除此之外，教练员应该说明这是最后一次，不能把身心精力都花费在一项技能上。除非动力来自体操运动员，但还需要跟运动员说好前提，这样才能继续训练。通常情况下，如果恐惧占据了技能学习时的所有比重，那么强制练习可能会对练习的成功产生不良影响。重要的是，教练员不要因为小小的失误就指责运动员，其实很多动作他们完成得都很好，毕竟不是所有的体操运动员都无所不能，否则他们就都是世界冠军了！

记住，在体操运动员的训练学习阶段克服恐惧行为是不容易的。你要做到这一点——除了建立这种支持性的工作关系外，还需要关注技能学习的渐进性、运动员的身心准备，以及训练中科学的保护与帮助。在体操运动员克服恐惧的过程中要遵循程序步骤并多方面地考虑，要有耐心、毅力和信念。最重要的是，不要害怕恐惧，试着去理解它。在某种程度上，承认这种人类情感并努力地控制它，那么它就可以成为个人一生奋斗的动力来源。

第四节　恐惧·跌倒

多年来我们最常被问到的问题与体操运动员努力应对恐惧有关。本节提出了一系列与恐惧及控制恐惧有关的问题，我们试图对这些问题进行补充，并为体操运动员在处理关于恐惧的一般性和特殊性问题时提供一些指导。

体操运动员告诉我们这样一个事实：当他们觉得自己已经准备好完成某些技术动作时会退缩而且变得非常害怕。一个经常出现的例子是，他们可以在低平衡木上做得很好，但高度提高以后就无法完成了。同样的，也有体操运动员可以在海绵坑上完成单杠动作，但当他们在高低杠上或在高杠上用普通垫子做同样的动作时，他们的心理活动却无法与身体动作协调起来。他们经常因害怕而浑身僵硬。在有的案例中每个人都退缩了，它像传染病一样影响着整个团队。恐惧似乎从一名体操运动员扩散到了另一名体操运动员那里。然而在大多数情况下，运动员们通常只会对个别技能产生恐惧，比如后手翻、平衡木动作组合、下杠动作等。

这里应该指出，我们正在谈论的恐惧与我们经历的赛前和赛中紧张感是不同的。紧张感可以是积极的，能让我们振作起来、保持警觉、竭尽全力。你可以在第十章的“‘忐忑’与赛前焦虑”中找到更多关于这个话题的内容，但我们讨论的恐惧是对我们不利的那部分，不是能促进运动表现的那部分。

收到的问题中绝大多数人希望我们不要仅就基础训练提出建议，因为在实际当中，体操运动员在保护与帮助下，能够在低平衡木或海绵坑上完成动作，但是一旦改变了环境，即使反复努力，也完成不了动作。

1. “你的教练员认为你已经准备好独自应对技能中的恐惧了”

信中提到的关于你遇到这种情况时需要怎么做的问题，阐述我的观点最好的方式就是复制下面这封信给那名正在为这个问题揪心的体操运动员。

亲爱的安：

谢谢你关于体操方面问题的来信。感谢你在信件中的表述，让我知道了你发生了什么，希望这封信能够帮到你。

安，请让我试着帮你解答关于低平衡木上的后手翻的问题。有件事你没有告诉我，那就是你害怕的是所有向后的技术还是只害怕平衡木上的后手翻。如果你害怕所有的向后动作，那么你就有一个非常特殊的问题。现在我假设这只是平衡木上的问题。你在信中说你的教练员只要站在你身边你就可以完成。尽管没有帮助你，但一切都可以很顺利地进行。如果她离开了，你就完成不了了。在这种情况下，教练员说你的身体素质足以完成这项技术，那么其实你就真的没问题。遇到这种情况，你只需要做一件事：先自我对话然后再去做动作。这个对话如下：

“安，马上结束了。你已经努力过了，你的内心知道你是可以做到的。如果你让自己失望，也会让别人失望。你害怕，其他队员也害怕，但他们尝试去做了。你不能等这种恐惧消失了再去做，因为它不会消失。要想控制这种恐惧，唯一的方法就是无论如何都要做，因为你可以，你真的想成功。”

在这一点上，安，你需要鼓起勇气，相信自己有能力。一旦开头完成好了，那么其他事情你就都没问题了，你要靠你自己。如果你确实无法克服，那么你唯一的选择就是放弃，然后做点别的事情。没有人愿意放弃，但有时候你过一会儿再回来做，可能就会获得更大的成功。当然，你必须意识到，由于自信的因素，绕过这项技能可能会使你更难掌握其他困难的技能。然而情况并非总是如此，但或许值得一试。

我不认识你的教练员也不知道她有多严厉，但她肯定很有耐心。在你的职业生涯中，训练三个月才尝试站到低平衡木上是让人无法接受的。换一种方法可能会有所帮助——和你的教练员一起决定一个最后期限。如果某一天在尝试这项技能时，你开始做动作时她要像往常一样站在旁边看，她离开后你要独自完成动作。如果你做不到，那么她和你就先放弃目前的练习，但她应该明确说明不会在协议的最后期限上做任何退让。除非你自己真的去做，否则别想她再次帮助你。安，要知道如果想用你日常训练的这套技巧进行比赛，你必须在竞争的压力下独立完成。如果你现在就有这么多的困难，比赛时怎么能做到完美无瑕呢？

我想说的就这么多，希望我的回复能对你有所帮助。你可以与你的教练员分享。再次感谢来信。

谨上！

苏医生

这个答案毋庸置疑。在这一点上，对于安及许多有类似问题的运动员来说，这是一个“坚持还是放弃”的问题。很显然积极的思考在所有的学习中是非常重要的，如果体操运动员想要在这个关键节点取得突破，就需要及时制订具体的任务作为导向。

2. “跌倒后的恐惧”

许多体操运动员和教练员在信中提到的另一种情况是：在一次严重的摔倒后，后面比赛时出现的焦虑会更加严重。有时，体操运动员是对某一特定动作感到恐惧，但这种情绪有时候会蔓延到整个项目，这种情况在从平衡木上掉下时尤为常见。一名体操运动员在信中非常明确地表示：“我最担心的是踩不到平衡木。”这名体操运动员在做翻滚动作时，失足踩空导致尾椎骨摔伤。她接着用自己的方式描述了她的困境：“无论什么时候练习技巧动作，我都感觉像在平衡木上起跳，例如在地面做倒立的动作时，总会担心落地的问题。”事实上，她只是在做起跳还没有到落地动作。在这个案例中，她在练习技能时摔倒，是由她对平衡木的恐惧变化和发展的结果。很明显，这种情况不同于体操运动员学习动作第一次尝试时的恐惧。

就像很多体操项目一样，运动员摔倒后的心理康复是一个高度个性化的问题。有些运动员对此毫不在意，只要身体状况允许就会重操旧业，但有些人可能从未完全康复，这就是这项运动的现实。假设我们当前例子中的体操运动员处于这两个极端之间，那么她现在需要做的就是重建信心。这个问题必须立即处理，否则体操运动员对该技术甚至整个项目的非理性焦虑会变得更糟。她在练习过程中，感觉从平衡木起跳的时间越长，这种反应和动作行为就会变得越固定。必须在其成为一种固定模式之前解决这个问题，以免教练员和体操运动员进行的努力白费。这个重建过程将需要一些专门的时间及教练员的支持和鼓励，才不至于越搞越糟。

在这段时间内，体操运动员需要对自己的能力有一定的信心，就像过去证明的那样。教练员应该帮她唤醒自信心，然而积极的引导只能到此为止，剩下的要看她自己。平衡木是不会动的，体操运动员必须集中所有的力量完成脚下的动作，应当考虑如何去完成而不是总担心会掉下来。我敢打赌，这个国家的每名教练员都见过有些体操运动员似乎是在预测摔倒，而不是期待完成一个完整的技术。她的精力关注在了错误的地方，需要外界帮助她转移注意力。通常情况下，对体操运动员来说只要有耐心和毅力，一切就会在相对较短的时间内恢复正常。如果迟迟没有恢复，那么也许就像这名体操运动员所说的“我的教练员失去耐心了”。坚定的立场也许是最好的心理良药。对一些运动员来说，教练员的反应就是一切，这可以让他们用自己的愤怒取代恐惧，让他们更积极地去完成动作技能。如果这种方法奏效就使用它，一旦技能再次被掌握，则会大大提升体操运动员的信心，所以，运动员或教练员失去耐心或生气并不是处理恐惧的理想方法。为了确保不会让你的处境雪上加霜，请阅读第三章的“训练中愤怒情绪的滥用”。

还有一件事值得一提，每个人都有跌倒的时候，教练员必须观察每一名运动员看到别人跌倒时的反应。过度的反应会让年轻的体操运动员产生一种可能原本不存在的夸张的恐惧。此外，教练员要对运动员负责，他们可能已经受伤了，所以更不应该把这种跌倒看作笑话。这判断起来并不总是那么容易，因为有些运动员会尖叫着拖着受伤的脚趾往前走，表现得好像快要死了一样。另一些运动员，尽管他们处于严重的疼痛之中却对事故或受伤轻描淡写并试图掩盖。这两个极端都不好，并且再次体现了教练员对体操运动员个性了解的重要性。所有的失败在一定程度上都是可怕的，最明智的做法是试着用幽默和勇气接受它。

第五节 理解、克服和应对恐惧

这一节是有关恐惧管理的相关文献的概述，笔者就如何理解、克服恐惧提出了一些看法，并对教练员和体操运动员提出了具体的建议。同时，我们也为体操运动员提供了专门的指导。

一、理解教练员和体操运动员的恐惧

1. 每个人体验到的恐惧的程度是不同的

过去的经历，如糟糕的跌倒、焦急的父母都能促成个体的恐惧反应。这种恐惧对于一些体操运动员来说是可以预测的，但对于其他人来说只有当压力真实存在时才会变得明显。就像对某些人来说，恐惧只是生活的调味品，但对另一些人是致命的。

2. 恐惧实际上是非常具体的

例如，害怕向后的动作但是不害怕向前的动作、害怕腾空的感觉、恐高、害怕看不见、害怕假想的痛苦。辨别出恐惧情绪的细节对于理解和克服它是很重要的。

3. 一个人克服恐惧的时间拖得越久，恐惧就会变得越严重

当你迷失了方向，所有的注意力都集中在消极的方面时，这种感觉就会达到临界点。你应该这样想，如果我早点做会怎么样，而不是在想我应该做什么、什么时候去做。

4. 有时恐惧是次要的

这也就是说体操运动员并不像传闻中所说的害怕这项技术本身，而是害怕关键时刻他们的身体会失控。可是这种担忧其实是一个幌子，掩盖了最根本的问题。

5. 恐惧可能是阻碍进步的头号因素

这似乎是显而易见的，但一些有天赋的体操运动员从来没有意识到，正是这个潜移默化的问题让他们止步不前，没有发掘出自己的潜力。有些人羞于承认他们害怕，这在他们眼里等于软弱。想一下，他们不承认，教练员又能怎么办呢?

6. 有些人认为勇敢的体操运动员是天生的

勇气这东西有就是有，没有就是没有，从某种程度上来讲这可能是真的。一方面，我们都是由各种特征组成的基因组合，这些特征与我们的经验相结合，使我们成为独特的个体。当然，你不能去超市购买勇气。另一方面，你肯定可以学会更好地应对恐惧感，使自己在情绪控制方面得以提高，这样做可以成功地建立信心。

如果同意以上的观点，那么根据教练员关心的那些体操运动员的恐惧问题，结合案例，我们看一下可能的解决方案。

二、教练员和体操运动员的解决方案

1. 有些解决方法不取决于运动员本身

这是指运动员是如何被指导去应对恐惧的，以及教练员对恐惧的敏感性。当你说你害怕或是看到别人完成得很轻松使你更加困扰时，你的教练员说“我不想听到这些”，那么你就很难重拾信心。我们的经验是，大多数教练员都不是这样的。如果你的教练员是这样的，那么请告诉我，我们将尝试另一种方法。我们还发现，在体操训练中对恐惧的认识和处理越早，对运动员以后的职业生涯的影响就越小。

2. 渐进式、模块构建式的学习无可取代

体操运动员和教练员应该确保其对这项技能的要求在知识层面有深刻的理解，对技能成功完成的要求有清楚的认知。循序渐进有利于技能的学习和巩固。有趣的是，一些体操运动员告诉我们他们忘记了曾经掌握的动作，而且现在也不敢尝试了。仔细观察这一过程，你肯定会发现，训练过程中有什么重要的地方曾经被忽略了，当时只是用其他东西代偿了。随着时间的推移，通过身体的变化、渐增的压力等因素使这种训练空白显现了出来。循序渐进的技能学习，是巩固学习和减少恐惧的一个非常重要的方法。

3. 必须同时注意体操运动员的身体和精神状态

令人惊讶的是，当人们的身体还没做好准备的时候，心理上就已经感觉到了。例如，对于腿和躯干柔韧性较差的体操运动员来说，在高低杠间做前空翻是一件几乎不可能完成的、非常可怕的事情。难怪有的运动员在这种情况下会感到害怕。教练员和体操运动员应该明确完成这个动作需要什么样的身体准备，制订训练计划并实施，保证运动员最大可能地完成这个动作。

4. 有些人认为不应该提供保护与帮助，但我们并不认同这种观点

我们确信，一旦可行的话，要尽可能地减少或者去掉保护，但是最大化地降低运动员的恐惧感需要有计划的辅助练习、渐进式学习、准备活动等系统安排。要让体操运动员清楚地了解这个过程，并在练习过程中逐渐减少保护与帮助的力度。当体操运动员练习时，为了证明他能做到而不告知他就突然取消预定的保护，这对于大多数运动员来说不仅不会使其恐惧减少，而且会增加。年轻人经常想的是“这次他会不会不保护我了”“如果我失误了，他会在我身边吗”等。要提高体操运动员掌握技能的能力，可预见性是无可替代的。如果体操运动员要求取消保护与帮助，或者教练员指出是时候去掉保护了，那就是另一回事了。我们知道有些人不同意这种方法，他们觉得意外发现自己能完成某项技能反而会促进学习。当然，在某些情况下这可能是真的，但我们所见过的大多数调查结果都不是这样的。

同时，在体操训练中还有很多要注意的地方。让一个只能在低平衡木上很好地完成后软翻和后手翻的运动员，在低平衡木上完成30次后，再尝试在高平衡木上完成同样的动作，这种做法是非常不妥的。无故延长训练时间对体操运动员和教练员都没有好处。我们在讨论平衡木时提到过，在技能比较完善时不要继续使用低平衡木。每一个新的高度都需要运动员生理上的调整和心理、态度上的转变。“低平衡木”可能是运动员给自己找的永久的借口。如果长时间地在高平衡木下堆放厚厚的垫子那就相当于浪费时间。这种方法给运动员带来的成就感，远远低于这种安排本身的价值，而且并没有解决根本问题，所以应该移掉垫子，从零开始。你可能会说：“如果我不小心摔了下来，那该怎么办?”但是，垫子可帮不上你的忙。这最终取决于你是继续还是放弃。所有的体操运动员在训练的时候都要面对这一时刻。

三、给体操运动员的专门指导

以下是运动员在克服和应对恐惧时应该记住的几点。

1. 恐惧是正常的

所有的体操运动员都有过这种让人不舒服的感觉，所以不要过度担心。如果你告诉你的教练员“我很害怕”，而他说“不，别怕”，你一定要把你的困难说出来并仔细解释。在学习过程中，良好的人际关系和沟通是很重要的。

2. 逐步学习技能

你要确信任何未知的东西在你的动作技能学习的过程中都会逐渐明朗。多问一些技术性的问题，例如，如何做、为什么这样做、从哪里开始等，同时保证认真听，这样你才能得到答案。

3. 体能训练时不要偷懒

严格遵守你的体能训练和放松计划。不遵守训练计划就是欺骗自己。这是体操枯燥的地方，但从长远来看它将使你在更少的恐惧状态下更容易、更快地取得进步从而获得乐趣！举个例子，如果你腿部韧带紧，而且你几乎不能分腿跨骑，那么在高杠上做正掏动作是非常困难的。如果你努力提高自己的柔韧性，让肢体的活动范围增加，那么这个动作就会变得相对容易。这样你在正掏动作的练习上就没有恐惧了。想在这方面寻求更多的帮助请参阅第九章。

4. 合理利用保护与帮助

没有什么比头朝下掉下来好几次更能增加你的恐惧了，但是只有在你真正需要的时候再使用保护与帮助，否则你很快连走路都需要帮助了！虽然这是教练员的工作，但请理解并配合他。

5. 向同伴求助

如果你正在学习同伴已经掌握的技能，看看他们是如何克服恐惧的。有时运动员对一项技术的感知，对项目中蕴含的秘密等可能比教练员理解得更好一些。

6. 制订训练时间表

一旦身心准备就绪，就可以确定训练完成的截止日期。如果你在这时候还停滞于瓶颈或在游荡状态，那就得和你的技能说再见了，没有第二次机会。这是一个很艰难的决定。

7. 当你的教练员说你准备好了，并且在心里你知道他是对的，那么就去做吧

除非你还有疑问或者顾虑，否则就不要找借口。你拖延的时间越长，你的准备工作虽然会更充分，但需要面临的困难也会变得更多。把自己充分调动起来，在你的脑海中想清楚，想象自己成功地完成了，看看你的教练员是否也准备好了，然后专注于应该完成的动作。勇敢点！完成后庆祝自己的成功，然后慢慢地重复这个动作，如果感觉不错，可以一点点地增加动作元素或难度。

8. 认清自己

最终，体操运动员必须在训练的道路上认清自己从哪里来。随着教学的递进、运动员身体的准备、教练员及同伴有计划的保护与帮助等，下一步就是行动了，这是最根本的。你可能会有心理斗争："这是什么？我已经准备好了，我知道，我的教练员也准备好了，为什么我不做呢?"这时外界因素是有限的，克服恐惧就是你一个人的事情了，不要忽视将勇气和毅力作为解决问题的方法。一些体操运动员筋疲力尽时，在教练员或同伴的支持下可以继续完成这项任务；而另一些人烦恼了好几个星期，没完没了地讨论技术问题，把自己和教练员都逼疯了。

请记住，你是在难度很大和要求很高的体操运动中成长起来的出色运动员。精神恐惧和疯狂本身并不可怕，相比之下，无论恐惧在何种程度上影响着你，你都假装自己不需要处理和克服它们就能够实现更高的目标的话，会让你的训练效率更低。

第六章 心理健康与幸福感

在本书的很多章节中，我们都反复强调了身心之间的联系，而这一点似乎也显而易见——当体操运动员的身体感觉良好，且对其身体的具体状况存有一种幸福感时，必须做到最好的那种心理状态会在他们的身上相应地得到强化。相反，当运动员产生无能为力的感觉时，由此产生的心理挫折感和学习障碍感会对运动员的运动表现产生直接的生理影响。本章专门讨论了其中的一些问题（比如自尊、情绪低落及防御行为等），并为帮助教练员和体操运动员解决这类问题提供了指导意见。其中一节是笔者从个人视角对较为严重的厌食症问题进行论述的科学性论文，为教练员、家长及与这些青少年运动员相关的其他人员提供了具体的解决方案。有一节主要是为教练员写的，讨论了关于伤病对训练的影响及运动员的未来发展等重要问题。最后，本章还讨论了运动员过早退役或离开体操界的原因。

本章重点：

- 提高自尊
- “帮帮我，我的情绪比较低落！”
- 体操中的防御机制
- 神经性厌食症：一种身心失调的疾病
- 运动损伤后的心理恢复
- 过早退役的原因

第一节 提高自尊

在词典中，自尊是指个体基于自我评价产生和形成的一种自重、自爱、自我尊重，并且在现实中，这些自我评价也得到了别人的证实。在体操运动中，教练员对运动员的反应、运动员的运动表现均与运动员的自尊水平具有相关性。实际上，教练员会在很大程度上影响青少年运动员的自尊发展。因此，这要求专业教练员承担重大的责任——对运动员的训练指导不应仅仅局限于技术方面。

本节进一步探讨了自尊这一概念，并为教练员提供指导性意见以促进孩子的全面发展，而不只是培养一名顶级体操运动员。同时，父母也可以利用这些建议去提高孩子的自尊水平，助力孩子全面发展。

一、研究与假说

探究高自尊的形成因素时，会得到与流行假说相矛盾的一些结果。例如，有些因素似乎与自尊关系微弱或毫无关联。对青少年运动员自尊的经典研究，较好地证明了自尊与个人身体吸引力、在家庭中兄弟姊妹间的排行、在家庭中的整体社会地位这三个因素之间没有必然的联系。青少年运动员往往会通过他们在人际交往环境中的成就和在体操馆里被他人所对待的方式来衡量其个人价值。从自尊的角度来说，成功与日常的人际关系有关，这种观点认为，在每天的训练环境中运动员与教练员的接触显然是影响运动员成功与否的一个非常重要的因素。

研究还表明，高自尊水平的青少年通常与其父母的关系密切。当孩子有所成就时，这些父母表现出的兴趣程度是基于对其成功的支持和分享，而不是基于对孩子经历的控制。事实上，这也是父母需要仔细并持续地监控他们参与少儿体操的原因之一，并以此使他们正确地看待事情。如果想获得更多的帮助，可以参阅第十一章的“我的女儿是竞技体操运动员”。

此外，高自尊水平的青少年的父母相较于低自尊水平的青少年的父母更不宽容。因为此类父母，往往对行为要求更高，且在规则和限制的执行方面也更加严格。事实上，这些父母会比那些低自尊的青少年的父母更少地惩罚孩子。相较于负面的惩罚和否定，高自尊水平的孩子会得到更多的积极反馈和奖励。通常低自尊水平的青少年的父母都是非常宽容的，这很重要。当孩子的行为不在期望范围内时，家长通常会有极其严厉的反应，如果缺乏明确规定的限制和行为准则，这些青少年会认为他们的父母对自己漠不关心。

高自尊水平孩子的成长背景不但会有明确界定的行为限制，而且所在的环境往往是民主的，而非独裁的。宽容和民主精神是不一样的，这些孩子在原则清晰、权利明确、特权和责任得到认可的情况下茁壮成长，而且环境中会有一个重要的成年人以仁慈的方式对其加以控制。这名领导者应该是一个尊重异议的人，在说服的过程中，通常愿意让年轻人做某些决定。

可以肯定的是，对孩子在活动过程中产生的自发兴趣、对预期行为做出的规则性指导、非惩罚性措施，以及对青少年的观点和情感的尊重等，这些因素都能极大地促进高自尊的发展。教练员需要将这些因素纳入教练员与体操运动员的互动中。当然，也有一些教练员认为，严格的独裁制度才最有效，认为也许只有这样的要求才能使运动员带来令人满意的运动表现。但从长远的角度来看，最大限度地提高运动员的自尊并不被完全认可。若想了解有关独裁教练员风格的更多信息，您可查看第二章的“团队训练——成人权威的作用”。

二、目标与自尊

我们同样需要考虑期望的程度或目标水平，以及它们与自尊之间的关系。根据抽象理论，我们可以假设仅通过设定较低水平的目标，就能很容易地获得成功并进而获得高自尊，但是心理事实反驳了这一观点：低期望不能促进自尊，相反，低期望通常出现在自尊心较低的年轻人身上。研究表明，具有较高自尊的运动员的目标水平明显高于中低自尊的运动员。那些高自尊的青少年不仅有更高的目标，而且通常能更成功地实现自己的目标；而那些低自尊的人的目标水平也较低，他们往往无法实现其所设定的较低水平的目标。

那些将目标设定作为运动员心理训练内容之一的教练员需要制订明确的运动

表现标准，以使体操运动员能够清楚地知道他们是否在某项任务中取得了成功。同时，还要能明白他们的失败之处在哪里，让他们知道，如果想要在未来取得预期的成功需要付出什么样的努力。我们应深知在体操运动员的能力范围之内给予他们一定的挑战是非常重要的，因为如此一来他们才能开始了解并欣赏自己的潜力。若想了解更多相关的内容，请参阅第八章的“我的目标是……体操运动员的计划”和“把目标设定作为训练工具”。

人们普遍认为，一个人若具有出色的体操能力则会随之有更高的自尊。但对事实的研究则引发我们对这一普遍观点的质疑。理论上，人们会认为特别有才华的体操运动员可能会产生高度的自信，因为运动员会高度重视他们擅长的行为，摒弃低劣的表现，但我们应该明白年轻人的自我评价受到很多因素的影响。父母、学校、朋友或其他体操运动员通常都会引导某个体操运动员接受群体的规范和价值观。例如，我们都知道学校里有一些相对较差的孩子，尽管如此，与学业成绩和基本智能更好的学生相比，他们也同等重要。同样，体操运动员也是如此。

因此，具有特殊能力的运动员虽然从他们现实的成就中获得了相当大的满足感，但他们不能接受单独将这种能力作为评估他们个人价值的主要依据。事实上，他们往往不会为了自身的完美而积极地把注意力投放在他们的不足和缺点上，所以他们的整体自尊往往低于人们根据其表现所猜想的水平。大多数教练员都带过一些对自己要求严苛的体操运动员。这些人可能看起来心理很强大而且很成功，但是由于在训练和比赛等外部因素强大的影响下形成了自己的价值判断，他们对自己的认知水平都较低。重要的是，为了能为每名体操运动员制订激励和训练策略，教练员至少要意识到各种外部压力，虽然这些压力甚至比通常感知到的那些还要普通。

三、指导意义

本节简要讨论了有助于形成高自尊的一些因素。当然，这些并非详尽无遗，但能影响自尊的提升，是促进积极自尊的最重要变量。这些因素对教练员和运动员的父母也有着重要的意义。我们将其归纳如下：

（1）给运动员提供明确的标准和详细的竞技能力要求，那么他们就会提高自信和解决问题的能力，有助于他们自行解决问题。

(2) 自力更生和积极自尊需要良好的环境来推动，而不是无限的许可或者让其自生自灭。

(3) 积极强化在培养更高的自尊方面总是比惩罚性的氛围和方法更有效。

(4) 虽然教练员需要让自己的管理更有权威，但当体操运动员的观点和感受被理解和尊重时，他们自尊的发展才会得到加强。

(5) 将目标设定作为心理训练可以促进运动员的自尊，但目标应该是有实现的可能且标准不能设定得太低。应根据青少年的优点、缺点和为取得成功而需要采取的手段来定期评估目标。

(6) 实际竞技能力并不总是积极自尊的指标。体操本身之外的其他来源（如压力、期望等）需要被视为重要的影响因素。教练员在制订个体训练计划时需要考虑这些因素。

尽管提升体操运动员的自尊不是教练员的主要目标，但它在培养专业运动员的过程中扮演着重要的角色。自尊有助于年轻人整体的发展，最终也会通过实际的运动表现而被衡量。

第二节 “帮帮我，我的情绪比较低落！”

如果你想通过查阅词典来定义“情绪低潮”一词，你会发现所有的定义都被集中解释为：明显的或持续的下滑、下跌、暴跌、突然的跌落、团队或个人表现不佳的一段时间。一方面所有这些定义都有一个共同点，即“情绪低潮”的出现速度较快，且表现出的各方面水平均低于先前；另一方面则是“情绪低潮”所隐含的意思是这种状态有时间限制或是暂时的。

“沮丧”和“倦怠”是我们需要在此提及的另外两个概念，因为它们与“情绪低潮”的概念有关，但不是同义词。“沮丧”期是体操运动员都会经历的一个阶段，这是运动员在严格遵守时间表的安排下经过数百次或一系列单调重复练习后所导致的训练低迷的状态。正如我们前面对“情绪低潮”给出的定义，“处于情绪低潮期”则表示运动员不仅会感到乏味，而且其实际的运动表现水平也会随之降低。随着“沮丧”程度的加深，可能会导致“情绪低潮”的产生并最终产生“倦怠”的情绪。“倦怠”通常是过度训练或其他一些高水平体操运动员行为（如竞争压力、运动损伤等）相互作用的结果。在预防和治疗时，“沮丧”“情绪低潮”和“倦怠”这三个名词在心理层面上有重叠但也有相似之处。但是，就本节而言，我们的重点将集中于把“情绪低潮”作为个人表现不佳的一种临时状态。因此，当运动员处于该阶段时，如果我们能有技巧地去调控它，则可成功地改变这种状态。

所有的教练员都知道体操运动员会陷入低迷期，而且大多数运动员都非常熟悉这件令人讨厌的事情。身体层面的“情绪低潮”通常会伴随着情绪层面的类似感觉和体验。改变“情绪低潮”状态的困难和挑战之一在于确定身心两个层面中谁先出现问题，也就是说，体操运动员突然表现不佳是因为心理层面的问题，还是因为身体层面的“情绪低潮”所引发的运动员心理状态的下滑，后者出现的状态通常表现为冷漠、烦躁、沮丧或抑郁。

一、何为“情绪低潮”

大多数敏感的教练员都知道青少年运动员在学习或展示特定技能时会遇到严重的身体层面的困难，因为这在大多数情况下是相当明显的，而情绪层面的问题则较不明显，但是这些问题会以消极的方式影响着运动员的注意力和努力程度，并最终反映在身体层面的表现不佳和长期的“情绪低潮”。

当教练员和体操运动员建立了良好的关系后，确定运动员的情感问题或身体学习困难哪一方先到来则会相对容易，这与“先有鸡还是先有蛋”的问题性质相似。教练员与运动员的这种关系是在相互尊重和沟通的原则上建立起来的，不是在奴役和秩序模型的基础上建立起来的。当双方建立了良好的关系后，教练员尽早直接地接触运动员很重要，因为这有助于在运动员身上发现是否可能存有导致其产生明显“情绪低潮”状态的非体操因素。在这方面，有许多可能会偶然出现的外部影响因素，如在学术型的学校上学、与朋友的问题、家庭的矛盾、个人健康问题等。如果您想获得更多的观点，可以参考第十一章的“学业、同学和体操”。同样重要的是要考虑身边的事情，即在训练环境中的非训练因素也有可能导致运动员出现“情绪低潮”状态，这些因素包括体操队员之间的矛盾、与教练员互动的问题、训练压力或竞争压力等。

如果“情绪低潮”状态被认为是训练场外众多事件所导致的结果，那么很明显，治疗将在某种程度上涉及处理这些问题。教练员不能以激烈的方式参与到训练时间之外运动员的各种问题中，这并不是教练员应该操心的事，但它也确实属于教练员某些特权的一部分，身为教练员，他们可以以任何合理的方式协助运动员解决问题，或帮助指导相关人员寻求解决方案。当他们知道问题所在之后，通常会采取与父母或运动员协作的形式，帮助青少年运动员重新接受训练，而不会将干扰并对成绩提高产生负面影响的一切外部因素带入训练场。这对帮助运动员摆脱“情绪低潮”状态很重要，而且对防止其因走神而导致受伤也很重要。

如果是非训练因素导致的问题，教练员更应该积极地参与其中。最好的开始是与体操运动员面对面地交谈以确定问题所在，并进而制订治疗计划。在大多数情况下，一旦解决了非体操问题，运动员会以肉眼可见的速度从“情绪低潮”的状态中恢复过来。这是因为虽然外部或环境因素所产生的影响较为严重，但运动员和教练员的个人适应能力通常也较强。

如果教练员和运动员自身没有发现导致出现“情绪低潮”状态的外部因素，那么运动员更有可能出现典型的“情绪低潮”状态，即学习进程放缓。在这个过程中运动员会有一个较为明显的下滑状态，这会导致一个曾经用心的体操运动员变得灰心丧气，更会让其逐步更加关注自己状态的崩溃。在这种情况下，恶性循环的经常出现，会使运动员出现更多的焦虑，然后他们的表现就会越来越差，进而使其更加关注自己的下滑。很明显，我们必须迅速采取行动去遏制这种恶性循环，以便使其不会随着时间的推移出现真正的“障碍”。当运动员出现的“情绪低潮”状态更为典型且影响学习及训练时，教练员显然应主动站出来，帮助他们解决问题。

二、“情绪低潮”的解决方案

以下是教练员可以采取的一些方案，以帮助体操运动员们渡过“情绪低潮”期。

1. 仔细研究学习障碍或学习进程减慢所涉及的技能方面的具体困难

在“教—学”模型中，教练员与运动员处于同一水平。在技能学习方面，教练员必须确保传达给体操运动员的技术信息是准确无误的。

2. 教练员应直接征求运动员的反馈，以确定得到的是正确信息

要求体操运动员重复对某项技能的期望和技术要点，是检查体操运动员是否理解技能要点的一种方法。改变使用的方式也是非常重要的，例如，增加视频回顾、使用更多的非言语性交流、减少或增加单纯的注入式教学时间等。考虑诸如灵敏、力量等反复强调过的基本条件因素也是非常重要的，但令人非常沮丧的是，体操运动员很多的失败不是因为不了解动作要求，而是因为其根本没有为特定的技能做好体能准备，因此，这必将导致“情绪低潮”状态的出现。

3. 在“情绪低潮”期，至关重要的是应让体操运动员明白这是一种很常见的状态

此外，在长期发展的过程中，运动员并不会预测到会遭此不顺。在此期间，教练员需要保持非常积极的态度，并尽可能多地为体操运动员提供鼓励和安抚。缺乏冷静、增加压力或过高的运动表现期望，与所谓的天赋一样，均会导致运动员状态的进一步恶化。“情绪低潮”对每个人来说都是困难时期，这时教练员、运动员及其父母，以及各方都必须保持耐心。“情绪低潮”期间，尽管解决问题的主要职责在教练员，但教练员与运动员双方应互相支持。双方需要作为盟友而非对手去解决这个问题，但此时也不能过分地强调积极的态度。

4. 多关注相关人员也是有所帮助的

团队的大多数成员都会理解教练员此时的行为且不会持反感的态度，特别是如果教练员在其他成员经历“情绪低潮”并以相同的方式做出回应时。要记住同样重要的是良好的幽默感，因为这可以在很大程度上减少处于此阶段中的运动员的紧张情绪，但是不要拿运动员对“情绪低潮”的担忧和苦恼开玩笑。幽默还可以传达这样一个信息，“情绪低潮”不会永久持续下去或危及生命，但生命与体操一样，终将会继续下去。

5. 目标设定这一心理工具在“情绪低潮”期间最有用

教练员和运动员可以制订一个灵活的时间表来帮助打破“情绪低潮”。这些目标不用具体化，而且要在确定了导致“情绪低潮”的众多因素后才能进行目标的设定。这就是前面提到的教练员、体操运动员在设定目标前须进行仔细分析的一个原因。我们可以制订积极的目标，其中包括与“情绪低潮”明显特征直接相关的有实现可能的绩效目标，这些目标应该写在纸上而非仅在脑中进行构思。当然，设定目标是很重要的，但在这段时间内，可以通过一定的方式来调整目标，帮助运动员从“情绪低潮”中恢复过来。若想在设定目标时得到帮助，请参阅第八章的“我的目标是……体操运动员的计划”及“把目标设定作为训练工具”。

6. 多使用表象训练也可以提供帮助

尽管体操运动员可能无法快速从“情绪低潮”中恢复过来，但他们可以通过积极的表象训练来想象恢复，比如尝试想象“看到”自己在成功时的表现。这种心理尝试可以做到真正地帮助体操运动员扭转“情绪低潮”状态，使体操运动员能够体验到这种心理活动所带来的情绪高涨。

7. 在“情绪低潮”时，与体操运动员进行定期的“低迷状态”讨论是非常有用的

讨论活动不必经常开展，同时也要注意切忌长篇大论。他们参与的应该是一个与体操无关且属于私人反馈和沟通的讨论活动。该活动旨在了解运动员的各种情况，并在必要时为其提供一些表达的机会。通常讨论的性质和范围集中于运动员的个人问题，且取决于每名运动员“情绪低潮”的具体情况。在这期间，开放式对话通常要比教练员的独白更有效。

8. 就严格的体操训练计划来说，有时也有改变的必要

显然这可能有助于减轻“沮丧”的感觉，且也可能对打破“情绪低潮”的状态有所帮助。尽管大多数认真的教练员都不喜欢改变他的训练计划，但在严重的“情绪低潮”期可能有必要给予运动员一段“拖沓”的时间（比如从去体操馆到训练开始的时间），这可能涉及从几天到一周时间内的任何事情，甚至更长，且取决于运动员的个人情况，以及“情绪低潮”的起源是如何清晰地被检查到和确定的。长时间的“情绪低潮”可能会导致运动员产生倦怠情绪或最终离开体操界，这主要是由于在该阶段中出现的过度沮丧情绪。当然，休息一段时间总比永远不参加心爱的体操要好。可以在双方同意的情况下进行一些不太过分的尝试，例如对特定的体操运动员进行不同天数、时间的特殊关照，或者不同的训练周期等尝试。

再次强调，这需要视运动员的个体情况做出相应的处理。

9. 强烈建议教练员们对这一现象尽可能地保持放松，避免引发本来可以通过简单的耐心沟通就能轻易避免麻烦的状况

在此，补充一点：保持沉默！在这一点上进行警示是必要的。有些教练员认为，运动表现上的微小变化是令人恐惧的“情绪低潮”的开始。一次糟糕的训练表现会让他们确信，运动员正处于“退化”的开端。正如我们都知道“不能把鼹鼠丘当山”一样，把一个消极的想法强加在体操运动员的头脑中，特别是一个高度敏感的想法，会导致自己预言的实现。

10. 不幸的是，并非所有人都能经受住风雨，运动员有时也无法从严重的“情绪低潮”中恢复过来

尽管这种情况的出现并没有规律，但确实也出现过一些惨痛的教训。例如，有些运动员尽管进行了各种干预和调整，但仍无法恢复到“情绪低潮”前的能力状态。运动员的耐心和理解是有限度的，不能忍耐的时间终会到来。为了个人的利益、为了运动员的安全、为了团队的最大利益，有时候此类努力必须结束。显然，这应该是最后一步，但这恰恰就是现实。

三、总结

总之，“情绪低潮”在体操中并不少见。但当它们发生时，最重要的是：

（1）确定可能涉及的任何非体操变量，如家庭、学校、个人问题等；

（2）仔细分析训练过程中的困难，找出可能存在因果关系的身体因素，如力量和柔韧性；

（3）保持耐心、幽默感和积极的态度；

（4）作为体操运动员的盟友而不是用对老板或工人的模式来解决“情绪低潮”；

（5）利用调整后的目标设定和积极的表象训练；

（6）定期举行座谈式检查，以监控“情绪低潮”的恢复；

（7）确保问题可能是慢性的，而非仅是一次性的急性行为；

（8）根据需要为每名运动员提供特别的个性化关注；

（9）认真考虑修改有关体操运动员的整体训练计划；

（10）保持乐观的态度。

第三节 体操中的防御机制

防御机制是大多数人都熟悉的概念。有时这个术语会被理解为字面含义，例如，一种保护自己的方法。该概念源于临床精神病学领域，从理论上讲，防御机制是一种以言语或非言语行为呈现的心理结构，是人类作为保护个体免受急性焦虑影响的手段。焦虑的来源可能是内在的（来自我们的冲动）或外部压力的结果（与他人的关系）。防御的主要目的是避免心理上的痛苦。自我（自我意识）及个体产生的挫折感和脆弱性都与这个概念有关。

一、对防御机制的理解

防御可以通过例子来理解，当我们被某人所说的话深深伤害时，可能会回答："我们就当没发生过。"这代表着对伤害的否定，是一种相当原始的防御机制。此外，我们可能会补充说"没有他们的帮忙，我会更好"，这是一种合理化且最常见的防御机制策略。否认和合理化是我们多年来在人际关系和生活经验中发展和使用的两种防御机制。

有些防御机制很简单，如回避（离开现场），而另一些则更复杂，例如"对攻击者的认同"（你们在有观众的拳击比赛中已经看到了这一点）。后者则是极其复杂的，例如"反向形成"，即把无意识之中不能被接受的欲望和冲动转化为意识中的相反行为。换句话说，一个从外表看上去非常好的人，有可能是一个真正可怕的人。

有的防御很复杂。有两种防御经常混淆，那就是投射和合理化。投射被称为原始的低级防御。它涉及一个基本的问题——我会保持还是放弃？当自我（自我意识）能够或不能够容忍对自尊的打击时，这种刺激的根源被称为"自我异己"。

正如一句话所说的那样，“我很伤心，因此树木也很悲伤”。这便是将自己的特质投射到了其他的事物上。在投射的过程中，“异己”的概念被压制然后被反映在了另一个人身上。这种防御与前面提到的合理化不同。很显然，这两个概念之间存在着某种关系，但严格来说，它们是不同的防御形式。

有一段时间，防御机制被认为是完全不好且心理变态的。我们现在知道，它们是相对正常的心理结构，可以帮助我们应对日常生活并保持工作效率。大多数所谓的“健康”个体都有各种各样的防御措施，这些防御措施会在心理紧急的情况下发挥作用。然而这对其他个体的作用都相当有限，且通常都存在需要调整的问题。

由于防御机制的使用是生存的一部分，我们在所有人身上都能找到它们——包括体操运动员和他们的教练员！体操馆是一个丰富的实验室，可以用来观察我们在压力下（在不同程度的焦虑状态下）的状态。因此体操馆给我们提供了一个平台，在这个平台上多种防御方式显露无遗！

二、体操馆和赛场中的防御问题

在下面的讨论中，我们将简要地介绍一种行为，这种行为被描述为合理化与一种淡化的、非经典的投射相结合或许更贴切。

你听到教练员、运动员或其父母说下面这些话的频率是怎样的？

（1）“这个体操馆太冷了。”

（2）“我没有足够的热身时间。”

（3）“裁判员们不公平。”

（4）“我的体操运动员/女儿/儿子的荣誉真的被抢走了！”

（5）“我用不习惯那些单杠。”

（6）“我的出场次序很差。”

（7）“那名教练员认识那名裁判员。”

不幸的是，这种行为在体操馆中很常见，都不是说尴尬了，甚至近乎滑稽。这显而易见是在寻找替罪羊，即找一个导致我们感到痛苦和受到挫折的人或物。正如类似这种“准投影”的许多情况一样，在观察或指责对象中，可能存在一部分事实。这就是为什么这种“技术”频繁地在防御中得到延续和利用的原因。这种行为往往也比较难处理，除非它达到荒谬的程度，并且看起来确实如此（例如，一个女孩从平衡木上掉下来三次，而其他对手都没有，教练员却说是因为平衡木比较滑导致的）。

任何曾经执教的人都有过以上类似的感受，并且在大多数情况下会以一种不太巧妙的方式表达出来。偶尔判断失误和幼稚的行为很容易发展成习惯性的模式或风格。如果这种情况发生，我们将看到的是一个非常具有破坏性的过程，而且，可以肯定的是过往所有成功的动力都会逐渐消失。

我们都知道一些教练员在极端情况下采取过这种措施。通过“认同”这一过程，青少年会采用类似的机制来应对竞争性挫折。这样做的那些人可能变得相当可悲，并且当发生有辱人格的行为时，其他人将很难与这些人近距离地接触。毋庸置疑，这些教练员及对这种反应根深蒂固的体操运动员都不会受到欢迎，并且通常在体操界内也不会受到尊重。

从另一个层面上讲，这种消极行为所扩展的能量无法用于真正需要的地方；企图对不正确的指导和糟糕的培训进行反复的审视，会导致持续不断的不佳表现。这样的教练员和体操运动员的行为真的有些可耻。掌握了这一“技术”的青少年被剥夺了个人成长的机会，无法学习如何应对合理的失败，也无法接受教练员为提高其表现从技术的角度提出的合理建议。

在过去的几年里，我们研究了世界级的体操运动员，探寻了只有国际水准的体操运动员才能体现出的个性特征。绝大多数运动员认为的三个主要因素之一是贬抑。这个概念被定义为贬抑自己去承担责任的倾向，而不是因为表现不佳或动机水平不足而责怪他人，并且在遭遇失败时感到内疚。因为这是顶级体操运动员的特征，那么也许可以这样推论：将外界条件和个人视为挫折的原因，通常是低水平运动员的特征。这些人花费过多的时间在寻找自身之外的借口上，而不是更痛苦且花更有成效的时间去回顾自己的缺点。第一章的“体操运动员对教练员的感知——能力和训练风格”和第四章的“控制点和训练效果”为我们提供了对这些行为的更多分析。

教练员应该敏锐地意识到这个问题，以及它们对所训练的青少年的影响。他们应该有意识地努力避免陷入这个容易上当的陷阱。当然，在有正当理由的情况下运动员应该积极地提出反对意见，因为这是体育运动中可接受的一部分，但是教练员必须仔细监督这种行为，以免它成为一种盲目的个人防卫。

第四节 神经性厌食症：一种身心失调的疾病

神经性厌食症是一种主要见于12～21岁单身女性的疾病，由于大量的青少年表现出了与该病症相关的症状，因此精神病学和心理学的专业人员对该疾病给予了越来越多的关注。大多数医学词典将这种情况简单地定义为："持续的食欲不振、拒绝进食及因情绪冲突而导致的体重下降。"有厌食症的青少年会对食物产生强烈的厌恶感，体重下降的速度也会达到惊人的程度，甚至可能消瘦到生命受到威胁的程度。患有这种病的人常伴有严重的月经紊乱、心率缓慢、新陈代谢慢和便秘等症状。在谈到神经性厌食症时，我们并不是在谈论那些想要通过减轻体重以使自己更具吸引力或使身体更健康的青少年。这些青少年通常是以系统的方式解决这个问题，使自己保持健康的状态，并且他们为体重减轻、为达到目标而采取适当的行动而付出的各种努力是可控的。

有一种偏见，认为瘦弱是美丽的，很明显，厌食症不只是这种因文化偏见而促成的对瘦弱的关注。事实上，它是一种非常严重的疾病，其后果持久而深远，且远远超出了个人的控制范围。贪食症（高食欲症）是一种病理性的过度饮食，通常伴有呕吐，且与厌食行为有关。然而，贪食症是另外一种临床综合征，我们不对其进行讨论。

所有参与体操运动的人都应该清楚，这项运动的本质及其技术要领主要鼓励和强调姿态的轻盈。一些体操训练会经常提到"体重问题""节食降重提高竞争性""减掉不必要的体重"等。显然身体体积的变小将更有利于他们做出优雅的动作，并有助于体操运动员克服重力。

根据我们的观察及我们多年来从父母和教练员那里的询问得知，在运动中保持健康、苗条和变得厌食之间的界限变得越来越模糊。认为体操能导致神经性厌食是错误的，因为它不能。然而，参加这项运动的确为运动员提供了一种社会认可的环境，在这种环境下，减肥有时会受到重视和认可。如果你愿意的话，这也可以是疾病出现的一个很好的借口。如果我们记得这种情况最常见于12～21岁年龄组，就可以很容易地理解这是怎么回事了。因为通常在这一时期，女孩会被吸引到这项运动中。在这种竞争性比较强的环境下控制体重的青少年，一旦停止运动，通常就会恢复到一种更平衡的生活方式；但是对于厌食的青少年来说，节食并没有合理的理由，他们会这样回答你："我不吃是因为我的体操。"当然，最严重的情况下青少年的病情会出现恶化，毫无疑问，这个问题与训练或体育运动没有因果关系。

患有这种疾病的青少年不仅关心他们的体重，而且会以一种非常痴迷的方式专注于它。他们会不断地称体重，最轻微的如1磅（1磅≈0.454千克）体重的增加往往会引起他们的愤怒、恐慌，从而进一步地保持饥饿感。厌食症患者并不像普通的青少年因为某种程度的体重超标而沮丧，相反，他们追求的是一种明显的自我毁灭的过程，这一过程违背了理智或逻辑诉求。

一、了解厌食症

由于这种疾病的严重性，教练员们需要对其有一定的了解及与之相关的一些动态知识，这一点似乎很重要。这种理解不应被解释为教练员应该试图纠正或解决运动员存有的该问题。因为在这种情况下，运动员绝对需要专业的医疗和心理干预，这不是教练员可以完成的事。具备一些基本的知识有助于教练员识别和应对随之而来的问题。此外，在治疗医师的指导下，教练员还可以做一些具体的事情来协助对患有厌食症的运动员进行全面管理。我们稍后将在本节中讨论这一内容。

通常我们将神经性厌食症的第一次正式鉴定归功于英国医生理查德·莫顿。他早在1689年就报告了两例病例，但直到一个半世纪后的1868年，威廉·古尔才对该病进行了更详细的描述。这两个人都是医生，因此这种情况主要是在医学视角下分析的。研究认为神经性厌食症归因于"紧张情绪"的传递。选择治疗强调的是身体的反应，而不试图强调所涉及的心理因素。即使在今天，仍有一些研究针对脑、垂体和下丘脑开展，试图探求可能的病因，在其治疗过程中使用了阿米替林、大伦丁等药物。然而，医学方式往往忽略了患者身体和心理之间的相互关系。

神经性厌食症可能是导致20世纪30年代医学界相信某些生理疾病很可能有心理原因的最重要的临床病症。换言之，对这种疾病的进一步理解导致了心理动力学模型的出现。在这种心理学的模型中，食欲不振被视为一种无意识的目的，诸如逃避问题或防御危险的冲动。患神经性厌食症的青少年表现出的一些早期情感问题的历史，往往涉及母女之间的冲突。这样的孩子往往自私、过于敏感，有完美主义者的性格倾向。

心理动力学模型表明，这种情况背后的动机是对一个过度保护孩子的母亲的无意识的责备，或是对一个拒绝过多关爱孩子，而对另一个孩子表现出偏袒的母亲的责备。拒绝吃饭被有些孩子视为一种理想的武器，特别是过去在母亲对吃东西大惊小怪的时候。厌食症状不仅会引起父母的极度焦虑，而且还会以关注、关怀和控制他人的方式给青少年带来更多的“收获”。同样，在这个模型中，拒绝进食通常被看作是对强烈欲望的反应，这种欲望使一个人变得没有吸引力。母亲的动机很大程度上归功于对孩子新兴行为的内心焦虑，以及伴随着孩子成长和承担女性角色的问题所带来的威胁。在某些情况下，对食物的抵制似乎是一种自我惩罚的形式，这种自我惩罚是青少年对自己的一种内疚感，这种内疚感与某些被禁止的冲动有关。

过去，人们在厌食症的概念化和治疗中加入了一种涉及操作性条件的行为模式。简而言之，这种思想流派着眼于人们在做什么，而不是为什么要这样做。通过对实际行为的检查，研究人员在该模型中设计了一个程序，通过操作性条件作用加强行为变化，并导致病理行为的终止。近年来，研究人员逐渐增加了在社会（包括家庭）背景下观察人的生理和心理动态，这种方法被称为系统模型。这种方法对许多人来说很有意义，并且对于构建合理的理论框架和有效的治疗方案具有巨大价值。

二、系统模型

基于系统模型的普及，总结该病的定位和看法的基本前提似乎是合理的。该领域的研究人员已经确定了患厌食症青少年家庭功能的四个特征。任何一个单独特征似乎都不足以引发和加重身心症状。在家庭中，这些因素的组合似乎导致了新心理因素的躯体化。

这四个特征是强烈参与、过度保护、刻板和缺乏有效的矛盾解决方案，具体如下：

（1）强烈参与是指家庭交往中的一种极端亲密的关系。在这个高度交织、过度参与的家庭中，一个家庭成员的变化会对家庭系统的所有其他成员产生严重的后果。随着家庭中其他成员直接沟通的中断，家庭内部的联盟链可能会发生变化。在一个相互交织的家庭中，定义个人自主权的边界往往比较困难，个人会迷失在这个体系中。父母对孩子的控制通常是无效的。过度的团结和分享也会导致其缺乏隐私，如家庭成员介入彼此的空间、思想和感受等。

（2）厌食症家庭系统的第二个特征是，无处不在的溺爱及保护行为。家庭成员对痛苦、紧张或潜在冲突的迹象非常敏感。在这些家庭中，父母的过度保护阻碍了青少年自我控制和能力的发展。

（3）刻板是这些家庭的第三个特征，是指对保持某种状态的沉重承诺。在成长时期，当他们遇到相当大的困难时是需要改变的。例如，当一个家庭中的青少年进入青春期时，这个家庭可以改变其规则，允许青少年在保持一定程度的家庭和谐的同时，增加与年龄相适应的独立性。然而，患有身心疾病青少年的家庭通常会坚持习惯的互动方式，不允许变革出现。

（4）厌食症青少年家庭的过度保护和刻板的特质，加上持续不断的强烈参与，使得这些家庭应对问题的能力非常低。通常强烈的伦理或宗教准则被用作避免冲突的理由，但结果是困难仍然没有得到解决。因此我们应不断地鼓励家庭以避免这样的行为。

上面列出的四个结构特征已被确定为厌食症青少年家庭的典型特征。研究表明，家庭系统对青少年的厌食症状有了新的调节作用，引发厌食症的普遍因素是青少年过多地参与了父母的矛盾冲突。因此，这种过度参与可以被视为厌食症青少年家庭的整体特征。

三、总结

对心理疾病（特别是神经性厌食症）的这一简短理论的讨论清楚地强化了我们最初的观察，即厌食症是一种需要高度专业和控制性干预的复杂疾病。如前所述，当怀疑一名体操运动员可能患有这种疾病时，教练员可以做些事情。首先，也是最重要的一点是要大力鼓励家庭寻求专业帮助。通常，教练员在这方面会有相当大的影响力，并且应该在适当的时候尝试行使它的影响力。根据家庭系统模型理论，教练员有时会在某些家庭遇到阻力。因为在这样的家庭中可能需要避免冲突并掩盖任何问题的存在。教练员应在有队医在场的情况下，坚持使用队医。必要时，在进行专业类咨询之前，禁止运动员继续训练。这可能意味着暂时会“失去一名优秀的运动员”，但这是教练员对运动员负责任的行为。一旦青少年和家庭参与到某种治疗计划中，教练员应以各种合理的方式配合治疗的进行，例如，设计一个行为矫正计划，当运动员体重增加时为其提供积极的奖励。

教练员应该记住，如果运动员患上了这种疾病，即使运动员在运动表现出色时受到热烈欢迎和认可，也并不能证明这种疾病造成的长期损伤是合理的。对教练员来说，负责的行为不只是伦理上的建议，更应该有道德上的强制要求。相关资料可在第四章的“行为改变——强化”和第十一章的“我的女儿是竞技体操运动员”中找到。

第五节　运动损伤后的心理恢复

在诸如体操或其他相对高风险的运动中，受伤是必然的。如果体操运动员和教练员在训练方面遵循了黄金法则，如适当的身体准备、渐进式的学习、有计划的保护与帮助和基本的安全预防措施，那么这些伤害发生的可能性可以降到最低，并且不会太严重。尽管每个人都尽了最大努力，年轻运动员在体育运动的职业生涯中也会不时地受到伤害。通常这类事件对身体的影响很明显，而心理问题往往不那么明显。关于伤病康复的文章已经有很多，特别是从医学和生理学的角度。康复处方通常包括建议加强关节的锻炼、肌肉组织的重构等，但也会有一些如何帮助体操运动员从心理问题中走出来的详细指导的处方。

除了严重损伤以外，心理恢复过程可以在事故发生的那一刻开始。相比解决受伤问题而言，教练员和体操馆的其他工作人员对事故的反应更为重要。过度反应比较常见而且具有较强破坏性，这种破坏性可在事故发生时传达给体操运动员。显然，忽视这种过度反应是不明智的，因为这反映了个人的不敏感性，同时可能会给后期的诉讼提供证据。当然，是否过度反应在很大程度上取决于损伤本身的性质，例如肘部的脱臼就不同于昏倒、简单的擦伤或手拉伤。在各种情况下，我们都应该有一个明显不同的反应。教练员和工作人员作为负责人，应按照程序和常识给出回应。经验表明，运动员在这些时候能很好地接收教练员发出的信息，而且比预期的要接收得多。因此，必须根据潜在的长期影响来做出反应，因为心理“急救”行为比生理急救行为要微妙得多!

一、心理急救

在轻微心理应激的情况下，冷静、关心和积极的态度通常是最好的。青少年运动员对他们教练员的信任的反应，就像他们对恐慌的反应一样。教练员的态度若为“放松，一切都在控制之中”时，这将有助于体操运动员掌控自己在练习或比赛事故发生时的恐惧。运动员对伤害的态度往往会受到教练员初始行为的影响。教练员不需要在工作中扮演医生，但根据对事件恰当的评估，表现出有见识的行为或者不贸然行动是教练员的责任，并为可能影响整个训练计划的运动损伤的严重程度做好定位。

在一些不起眼的事件中，幽默感可以发挥很大的作用。幽默也有可能会过火，只有了解真正的问题并确认问题真的不大后才能使用。在这种特定情况下，眼泪很快就会变成微笑。教练员需要给予运动员关心和支持，但要防止小题大做。否则这可能会对体操运动员的心理康复产生持久而令人惊讶的负面影响。从心理学的角度来看，教练员可以采取一些具体的措施来帮助体操运动员从更严重的损伤中恢复过来。

二、案例分析

假设损伤的医疗问题已被解决并正在接受后期观察，以下或许是一些你所希望得到的建议及指导原则，以帮助运动员渡过艰难的恢复期。为了使这些更加生动，下面笔者采用真实的案例进行说明。

凯伦是一名一级体操运动员，是当地的高中队的成员，主要在私人俱乐部接受训练。作为一名高中三年级的学生，她在一项赛事中获得了单项和全能的州冠军。几个月来，凯伦一直承受着体操运动员口中经常抱怨的腰疼问题。若经过短暂的休息（比如一两天没有训练）该疼痛会停止，但当她重新回到有计划的训练中时，这样的疼痛便会再次出现。她是一个非常灵活的女孩，尤其是她的下背部。她在练习中的许多动作的设计都是为了充分利用这种非凡的能力。然而这些动作也使她的下背部承受了巨大的压力。

最后，经过几个月的反复训练，我们决定要对凯伦持续存在的困难进行全面的身体评估。虽然她一直有家庭医生的照顾，但确实有必要使用医院的设施对其进行一个全面的检查。最终，这项耗时长且全面的检查显示她的第五节腰椎存在一个很小但是明显的骨折。医生开的处方要求凯伦从肩膀下面到下背部都要戴一个塑料支架。这个支架一天要戴 23 个小时，这样愈后的效果才会比较好。但前提是，接下来的六个多月她都不能再参加艰苦的训练和比赛，这对于一个热爱体操的年轻人来说，无疑是一个毁灭性的消息，如此长时间的限制在心理上是非常痛苦的，也是令人沮丧的。

三、辅导干预

以上面的案例为例，为了帮助凯伦从这个坏消息中恢复情绪，以及缓解这种被迫不能运动给她带来的心理痛苦，教练员和其他人需要做些什么呢？

（1）教练员的第一反应是真诚地表达自己的同情。运动员需要知道的是：教练员能认识到体操运动是他们生活中不可或缺的一部分，不能参加比赛，对他们来说该是多么的恼火。这对作为高中生的凯伦来说更为困难，因为这是她高中期间比赛的最后一年，且她也有兴趣去参加大学阶段的体操比赛。因此，在这个时候，一个带有理解和感同身受的大大的拥抱是非常有必要的。

（2）非常重要的是，除了表达同情之外，你还要帮助体操运动员在受伤和恢复过程中保持理性。受伤的青少年运动员需要清楚地认识到，现在的不运动将会使她最终能够恢复到一定程度的训练，而不必长期忍受痛苦。必须让体操运动员相信，短期内的限制肯定比现有的疼痛甚至可能的永久性伤害更好。事实上，除了体操之外还有一些东西会有所帮助！更多相关信息请参阅本章的“过早退役的原因”。

（3）教练员要做的第三件事是咨询凯伦的父母和医生，以确定她在恢复期能做什么练习，这样才可以降低病情加重的可能性。在凯伦的案例中，医生表示她可以做一些适度的伸展和力量训练。有时候，一旦体操运动员受伤，有些教练员就会表现得好像他们已经从地球上消失了一样。显然这种行为不仅不专业，而且极其残忍。凯伦的教练员告诉她，她仍然很重要，而且被需要。这样的行为可以在很大程度上治愈凯伦的思想和心灵。因为在她看来，不能再作为一名参赛者为团队作贡献是完全不能接受的。

（4）在对仍然允许的训练内容进行分析之后，教练员和体操运动员制订了一项特别的训练计划，该计划优于任何其他被推荐的物理疗法。同样，这是在医生的同意下完成的。教练员和凯伦一起去当地一家百货公司购买了一套哑铃，用于力量训练和机能的保持。一般来说，在体操馆外单独与运动员接触是不明智的，但在这些情况下，额外温柔的关爱和护理是心理处方的一部分。确定特别关注的适度剂量可能还需要探索。其他团队成员要在一定范围内完全理解关注的程度，不要在道德层面给运动员制造困难。

（5）鼓励凯伦尽可能多地去体操馆。她会定期这样做，并且随着时间的推进，她不断地在父母的建议和同意下增加参与度。身体支架成了她生活的一部分，她开始接受它，并开玩笑说，“这可能有助于我保持紧绷的臀部”或“你要不要搂着我的腰感受一下”。她的所有表达都是积极的，这反映了身体康复和情绪恢复的开始。除了严重受伤的情况外，重要的是允许运动员进入体操馆并鼓励他们随时到来。凯伦经常随身携带哑铃来到体操馆里，这样的行为可以帮助她在体操馆维持甚至改善与同伴的关系。在这期间，教练员并没有让她难堪，也没有做得过火，而是把她当作勇气和毅力的楷模。自尊的提升让凯伦感到自己的价值所在。

（6）凯伦收获了额外的帮助，并参加了相关的活动，这让她觉得自己在情感上和身体上仍然与同伴们一起积极参与训练。当教练员安排凯伦作为教练员去协助一名学前班的常规教练员时，我们便迈出了重要的一步。同样，这是在咨询医师后完成的。她甚至还帮助另一名教练员训练了一支青年队，这进一步提升了她的地位及自我感受。从她日益高涨的热情中我们可以清楚地看出，凯伦从长期的伤病中成功地恢复到了正常时期的情绪。她也在对儿童和青年队的实际执教经验中获得了声望。包括但不局限于从技术投入的方面，让她在一个令人兴奋和不同的水平上接触到了她喜爱的运动。

（7）经过四个半月的时间，凯伦被允许开始在杠上轻微摆动和在平衡木上行走，有时也会加上一些动作。她持续做拉伸和力量训练的成果开始显现出来，这在关键时刻给了凯伦极大的动力。她意识到了自己并没有想象得那样落后。在最后拆除支架之前，我们花了很多时间仔细规划了凯伦的特殊训练计划。能再次参加体操比赛的运动员，不仅是出于高兴，而且为了弥补损失的时间，赶上进度，他们常常很想全力以赴。但像凯伦这样的情况，我们需要更谨慎地避免上述行为，千万不要这样去做。教练员要在适当的时候与父母和医生合作，负责指导体操运动员以系统的方式重新参加完整的锻炼计划。教练员和运动员都需要耐心，在这个过程中要对包括常规内容和整套动作在内的训练内容进行审查，以确定需要省去或更改哪些部分的练习，以便最大限度地减少凯伦在初始返回训练期间对下背部的压力。毋庸置疑，当这名年轻的体操运动员回到体操馆时，馆里的每个人都会和她一起庆祝，并兴奋地大喊："你看，你腰上的东西不见了！"

四、案例研究结果

幸运的是，凯伦最终又重新回归。看起来她不仅达到而且已经超越了她受伤前的状态。很明显，她伤病期间集中的力量训练为她增加了应对相关挑战的力量和能力。最引人注目的是她的精神状态也有了很大的提高，这很可能是因为她身体的疼痛或对疼痛的感受已经消失了。她现在成了一名更加快乐、积极向上的运动员。在这个案例中，受伤促成了她更好的职业生涯。她的教练员及时训练计划的精细管理是她恢复的有利因素。最后也是最有启发性的事情是，凯伦最终在大学期间选择了运动医学专业，她的兴趣在她恢复的期间逐渐清晰。

五、总结

综上所述，应该记住的是，在事故发生的那一刻，教练员和工作人员的行为对运动员的心理恢复有着巨大的影响。随后的行为也很重要，但最初的反应往往可以为积极和快速的心理康复创造条件。教练员、体操运动员、医生三者的关系随着康复进程和体操运动员重返训练场而变得至关重要。

第六节　过早退役的原因

有才华的运动员过早地退出体操运动了吗？有人说是，但也有人不同意。多年来，教练员们一直担心出现这种现象，因为专业人员肩负着帮助培养青少年运动人才并使其充分发挥潜力的责任。出于同样的原因，我们同样关注着潜在的“退役率”，因为它对退役的青少年的心理健康有影响。这种大批的退役并不是因为受伤、训练过度或因竞争失败带来的挫折感，尽管这些都有关系，但更多的是因为在不同的经历中他们的乐趣被“抽离”。有关研究清楚地表明，离开或继续参加体育活动的主要原因在于参与过程中的快乐程度。

“抽离”这个词被刻意用来描述参与体操的乐趣的结束。韦伯斯特对这个词的定义是“强行带走”“通过努力从不愿意的人身上消除”，以及“通过一个过程撤回”。当一名年轻的体操运动员在运动中体验到“乐趣”的结束时，往往是因为乐趣被带走的结果，而不是体操本身的潜在特征。这类事件通常伴随着对青少年的一些情感伤害。在我们与体操运动员及其父母谈论离开这项运动的许多对话中，这个事实已经非常清楚了。有人认为，有一篇文章有助于引起人们对这一问题的更多专注，并有助于激发那些能直接参与人才管理和培养的人的思考和讨论，那就是《敬业和有创造力的教练员》。

以下是一些导致运动员产生不满和“乐趣”被抽离的因素，以及过早离开或退役的可能原因：

1. 训练水平

首先，重要的是要认识到这个问题会发生在各个阶段，而并非只在优秀运动员的训练阶段。尽管在高水平阶段，对训练和运动表现的要求是非同寻常的，但是如果认为这种强度本身及刻苦的训练中没有任何的乐趣，那就错了。在高水平的训练中，运动员会有更大的消耗。然而，这并不一定是因为他们参与的热情已经被系统化地消磨掉了。在大多数情况下，是因为时间已经耗尽，或者训练对身体和心理的需求已经超过了体操运动员可以继续投入的能力。

2. 训练强度

有些人试图将离开运动项目与艰苦训练的水平等同起来或找到两者之间的联系，但这往往是一种虚假的联系。只有当训练是消极的，并且建立在对自尊和个性的破坏之上，而不是建立在对个人发展的这些重要方面的增强之上时，训练强度才会发挥作用。事实上，持续的努力是为了达到目标，这对青少年来说是最有意义的，同时也为他们提供了很多乐趣。快乐来自学习的过程，并以获得的技能和适当的竞争成功来衡量。大多数运动员在纪律严明的环境下茁壮成长，在这种可预测和富有成效的环境中比在要求不高甚至质量不稳定的环境中更为舒适。问题不在于工作量，而是取决于工作动机和情绪氛围的增强系统的性质。

3. 学校问题

最令人担忧的现实不是在优秀运动员的层面，而是初级运动员因不再快乐而以惊人的速度离开训练队伍。在这种现象中，有许多因素需要考虑。对运动员来说，最重要的一个非体操训练因素与学校的压力有关。显然，认真的体操训练需要投入很多的时间。大多数运动员每天在体操馆里 3 个小时或更多，每周 5 或 6 天。围绕这个时间表安排一个人的生活，并试图保持期望的学习成绩是一个很大的挑战。有时他们无法做到，会导致一科接一科的成绩下滑到可接受的水平以下。第十一章的“学业、同学和体操”介绍了更多关于这方面的细节。

4. 社会问题

与此相关的是整个社会生活和朋友压力的问题。体操运动员在训练过程中可能会与不练体操的朋友分开，以致没有足够的时间去看电影、聚会、跳舞，以及其他与成长相关的正常活动。没有什么可以缓解这种困境，因为事实是，在高水平的体操训练中需要牺牲，而这就是需要牺牲的内容之一。体操运动员在学校的形象往往是不好不坏的，缺乏社交能力总是被归因于他们是体操运动员。有一种不成文的理解是，体操运动员这个标签通常意味着孩子已经脱离学校和社会生活的主流。

5. 动机因素

导致离开体操训练的另一个原因是参与这项运动背后的动机因素。许多运动员梦想成为世界冠军，这是从事这项运动的一个很好的理由，但当成名之路变得艰难时，一些体操运动员不能或不愿意付出全部努力。还有一些运动员之前期待的是竞争性的回报，他们不断训练和容忍各种限制但是却没有进步，这是最令人沮丧的。这项运动的技术要求使得成功更加困难。一个青少年能从事一项回报很低的活动多长时间，完全取决于个人，因为他们会进行比较和衡量。当投资回报不够时，尽管有梦想和动力，唯一的选择可能就是彻底放弃。

6. 父母问题

另一个导致运动员过早退役的原因与父母对运动员训练的认同程度有关。随着时间的推移，体操训练的目的会发生微妙的变化，当青少年发现他们这样做是为了取悦父母，那么继续训练下去所需的努力往往很快就会消失。离开体操的决定通常发生在青少年时期的早期和中期。社会孤立感和学校要求在这个时候是最高的，但它也可能与“我做这件事是为了谁”这个问题有关。“谁来管”这个问题很复杂，因为在青少年时期，他们正在努力追求个人认同和自治。这个阶段，孩子们需要和想要在决策中感受到某种强烈的归属感，开始学会安排自己的生活。虽然体操训练可能涉及一些给予和接受，但它本质上是运动员将自己交给另一个人的活动。遵循指示、服从命令、由其他人安排时间等都是体操训练的标志。当基本的动机问题因自主性的需要而变得复杂时，一些体操运动员便会决定坚持自己的方向，并通过离开该运动项目来控制糟糕的局面，这并不奇怪。父母们可能会对第十一章的“我的女儿是竞技体操运动员”感兴趣。

7. 运动损伤

过早退役的另一个重要因素与体操运动员的损伤次数及他们如何处理这些损伤密切相关。在这项运动中损伤并不罕见，无论准备得多全面，这种不幸都会发生。如果一名体操运动员出现了多次运动损伤，甚至其中一些可能是比较严重的，他们就会非常清楚继续练习下去要付出的代价。这种情况下，运动员退出的部分原因在于性格差异。首先要做的是预防伤病的发生；其次，当伤病发生时，周到的照顾、管理可以更好地帮助体操运动员处理问题。不幸的是，一旦危机点过去，一些教练员就不再关注体操运动员了。这向青少年传递了一个信息，那就是他们只有在能够完成任务的情况下，才能在计划中发挥重要作用。一旦他们受到伤害，不能对团队有所“贡献”时，他们的价值就会降低。对体操运动员的自我价值感形成的伤害来说，教练员的这种行为显然以牺牲其他运动员为代价实现了团队的利益。参阅第六章的“运动损伤后的心理恢复”，了解如何使体操运动员继续训练的更多步骤。

8. 启示

到目前为止，讨论的所有问题都是导致不满的因素，这些导致了许多运动员过早地离开体操训练。许多运动员每天或多或少地都会成功地面对并解决此类问题。然而，天生素质优秀的孩子的流失似乎加速了。笔者的观点是，在某些项目中，这种趋势的主要原因及造成这种损失的最终责任在于专业教练员。专注的孩子在应对学校、同伴和父母的压力方面时有很大的弹性，但当这些因素结合不愉快的训练环境、消极的教练员—运动员互动时，不论孩子的个人动力或潜在能力如何，离开的压力都会成为主导。

如前所述，离开一项运动最关键的因素是运动员从参与中获得的心理满足感和总体良好感觉（乐趣）的逐渐减弱。同样，这与“努力训练”无关，但与一种漠然的工作关系有关。在这种关系中，成年人的自我意识优先，动力来自压迫，根本不考虑运动员的意识或觉得他们还只是孩子。当然，他们可能确实有天赋，但是这些体操运动员在核心本质上还是容易相信别人的青少年，他们渴望得到表扬，几乎没有时间开发出应对讽刺、消极和攻击他们自尊所需的武器。大多数情况下，此类攻击都是由竞争激烈的成年人发起的。这些教练员产生的内外压力都是非常现实的，他们会不惜一切代价获取胜利。然而，从长远来看，缺乏乐趣和积极氛围的训练通常不能产生良好的效果，而且最终会自我毁灭。不幸的是，这种“乐趣抽离”不仅会减少人才储备，而且会伤害到青少年。作为家长或教练员，您可能需要阅读第十一章的“退出的决定”，以进一步了解这一重要事项。

这些问题带来的影响确实需要认真对待。这要求我们要真正关注孩子们的需要，但这些需要涉及了体操馆以外的事情，如学校和社会生活。显然，体操馆不是诊所，但它们应该提供一个灵活的组织结构，在适当的时候给予体操馆外的问题一定程度的优先解决权。总体而言，我们必须意识到在不降低运动质量的情况下，有必要保持体操运动员的“乐趣”。仅在口头上说说，不足以让教练员们了解运动员在童年和青春期的心理和发展问题。为了确保这些原则被真正地纳入日常训练中，我们需要采取强有力的措施。最终目标和训练方法应定期由该领域知识渊博的教练员、主管或咨询专家进行监控。任何国家职业教练员发展体系都必须考虑到这些非生理因素，并承认它们与我们教练员的技术水平同等重要。

第七章 认知和情感
——运动表现的影响变量

本章内容的专业技术性很强，但对于我们理解涉及运动表现的各种变量非常重要。其中之一就是我们的认知功能与如何进行技能学习之间的关系，其影响在训练场上已经得到了明确的体现。此外，我们的情感功能（如运动员的唤醒状态、整体压力和处理手头任务的能力）之间是否平衡是决定成功或失败的主要因素之一。几十年来，许多心理学的先驱已经着重研究了这些问题。本章试图将他们的研究进行凝练，并把这些有用的基础知识呈现给教练员和成熟的运动员。

本章重点：

- 右脑型与左脑型体操运动员
- 运动表现的相关因素——注意
- 运动表现的相关因素——压力和唤醒

第一节 右脑型与左脑型体操运动员

长期以来，我们对于人类大脑的功能有着浓厚的兴趣，在这方面的相关研究不仅是因为它具有吸引力，而且因为这些研究对于体操的各个领域有着明确的作用和影响，尤其是在体操的训练和学习方面。下面我们就其中一个跟大脑有关的重要概念进行阐述，看看它是如何影响我们学习的。

大量的文章把研究重点放在了人体运动表现和认知情感之间的关键联系上，这类文章虽然不尽相同，但是相较于多数的研究而言，专业技术性还是比较强的。希望我们所提供的案例和办法能够有助于相关人员对这些概念的理解。

一、左、右脑的概念

或许介绍这一特别概念最好的办法是汲取那些跟在校青年学生在一起的教育者的经验。下面的描述会引导我们理解人类大脑功能“左”和“右”的概念。让许多老师感到迷惑的是，很多学生在面对智力游戏或者某一模型的疑难问题时，会问：“我能看明白是怎么回事，为什么还要看指导语呢?”事实上，有的学生的确能够看出来是怎么回事，而另一些能力很强的学生动用各种解码程序，在诸如“将 a 部分的窄端连接到 b 部分的圆边”这样的指导下，也能找出所需的信息。这些能看明白的学生会坚决地说“不用告诉我怎么做，给我一份图解就好”，而他们的老师也许会说“不用给你图解，告诉我如何做就好”。

在过去，像这样不同的思维方式、记忆方式（例如，有的人会说我不记得他说的内容，但是我可以描述出当时我们所在房间的情况，而有的人会说我不记得在什么地方，但是我记得他跟我说了什么），以及不同的解决问题方式（有的人习惯把问题落在书面上，有的人习惯口头讨论）经常被简单地解释为大千世界中的个体差异。后续的研究把这些不同分为左脑思维和右脑思维，以便给老师和教练员提供建议，帮助学生更快地在课堂内外或训练场内外进行学习。

二、脑半球

脑球体的研究显示，人类的大脑分为左右两部分，这两部分分别控制不同的功能。我们知道，人类左侧肢体的功能表现受控于大脑右侧的脑细胞群，而右侧肢体的功能表现受控于大脑左侧的脑细胞群。因此，这种控制就导致了通常所说的每个脑半球对应的对侧习惯手（例如左脑—右利手或者右脑—左利手）。不同于低等动物，人类从很小的年龄就开始运用大脑来区分数据信息。

左侧的脑半球专门处理那些跟时间推移有关系的数据信息。例如，当你想把现在正在读的、之前读过的和将要读的内容联系起来的时候，就会用到大脑的左半球。左侧脑半球也被称为时间脑半球或者命题脑半球，因为它能感知到时间的跨度。事实上，它也控制着人的语言功能（包括表达、解码、编码等）。人的右侧脑半球主要处理跟空间关系有关的数据信息。例如，当处于一种视觉环境时，你注意到自己身处的建筑物，或者认出一张脸、一个动作，理解一个表格、一张图或者某一形状，这时你运用的就是右脑半球。右脑半球又被称为视觉空间脑半球。

左、右两个脑半球被令人印象深刻且极其复杂的神经纤维束连接在一起，胼胝体把各种形式的信息通过电冲动，从脑半球一侧传导到另一侧，就产生了大脑思维。然而，大脑习惯不会直接导致手的习惯，我们会给双手分配某些任务，比如当右手在指着某一个字或者翻页的时候，大脑会支配左手握紧书本。无论右手正在干什么，绝大多数情况下，我们依然可以有效地利用左手。同理，系统的大脑思维也是每个脑半球对另一脑半球的信息增强处理后的结果。由于遗传，人类个体通常从出生时就有使用左右脑（手）的倾向，然而与惯用手一样，技能的获得与练习有很大的关系。你会发现右利手的钢琴家用左手同样可以弹出漂亮的乐曲，或者雕刻师可以同等灵活地活动自己的双手。

三、练习与能力

如果不进行练习，多数技能的发展会在一定程度上出现停滞，所以舒服地使用优势手（脑），通常会导致劣势手（脑）被较少地使用。因此，能力的缺乏或许从口头或者视觉空间任务的角度来解释，是缺乏练习的结果而不是缺乏天生的学习能力。或许我们的很多读者都善使左手，但却被迫使用右手。因为在传统观念中左撇子是古怪的行为，这种行为意味着不顾历史传统。在拉丁语中，阴险这个词就有左侧的意思。幸运的是，现在早期的儿童启蒙教育中已经基本杜绝了这类带有偏见的训练。

“练习”其实就是使头脑清楚。例如，有些年轻人通过熟悉的右脑就能清楚地了解如何将一个飞机的模型组装起来，或许不会再用左脑进行分析和解构飞机模型。另外，一些年轻人能够用左脑很舒服地阅读和理解复杂的写作结构，就不会再用右脑分析语句的各个部分如何组合了。练习与天生能力同等重要这一假说已经被近期的研究证实。有关研究显示，智力会随着经验的变化而改变。也就是说，根本没有办法让每个人在绝对平等的基础上进行学习。

很明显，脑半球在习惯或者职业生涯的选择中扮演着重要的作用。设计工程师、艺术家、建筑学家等，一定会很轻松地处理各种视觉—空间数据信息。哲学家、作家等一定会很好地管理暂时性的、与语言相关的数据信息，并能较容易地将它们组合成一种观点或者理念。还有一些人能很容易地使用双脑半球。其实，除非是因为某些原因只有一侧具备某种功能，否则每一个人都在不同程度地使用两侧脑半球。多年来，对左、右脑在学习方面的关系，只在医学领域当大脑遭到破坏时进行过研究。实际上，我们是从功能病理学的角度研究当人的大脑或者胼胝体受损时，才开始认识脑半球的问题。

四、教练员的影响

脑半球的问题对于一些教育者有着重要影响，这些教育者试图在寻找更好的方法促进学生在学习过程中或者在补习过程中更容易地学会知识点。很明显，体操教练员也是一种具备特殊能力的教育者，当他们从事与教师类似的工作时，这些影响也会被运用到自己的工作中。一项有关脑半球的测试研究显示，多数学校和健身教练员通过左脑的输入系统把学习指令传达给了学习者，这样其实阻碍了学习者的学习。在体操训练中，一项异常复杂的技能如果仅仅靠简单的信息输入是不够的。很好地运用左脑的体操运动员通常很少运用其右脑。有些运动员用右脑可以很轻松地进行学习，如果他们的左脑没有右脑那样处理信息的机会的话，使用左脑时就会遇到障碍。

人脑研究领域的先哲怀疑，一个几何学得很好但是代数却不及格的女孩，或者一个详细了解化油器却不能通过内燃机系统的笔试的男孩，都是我们对脑半球理解不足的受害者，他们都是此类情况的现实体现。这或许只代表了他们的老师对此规律理解的失败，而不是他们自己的失败。

我们一直被吸引去观察体操运动员的一些行为。当他们刚刚拿到训练教材时，你会发现运动员会采用不同的方式去学习。有些会去读文字，有些会看数字，有些则会全看。绝大多数的方式都会涉及左脑的分析，那就是阅读文字。我们经常会听到教练员提示运动员“图片不准确”“这跟书上写的不一样”。我们也会听到诸如“看起来你好像部分动作或者全部动作做反了啊，这是不是为左（右）撇子写的”等问题。这些问题反映的正是本节的主题，也就是说教练员带给我们的提示是：这些书本应当有非常准确的图示、理想的示范、从各个角度拍摄的图片。尽管这些会明显提高书的成本，但是它可以更便于体操运动员的学习，为他们在弄懂动作方面节省更多的时间。同理，那些有助于完成练习的视频也应该把这些考虑在内。

五、教练员的策略

教练员没有必要过多地关注并精确诊断一名体操运动员是哪一侧的脑偏好（手的偏好就可以提示出来）。相反，他们可以通过以下策略来实现上面的目标。

1. 同时给两侧脑半球提供信息

口头讲解动作时在黑板或其他的设备上进行演示，或者当一名运动员在完成动作时，给其他运动员进行指导和讲解。这些都是很好的方式。优秀的教练员已经将这些技巧运用了很多年，但是近年来我们才知道为什么，以及这种“听”和“看”的双重信息输入对于学习效果多么重要。

2. 增加对异侧脑半球的信息刺激

很明显，脑半球理论只是影响体操运动员学习能力的因素之一，恐惧、动机、身体状态等等，都可能在学习一项新技能时发挥重要作用。但是，改变脑半球输入系统，可以减少和纠正某些特殊的技能学习问题（通常一项特殊技能伴随的恐惧是大脑认知不足的实际反映）。为了强化这种反向刺激，教练员可以先对运动员说：“在头脑中描绘出你的想法，应该做什么？”然后让他们告诉你自己描绘出的画面。或者，教练员也可以在开始的时候说：“如果我们在这幅动作图解中标出关键点的话，应该标在哪里呢？”然后说，“好的，如果用语言表达出来，我们应该说……”教练员还可以让体操运动员把过去学过的东西赋予新的含义，用来解释现在要完成的技能。例如，在教平衡木的前手翻时，教练员会要求年轻的体操运动员理解如何在地板上完成这样的翻转（在这里，我们假设体操运动员都能在地板上完成这个动作）。然后用语言描述出她做了什么和她是如何做的。过去的经验显示，相关的经历不仅可以强化左脑的活动，而且可以让教练员检查出运动员感知的准确和正确程度，以及对当前所学动作的理解。

3. 专门针对一侧脑半球的训练

这种方式被用来训练体操运动员处理某一类信息。例如，看着动作图解，能否用言语表达出来；看看能否找出图解中三个相似的角度；听指导语，看看能否明白教练员所描述的；阅读说明然后回答问题；观察一组的三幅动作图片，然后尽力画出第四幅图片的框架。

专业的体操教练员很早就意识到了增加用言语表达或者写出动作图片和图解中内容的重要性。事实上，这在体操训练中是常用的重要训练手段。随着科技的发展，更复杂的声音（左脑）和视觉（右脑）资料都可以运用到训练中。在实际中，由于市场的混乱、预算的限制、信息的冲突、时间的消耗等因素的系统作用，使得我们对这些技术的追求得以减缓。尽管文中讨论的这些方式有些费时，但是有证据清楚地显示，这些对于真正的消费者——体操运动员来说的确值得。文中提到的一个现在非常有用的设备能够实现这一效果，那就是录像。最初的右脑输入系统，由于被语言这一本属于左脑输入系统的手段强化，实现了效用最大化，同时却最小化地花费了右脑主导的机会成本。左利手的个体可以更有效地学习。当然与此同时，这也强化了左脑型运动员的能力，他们的另一侧脑半球得到更多练习的同时，也可以更好地利用自己的强项——说。就像在第三章的“反馈的艺术：教练员与体操运动员的沟通模式”中反复强调的那样，我们知道得越多，越会用开放的姿态，把它运用到我们对年轻队员的训练中，我们的训练就会越成功。

六、图解

一幅简单的图解可以让某一领域看起来有些复杂的情况变得清晰。例如，一名技能教练员正在指导 15 名年轻的体操运动员完成一个练习。这个练习要求运动员的上下肢要快速地朝不同的方向运动。教练员面对面地给运动员讲解的同时也要示范动作（这种清晰的教学刺激了两侧的脑半球），其中有三名队员比较突出，那是因为他们看起来完全手忙脚乱、不知所措，但是当这一个环节结束的时候，这三个看起来很不协调的孩子也能完成动作了，同时研究者还发现这三个人全都是左撇子。在这样规模的群体中，这不是个例。尽管教练员有时会背对运动员，但是他的动作示范绝大多数是面对运动员的，因为他要看到运动员的动作。通常情况下，如果训练时教练员能够背对运动员更多一点或者在一面镜子面前示范的话，像这三名不太协调的运动员就会在头脑中经历一种镜面反馈，会更容易抓住动作要领。当然，在这么大的群体面前需要花费大量的时间，这很难做到。那么这给我们的启示就是：在集体指导时，主讲教师面对大家时，增加一个模特在前面背对大家，对左侧型大脑和右侧型大脑的学生来说都是一个不错的辅助办法。这看起来很简单，但是在各种水平的技能训练中却经常被忽视。对于不可思议的人类大脑，我们需要学习的东西实在太多了！

七、研究的应用

脑半球的研究发现对于教练员每天的体操训练意味着什么呢？首先，它为体操运动员训练自己两侧的脑半球提供了信息；其次，当发现体操运动员出现错过重点或者没有明白的情况时，教练员应该强化这种已经运用到一侧脑半球的刺激运用到另一侧脑半球；最后，它可以提供给教练员提高体操运动员运用脑半球的熟练性的训练方式，无论是一侧的还是双侧的。

第二节 运动表现的相关因素——注意

体操运动中所有工作最重要的一点就是提高运动员的运动表现。最佳的艺术体操表现是天分、努力，再加上一些运气的结果。本节及下一节将讨论某些相关的心理和生理因素，并把这一部分命名为运动表现相关因素——注意、压力和唤醒。正是由于这些因素的平衡，运动员才会在天分和努力的基础上获得较好的运动表现。

本节主要聚焦于注意这一社会关注点的概念本身，注意在帮助我们理解学习过程中信息处理的本质时发挥的重要作用，以及它应用于运动表现时的局限性。在第七章的“运动表现相关因素——压力和唤醒”中，我们将重点放在压力的概念、最优唤醒状态及其与运动表现的关系。

一、注意的定义

对于该现象一个被普遍接受的定义是大约100年前的实验心理学家威廉姆·詹姆斯写的：

“注意是心理以清晰而又生动的形式对同时存在的若干对象中的某一些，或连续的思维的一种占有。它的本质是意识的聚焦和集中，意指离开某些事物以便有效地处理其他事物。”

尽管詹姆斯的定义是合乎情理的，但现在的研究者更倾向于避免指向在特定场合中我们已经注意到的意识，对注意有了更深的理解。尽管对意识有着强烈的兴趣，但是实验心理学家已经感觉到这种想法不科学，其中一个最大的困难就是如果让人说出自己的意识，个体必须要审视自己的内心。有关研究已经很清楚地说明，人类不擅长描述内心的想法，这种描述经常被曲解。造成这种结果很大程度上是因为对注意的概念与意识的关系，以及研究方法的缺乏。此外，其他的方法也已经被运用到对注意的研究。

当前盛行的一种说法是，注意是一种从环境或者记忆中提取出来用于处理信息的有限资源。我们相信当某一种活动需要注意时，另一种也需要注意的活动就会受到影响，因为看起来需要同时注意的事情是有限的。一项活动干扰另一项活动，就会分散我们的注意力。这些干扰模式是我们通常认为的注意的操作性定义的基础：如果两项任务可以同时操作得像单独操作时一样好的话，至少说明其中一项是不需要注意的。另外，如果任何一项任务联合其他任务一起操作，完成都不太好的话，说明两项任务都需要注意。例如，在平衡木上完成动作需要大量的注意，因此在完成动作的同时，记住你告诉她的数字是非常困难的事情。相反，一个人走在熟悉的街道上时却可以相对好地进行心算，这是因为走路是相对简单的技能，它需要很少的注意。那么，从各种活动之间是否被干扰的角度来说，注意就可以这样定义——如果他们去做，我们会说他们要用心去完成，或者需要用心。这种定义相比作为意识的注意力的定义来说更具优势，因为它会让自己去体会过程（衡量两种活动之间干扰的程度和大小），而且不需要自省后的自我描述。

二、结构性和能力性干扰

想想看，我们就会发现没有比任务之间的干扰更能解释注意的定义。在同一时间段，各种任务之间会有大量的干扰，很难说这是由于中央信息处理限制造成的。回到关于平衡木的例子，如果被要求在做连续翻转的同时还要对一系列的光刺激做出反应，那么这两种活动都会受到影响，因为这两项任务的完成都需要眼睛的参与。这就是我们说的“结构性干扰”的典型事例。通常，如果两项任务同时被操作时需要感受系统（比如用眼去看）或者效应系统（比如动作反应），那么这种干扰就来自完成这项任务需要的同一个输入或者输出系统之间的竞争。

第二种干扰就是当同时执行两项任务时，因为个体有限的中央信息处理能力造成竞争导致的干扰，即“能力性干扰”，一般通过完成一项任务而产生的减量来测量。因为跟一项任务要同时完成的另一项任务也需要一定的信息处理能力。在这种构想中，能力就是注意的操作性定义，也就是说能力就是完成任务所需要的一定量的注意。为了能估算出能力干扰（注意）的量，就需要这两项任务不存在结构性干扰。如果一个人被要求根据视觉刺激做出手部动作的同时，要对声音刺激做出声音回应，那么就很难说这两项任务存在结构性干扰。因为两者的感受器不同，效应系统也不同。如果这两项任务出现了干扰，那么就很可能是处理能力的竞争了。

教师、教练员、父母等都经常听到别人对不同年龄的人说“请集中注意力”。“集中”在英文中可以翻译成“pay”，这是贯彻要求的一个非常合适的方式。因为对某些事情注意需要付出代价，即要付出大脑的能量。需要在一项任务上注意的命令越强烈，我们要用的能量就越多。这是对注意进行操作性定义的另一个方法。

在体操运动中，动作的完成需要大量的能力处理各种信息，但经常也会出现失败。基于这种想法，我们或许可以就多种能够反映付出的努力的生理测量，给注意下一个定义。最常用的一个测量努力的方式是瞳孔的直径。这种测量需要运用非常复杂的技术来完成，在测量的过程中不能干扰眼球的运动。研究清楚地表明，受试者在压力增加或者任务变得更困难、更复杂的情况下，其瞳孔的直径会大幅度地增加。当受试者处于放松状态或者对其注意要求比较低的情况下，他们瞳孔的直径会显著减小。

在体操运动中，许多技能的要求非常复杂，这需要体操运动员非常精细的感知觉的调整。在此过程中，注意力的下降通常是由于能力性干扰（超负荷）而非结构性干扰（这种刺激需要同样的感受器和效应器）。对训练中的常规性内容进行审核，以降低各种潜在的结构性干扰，可以提高完成动作过程中的信息处理能力。

三、注意的概念

当我们把注意作为影响运动表现的因素的时候，还有一些相关的概念需要我们考虑，这涉及我们说的“选择性注意”和“自动化处理”。在体操其他高危、快速反应的技能类项目中，这些概念是注意的重要部分。

四、选择性注意

对选择性注意的机理，我们可以参考“政党模型”。例如，在一场很嘈杂的大聚会中，周围有很多人在交谈，当你发现有个人说的是你关心的问题，但是又很难忽略周围人的谈话时，你会发现自己虽然朝着面前的人点头，好像听懂了他说的内容，但其实你用耳朵听的是另外一边的谈话。也就是说，通过努力，各种谈话是可以被分开的。在听力二分法范例的研究，以及从“政党模型”的观察中，我们可以发现所有的听觉信息都是在不需要注意的情况下被大脑平行处理的，某种机制会阻止我们的注意力被无关的声音信息拽走。这种特殊的机制就是选择性注意。当某种声音与我们是相关的，那么就会被允许通过，然后就会被处理和被注意到，而其他不相关的信息则被挡在了外面。在体操运动中，选择性注意是非常重要的，因为在大型比赛中有许多的外来干扰，运动员必须完全专注于手中的特殊任务，丝毫不能对外界事物分心。在此方面的研究可以查阅第一章的“优秀青年体操运动员的心理特征”。

五、自动化处理

另一个重要的概念就是自动化处理，它也在运动员取得好的表现中发挥着很大的作用。像在体操这样的复杂动作行为中，运动员经常需要完成两类动作，但这两类动作并不通过同一个输入或者输出系统（也就是说不存在结构性干扰）。在平衡木上完成一个侧空翻，要求运动员在空中两腿并齐还要注意落地的平衡，即需要保持高度的注意集中。有关研究清晰地表明，完成的动作越复杂，一旦被完全掌握，比如像在平衡木上完成得很好的成套动作，在完成的过程中就越需要很少的注意。即使在体操这样的高强度运动上，这一点也是成立的。实际上，此时运动员的动作已经在某种程度上自动化了，这被称为自动化处理。换句话说，在体操运动中，练习当然可以帮助运动员的动作完成得更好，不只是因为它可以给运动员信心，提高他们动作的外部表现，更是因为练习可以降低运动员注意能力的过度消耗，让他们得到很大程度上的恢复。

体操的成套动作中包括许多难度很大的动作，组合成快速的动作串后，对运动员注意的要求很高。只有通过大量的练习，才能使大量的技能动作达到自动化，这样注意才可以成功实现其功能。教练员们或许可以通过参考《心理与生理训练全手册》来帮助运动员达到这种水平。

近年来，神经学家对大脑工作原理的研究为我们进一步理解自动化处理这一现象作出了很大的贡献，特别是在运用复杂技能时。他们相信这些复杂技能的自动化需要较少注意的生理基础是因为唤醒控制系统。网状激活系统从大脑的核心向上，以维持大脑皮层活动的脉冲冲击大脑皮层。当这种脉冲消失的时候，我们就会感觉到困倦。看起来是网状激活系统的一部分以一种高度选择性的方式控制我们清醒的程度，这可以被概念化为我们注意的调节。当通过练习有些变得比较习惯或者比较不习惯的时候，最小化的脑能量输出将最先在运动系统表现出来。在运动过程中，当某些意想不到的事情出现时（比如从平衡木上掉下来或者分散注意力的噪声），大脑会立即重新定向，把一切拉回原来的轨道。此时，在人体的脑电波上会有一个比较明显的上升标志。在平衡木的整套动作中，任何方面的任何变化都会引起唤醒的重新定向，进而影响我们的表现。事实上，我们的大脑会施加不同程度的注意，以持续感知、监控、预判各种来自各个角度的刺激，这一切的基础是通过练习形成的一定程度的自动化和特殊技能能力。这就是较少使用注意的典型解释。

六、注意的要求

神经学家和技能专家帮助我们明白了另外两件事情，一件是当信息处理越接近动作反应的时候（设置一套相当难的平衡木动作，通常需要暂停一下去集中注意力)，对注意的要求就越高；另一件是当面对的任务难度提高时，干扰因素的作用就会越小。当完成一套难度较大的动作时，打断其注意力会比完成一套相对简单的动作时要难。

一件很有意思的事情是，上面描述的重新定向需要 150 ~ 200 毫秒，也就是1/5秒的时间完成，这实在太快了。通过观察我们发现，人类对输入的刺激会用连贯的动作做出反应。研究已经证明，人类的运动系统需要大约 200 毫秒来组织，任何两个动作之间的连接都会大于 200 毫秒。这种发现也许令人震惊但是通过对其心理不应期（收到两组相近的刺激后的反应延时）进行技能行为分析后显示，这就是人类可能的工作方式。

让我们想象一下体操动作，还是拿平衡木来说，当一套很熟练的动作将要以下法而结束，基于前面的讨论，我们或许可以假设当体操运动员接近完成难度动作的时候对于注意的要求会变得更高，这就是整套动作的最终“响应模式”。体操运动员随时都有可能掉下器械，但有意思的是掉下器械经常发生在很多高难度动作都已经完成时，此时他们已接近下法了。这种小的注意分散或许表示体操运动员没有将整体注意力成功地分布，或者在之前成套动作中的掉落或小的晃动引起的重新定向已经花费了太多的精力，影响了他们注意的恢复。你也可以从《平衡木上——体操运动员保持稳定指导手册》这本书中得到更多的关于此方面的训练信息。

七、与运动表现的关系

上述我们讨论的概念，作为专注和注意非常重要的方面，它们与运动表现之间的关系已经非常明显了。还是以平衡木为例，我们可以看看高水平的运动员是如何进行调整的。仔细阅读他们的研究很容易就会发现，这些运动员在“注意”时眼睛不会突然发光，也就是说，当遇到外界干扰时，她们不会把注意力从平衡木上抽出来。

人们自然会问：“一个人可以提高自己注意的能力吗?”对此不同的人有不同的看法。有些学者认为一个个体的注意能力是固定的，因为人类大脑的信息处理能力是有限的；而也有人相信，如果没有结构性干扰的话，一个人的注意能力可以得到提高。尽管提高注意能力的方法不是本文的主题，但下面的几个想法或许会有帮助。我们已经提示过练习有助于技能的自动化，能够提高体操运动员注意力的调动能力。因此，我们得到的提示就是：练习、练习、再练习！刚开始练习平衡木的运动员经常抱怨，如果她们在平衡木上的时间较长时，计时器的提示会影响她们的注意力。这些外部干扰破坏了注意力，并引起了运动员的焦虑。大多数的运动员会学着如何在完成动作时面对音乐、谈话及其他的干扰等。像其他人所说的那样，为运动员在比赛中做最好的准备，包括提高和巩固注意力，就是在训练的时候模拟比赛环境。例如，用下面的手段定期进行模拟训练：限时准备活动、适应性练习、有观众或者裁判员的训练、制造噪声等。

最后，还有一种更好用也更残忍的方式，暂且叫“马西莫”方式吧（实在想不出更好的名字），它被用来提高运动员的参赛能力而不是注意分配的能力。还是拿平衡木来说吧，在运动员完成套路动作的同时，用语言反复进行干扰，但不是用平常的谈话或者指导的语调，而是用各种低沉、放声大吼或者命令式的声音，喊出运动员的名字。在这种干扰之下，运动员需要巨大的能量来忽视干扰，并对主要任务保持注意力集中。因为从小我们就被教育当听到别人喊自己的名字时要做出反应。教练员会逐渐地掌握这些常见的方式，当然这也非常困难。这种训练及类似的训练都会提高体操运动员对运动本身的注意力。当然在训练时教练员需要事先告诉体操运动员无论听到什么都要专注于自己的动作。很明显，在这种训练方法中，教练员也应该运用言语动作诊断，而不仅仅像这套动作中那些最初的简单刺激方式。要准备好，这是一个较大的挑战。

八、总结

综上所述，我们的总结如下：

(1) 注意已经被定义为处理信息的能力，与意识有关，是有限的；它在一定程度上可以通过相互干扰的任务来测量；

(2) 当两项任务具有同样的感受器、效应器及储存机制的话，结构性干扰就会发生；

(3) 能力干扰是因为注意的有限性，多数研究表明，在信息处理的初级阶段不需要太多的注意，而在信息处理的后期（或者任务更复杂时），对注意的需求会大幅上升；

(4) 高水平的体操运动员在完成动作时具备抵抗外界干扰和选择性注意的能力；

(5) 训练越多，越有可能出现技能的自动化，越需要较少的注意；

(6) 保持注意需要体操运动员具备转移关注点的能力。

下一节，我们将讨论与体操运动员表现相关的两个关键现象——压力和唤醒。

第三节　运动表现的相关因素——压力和唤醒

在上一节中，我们已相当详细地分析了注意。我们将注意定义为运动员持续处理信息的能力，而且前文已经说过，注意在一定程度上可以通过相互干扰的任务来测量。当我们需要采用同样的感觉器官获取信息或者同样的运动器官去完成动作时，保持注意就会出现问题。我们把这种问题称作结构性干扰。关于注意的另一个推断与运动员个体的限制有关，那就是能力性干扰。我们每个人都是不同的，也包括完成任务时的注意能力。前文中我们指出了优秀的体操运动员可以做到选择性注意和抵抗干扰。最后，我们还说通过更多的练习可以更好地实现动作自动化，它让我们在成功完成动作时需要更少的注意。这会使体操运动员大脑更为有效。通过这种方式获得的“有效”，可以让体操运动员更好地控制自己需要在信息处理时投放多少精力。这也就使得体操运动员可以根据需要，把注意力从关注诸如平衡木上的位置、看自己的膝盖等外部信号，转移到像延伸感、绷紧等内部信号上。从宽的内外部专注转化为窄的内外部专注的能力是保持注意的关键。

一、压力和唤醒

本节我们将看一下与运动表现相关的另外两个因素，即是压力和唤醒是如何影响注意及运动表现水平的。尽管我们在日常用语中可以很好地说出压力、动机、唤醒、激活和焦虑等的概念，但是用肢体描述把它们区分开却并不容易。例如，当某人处于高度唤醒状态时，我们可以将其描述为：一种警醒状态，瞳孔扩大，心跳加速，出汗增多，等等。但是当人在压力下或者动机水平较高时，我们也会看到类似的现象。我们发现这些状态很难用物理方式进行测量。但是在行为上还是可以看出差别的。比如，一名高度唤醒的体操运动员和一名感到恐惧的体操运动员，都会出现心率变快和出汗的现象，但是感到恐惧的运动员会有害怕的表现（诸如退缩、流泪等），而高度唤醒的运动员则不会表现出恐惧行为。甚至，他们的面部表情都会明显不一样。

作为重要的相关因素，我们需要更好地分析一下唤醒和压力。笔者将唤醒定义为体操运动员被激活的程度。这个程度的范围从睡眠时的很少激活或者没有被激活到适合参加比赛的最佳竞技状态。在这个定义中，唤醒主要指神经系统方面，简单来说，就是体操运动员在完成动作时付出了多少的精力。

此外，压力和动机也可以被看作是具有方向性的，不是指神经系统。压力通常被认为是可以导致个体进入或者逃出不快乐状态的一种负面情绪。动机通常被认为是积极地，是能激发运动员朝向诸如良好的成套动作或者高分目标的动力。动机和压力指明了体操动作的方向，唤醒水平则限定了完成技术动作所需要的或者避免的紧张程度。在第四章的“控制点和训练效果”中有更多的关于这方面的信息。

二、唤醒的最优水平

在“倒U假说”（Yerkes and Dodson）中，唤醒可以影响运动表现。也就是说，每名运动员都存在唤醒的最优水平，可以促使运动员出现高水平运动表现。如果体操运动员低于或者高于唤醒的最优水平，那么他的运动表现将无法达到最佳。我们经常会听到教练员说一名体操运动员的状态正在点上，那就是为什么他能成功了。也就是说，比较高的唤醒状态会有比较好的表现。

事实上，大量证据显示最佳的运动表现基于特定水平的唤醒，太高或者太低的唤醒都会导致运动表现的显著下降。找到每名体操运动员的唤醒峰值是一个重要的挑战。

有一个关于唤醒水平、注意力和运动表现的不错想法，即线索利用，让体操运动员在周围环境中获取线索以帮助他们提高运动表现。当唤醒水平升高时，利用线索的通道范围就会变窄，同时周围环境中的次要因素就会被阻挡或者被忽视掉。随着唤醒水平的提高，虽然利用线索的通道范围会变窄，但在这条变窄的通道里面，注意在不同输入信息之间的转换却会加快。注意的这种转换会使大脑在预期的事情发生时，反应加快；当发生意外时，大脑的反应则会变慢和或出现意外的反应。

研究显示，高水平的唤醒可以引起我们对太多不同资源的直接注意，思维会在点和点之间跳跃。这通常会导致灾难性的干扰。在这种情况下，有些资源提供的无关紧要的信息会让重要信息被错过。当处于过高水平的唤醒状态时，体操运动员在重要信息和不重要信息之间进行选择的能力就会被削弱。过度的唤醒和压力会导致体操运动员注意和处理的信息的数量下降。那些本身注意能力较弱的体操运动员，这时身体就会变得僵硬，会出现明显的错误。然后，运动员开始关注自己的内部状态，即关注自己的心率和焦虑情绪等，在自己的各种想法中迷失。在这种压力、唤醒条件下，我们就会看到真正的运动员恐慌，也就是在实际比赛中的“Choking”（注：心理学名词，意指反胜为败、表现骤降，与黑马现象相反）现象。

三、唤醒与比赛

在长时间的比赛中全程保持适当的唤醒和线索利用的水平是非常困难的。比如说体操运动员在比赛的早期出现头痛或者脚趾拉伤的情况，那么运动员把注意力从外部转移到内部的事情就会经常发生，实际上他们会关注自己的疼痛和不适。这些会导致他们唤醒水平的提升，进而可能会出现外部线索被忽略掉、专注被打破、动作套路被不当打乱等问题。根据经验，体操运动员能够处理类似的干扰，因为他们已经学过如何客观地处理类似的疼痛（当然是在没有完全不能动的前提下），会把这种疼痛与比赛分开，使得比赛可以继续顺利地进行。他们之所以可以做到这样，一方面是因为他们相信自己，并且可以运用曾经的失败来帮助自己面对压力；另一方面是因为新手没有经验，所以很少可以成功地运用各种协助手段。如有类似的其他问题，在《训练》和《体操运动员自信心提升指导》这两本书中你可以得到更多的帮助。

根据目前我们讨论的观点，在体操比赛中运动员需要较窄的注意通道，这要求运动员首先要注意比较重要的外部环境信息。不同的运动项目需要不同的唤醒水平。相比于比赛时间较长的需要较窄的注意的鞍马、平衡木套路而言，像跳跃这类短暂的高能项目需要更高的唤醒水平。但是在这些项目中，过高的唤醒水平也会在很大程度上使体操运动员的运动表现水平降低。

四、个体不同

我们已经说过，不同的运动员的自我唤醒能力会有不同。有一些体操运动员看起来从来没有达到兴奋状态，很显然是因为他们的自我唤醒点比较低，自身比较冷静。另一些体操运动员当面对比赛压力的时候就会变得比较焦虑甚至亢奋。这些赛前状态并不能预测运动员的表现。我们也曾看到有的运动员过于冷静会降低运动表现，而有的看起来紧张的运动员在状态到来的时候也会表现突出。教练员和运动员或许会对《赛前焦虑与蝴蝶效应》一文感兴趣。

运动员在唤醒—焦虑方面的差别可以通过调查问卷测量出来。有些信息可以区分出运动员个体的焦虑根源。状态焦虑可以通过类似的问题来评估，如你现在很担心你的运动表现吗？肯定的回答会显示某项运动的焦虑水平，这种焦虑的状态会根据任务随时间的变化而不同（比如在平衡木上向后走时的表现很好，但是在完成后手翻时却感觉压力很大）。我们提到的另一种焦虑叫作特质焦虑，它可以通过一些问题来测得，如你通常会担心你的运动表现吗？肯定的回答会显示焦虑倾向或者整体焦虑。这种倾向在运动员完成一项技能或者一个动作时不会随着时间的改变而改变，是一种相对稳定的个性特征。但是有关研究显示，这些具有高度特质焦虑的运动员在特殊条件下，面对一项既定的技能任务时也会表现出较高的状态焦虑。这样想来，特质焦虑的变化告诉我们有特质焦虑倾向的运动员在特定的环境条件下也容易感到压力。

如果在技能完成时的自我唤醒能力是由特质焦虑决定的，那么它在如何激励不同的运动员时将发挥着重要的作用。具有较高特质焦虑水平的体操运动员在面对一个动作时，不用外部的刺激就会达到最优唤醒水平，因为他们自身已经在某种程度上进行了自我唤醒。我们会发现教练员如果过多地刺激高特质焦虑的体操运动员，使他们的自我唤醒水平超过应有的水平，或许会降低体操运动员的表现。反之亦然，就外部压力来说，对低焦虑特质体操运动员的刺激或许会不够。这些看起来都很明显，但是对此忽视的教练员却一直很多。

五、技能获得

我们在前文阐明的另一点就是技能练习会影响唤醒水平和运动表现。在练习的过程中，新的任务会让特质焦虑的体操运动员压力倍增。随着练习的增加，较低的唤醒状态出现，动作的成功率也会提高。例如，当一名年轻的体操运动员第一次在地板上尝试后空翻两周时，通常在第四次或者第五次试做时更容易成功。这并不是因为掌握了更多的技术要领，而是因为在唤醒上有了一个轻度的降低。如果知道一名体操运动员非常焦虑，那么在早期学习阶段就应该采用不同的方式给运动员提供技术学习材料。

随着练习带来的技能水平的提高，运动员需要提高唤醒水平，以保证能够产生最大的效果。对一项技能的习惯也有一定的负面影响，为了能表现得更好就需要更多的唤醒，而且需要把“注意”从类似总想着动作失误这样的内部信息转换到关键外部信息上。技能越是反复练习，达到自动化，对注意的需要就越少，体操运动员也就越容易适应高唤醒和高压力的状态。

六、总结

在学习和完成体操动作的过程中，各种与运动表现相关的因素都非常重要。从这个角度看，注意、唤醒和压力之间的平衡导致了体操运动员的努力得以升华。对教练员的启示就是，之前我们已经讨论过的这些因素之间的相互作用，以及体操运动员的身体表现和注意、压力和唤醒的状态存在联系。

第八章 掌握体操心理训练

培养和掌握心理技能对于提高体操表现至关重要。基本的表象和可视化、专注度和注意力、放松和控制焦虑都是体操运动员可以学习和掌握的技能。此外，本章还讨论了如何在年轻体操运动员和高水平体操运动员的训练环节应用基本的心理技能。

在将心理技能与目标设定艺术相结合，提高运动表现，增强自信心和表现力这方面，还有很长的路要走。为了建立目标，我们解释了目标设定行为中涉及的基本准则。我们还提供了具体的操作步骤，既便于体操运动员设定个人目标，又便于教练员将其作为有效的训练工具来使用。

本章重点：

- 年轻体操运动员的表象训练指南——“老电影”
- 竞技体操运动员心理训练
- 目标设定指南
- “我的目标是……体操运动员的计划”
- 把目标设定作为训练工具
- 目标设定的十大提示

第一节 年轻体操运动员的表象训练指南——“老电影”

如果按照本节的标题，“老电影”（the late movies），你可能会误解我们将要讨论的内容，可能会想立即停止阅读。其实，我们将谈论的这种“电影”的屏幕在你的脑海中，是由你自己来操作的。

大多数人的脑海中都会想象这些场景：我们将自己视为英雄，有时会想象伟大的冒险情景。这通常发生在我们做白日梦时，当然有时候也会在我们晚上做梦时发生。事实证明，通过练习我们可以在头脑中打开和关闭自己的“电影”，并在清醒时拍摄任何数量的事物。我们实际上可以打开一种“电影文件夹”，选择一个简短的主题，然后在我们自己的“屏幕”上运行它，而不仅仅是一个随意的白日梦。此外，我们还可以选择“电影”的色彩，或黑白或彩色。有时你可以在比赛中看到这种情况，有些体操运动员在比赛之前似乎正在脑海里完成自己的套路。有些体操运动员会随着自己的心理排练配合手部动作和身体移动，这些移动与“电影”一起描绘成像。许多体操运动员发现这是为即将到来的运动做好准备的一种很好的方式。

我们想与你讨论如何使用大脑内存来显示电影或场景图像，以帮助你可视化，这或许可以帮你提高学习技能、动作组合或成套动作的效率，而不是通过简单的“放电影”来激活或放松自己。一旦掌握了窍门，你还可以在其他领域尝试一下。研究和来自尝试过这种方法的体操运动员的反馈表明，它确实帮助了大约80%的体操运动员。你是这些体操运动员之一吗？和其他事情一样，一个人通过练习可以提高能力。正如训练和调理身体一样，我们也应该给大脑同样的机会，因为体操运动员知道这个事实，那就是身体和大脑是紧密联系在一起的。

在使用心理训练来帮助体操运动员之前，你需要学习如何打开并升级你的“电影剧本”，以及如何进行表演。你需要从基本的表象训练（MIT）开始。虽然表象训练可以通过教练员或教练员的指导，用文字操作“电影”来有效地完成，但我们将把重点放在让训练体操运动员自己负责整个过程这个方面。根据年龄，你可能需要先从你的父母或教练员开始，熟悉心理练习，然后继续完成整个过程。首先简要介绍一下从初学者到高级表象训练的程序。

一、初级课程

首先，我们应该在舒适而放松的环境中进行训练。表象训练时你可以站立、坐着或走路（如果你擅长的话）。但对于初学者，我们建议你躺在舒适的地方，双臂放在身体两侧，关键是要像在观看将要在你上方某个地方播放电影一样安顿下来。电影在天花板上，而不是在你面前的屏幕上。虽然许多运动员可以睁着眼睛进行表象训练，但我们强烈建议你先试着闭上眼睛。哇，天黑了！

一旦你准备好观看演出，接下来就是做几次长时间的深呼吸并放松一下。尽量让你的头脑更加清醒，因为此时可能已经有了一些图片或视图在你的脑海中旋转。有些场景可能很有趣，但请不要笑。放松了吗？好的，那我们开始。

现在试着减轻黑暗，尝试在你的“思维之眼”中描绘一个开放的空白空间，非常像一个大的白色电影屏幕。这可能需要做一些努力，因为有些我们曾经合作的年轻体操运动员说，他们头脑中的屏幕太大，甚至没有边际。这没关系，不要将过多的关注用于限制屏幕的大小，试着放空自己，将注意点集中到空白区域。现在，在空白区域的中心有一个小红点出现，慢慢地让它长大，直到它填满整个屏幕，使你的屏幕有了颜色。任何红色都可以，浅红、深红、粉红的，随你。当然你可以试着在填充屏幕时更改颜色的色差。完成后，让颜色收缩回小圆圈直至消失。呼吸和放松。如果有情节开始出现在屏幕上了，你只需观察它们，但不要让自己深陷其中。尝试再次将屏幕清空，用不同的颜色反复练习。如果这些都能很好地完成，那就试着想象看到一束或者多束彩色光束穿过你眼前的屏幕，你可以试一下看看一束或者多束哪个更容易一些。最后，清除屏幕的内容并做深呼吸，再来一次。

体操运动员请记住，完成这些需要付出努力，并不是那么轻松。如果你的屏幕出现混乱或者可能因为某天精神状态不佳而无法播放“电影”，请不要气馁，或许明天就可以了。在你第一次尝试时，如上所述简单地调整颜色后，你可能就会想停止练习。其实，建立表象需要一定的时间，也需要很多专注。

如果在这个节点停止了练习，第二天重新开始时，你应该从同样的练习开始。那些“电影”的准备工作可以逐渐减少甚至最终消除，之后你可以很快地进入主要环节。不过一开始很少人可以做到这样。

下一步，在空白的屏幕上，尝试让一个常规大小的透明玻璃杯出现。它是空的，但很清楚。从底部开始，把红色的果汁非常缓慢地注入玻璃杯直到中间位置，然后停下。在屏幕上仔细观察它。然后清空杯子，只剩下空杯子在屏幕上。重复这个动作，在玻璃杯里填充不同颜色的液体。记住每次只填充一半。一直反复做“清空杯子——回到空白屏幕中间的玻璃杯上”这样的练习。如果其他东西突然出现在屏幕上，看一看，但要将注意力集中到“电影”中，也就是回到空白屏幕中间的玻璃杯上。然后再回到红色果汁，慢慢地将玻璃杯填充到顶部边缘，但控制不要让它溢出，然后再次把它清空。用不同的颜色重复这个练习。或许你想尝试在玻璃杯中添一些冰块或吸管，这样也行，但是要专注于玻璃杯中的液体。然后回到红色果汁，再来一次表象训练。但这一次，将果汁填满到杯子口上，然后慢慢地让它从杯子里流出来，流到屏幕上。哦，然后怎么办呢？再次清洁屏幕，并深呼吸一两分钟。保持清醒！继续进行表象训练。

我们现在准备来点恐怖的！清除屏幕，在上面画一个电视或电影中的特殊形象，但不能是人。尝试在头脑中画出一个非常清晰的角色形象。尽量不要让它做任何事情，只要站在那里，从屏幕上盯着你看。这是不是很恐怖？下一步是让你的角色在某一个场景中四处走动一下，这个场景可以从电影中摘取也可以自己创造一个。此时，真正的挑战是在屏幕底部添加一些单词，简要描述图片中的内容，就像带翻译字幕的外国电影。不要太复杂，但要确保你真的可以看到这些单词并阅读它们。完成每一步之后做一下深呼吸，然后反复练习。

继续，试着让一张像你的房间一样熟悉的图片出现。环顾四周，看看你能否立刻勾勒出它的样子。花一分钟在这里，然后尝试想象你的体操馆。例如，试着慢慢走进去转一圈，看看各种器械，看看上面有没有名字，是什么颜色。继续观看，将自己置身其中。

紧接着的训练要再迈出一大步，想象一位你的家庭成员。尽可能多地描绘出细节。然后想象一名熟悉的体操运动员，可以是认识的人，也可以是奥林匹克运动员，仔细描述体操服的剪裁、颜色、条纹等。然后观察屏幕中自动出现的图片，但思维不要被带走。清理屏幕，深呼吸两到三次，睁开眼睛。创建个人“电影”的第一课就结束了。

二、中级课程

下一次表象训练应该在第一次的基础上开始，但你需要很快地在体操馆找到体操运动员。然后花点时间尝试新的练习，那就是尝试从中找到自己。如果你无法清楚地描绘出自己的图像，至少要描绘出一名体操运动员。尝试看到更多的细节。接下来，试着看看自己在体操馆的样子，观察自己的穿着，看看周围发生了什么。

很好，在这种情况下，将你的“电影”运用于某些特定目的。选择一个项目，准备开始练习。在屏幕上，你自己或其他体操运动员正在完成某一套路动作，尝试尽可能地看到更多的细节。看一下器械、垫子和整个场景。接着放大体操运动员的照片，并把体操运动员和器械之外的其他因素排除在外。如果都做好了，那就差不多了。深呼吸一下。现在继续在头脑中进行非常详细的练习，看看完美无瑕的助跑、完美的成套动作和稳定的下法。转身，面对裁判员席，然后在热烈的掌声中离开。要非常认真地完成成套动作，不要重复任何单个动作。试着让全程没有任何错误。

现在把刚才的练习再重复一遍。但这一次不要太过执着于图像。如果过程中出现个别动作错误，那就让它自然重复。通常如果你想象中的形态存在缺陷，我们的大脑会对这些创造性的画面进行调整、纠正，因为我们知道自己需要的是什么。这些无意识的转变允许“更深层的你”纠正画面。通过练习，我们可以知道什么时候倾听内心的声音，就像有个导演来播放这个节目。在第二次重放影片时，允许任何纠正和改变的发生。试着去“感受”那些完美的纠正。当进行纠正时，试着在屏幕底部看到与纠正相关的文字，也试着听到自己或教练员的声音（如夹紧臀部、展肩等）。当锻炼结束时，表扬自己做得很好（如很好、我知道我能做到等）。要确保你和教练员的纠正是积极的和有建设性的，可以帮助你正确地学习技能和动作套路。每次练习之间，记得深呼吸两到三次。在下次训练前要清空屏幕，放松。多练习几次，直到成套动作完美地完成。

三、高级课程

表象训练中，还可以进行训练的是动作的流畅或节奏（在你头脑的影像中，可以加快或放慢速度），伴随思维，作用于跳马中正确的上马和稳定的落地。通过表象训练可以让体操运动员形成一定的呼吸模式，帮助他们正确地呼吸。体操运动员也可以把注意力放在神经系统的稳定上。平衡木就是一个很好的例子，许多女孩似乎需要从平衡木上摔下来，因为一旦这种不幸发生以后，她们就会放松下来，后面的训练就会完成得相当好。表象训练能帮助我们解决这个问题，运动员可以通过观察从器械上掉落的图片，感受掉落时的紧张程度。之后他们需要反复感受掉落过程，纠正动作，再次练习，并尝试从开始到结束努力保持适当的紧张或活跃度来成功地完成动作。这需要大量的练习，因为在体育运动中很少有奇迹发生。

表象训练还可以用到不同的地方，因为在实际的训练中，你可能会经常把注意力放在动作套路中容易出现问题的细节或者主要部分。在这种情况下，你可以让这些特定的错误点反复出现在你的脑海中，或者所谓的屏幕上。信不信由你，这种努力通常可以提高你的注意力和信心，并减少习惯性的错误。它还可以通过在头脑中解决这些问题，让身体真正“感觉”到正确的运动，从而减少对身体的内耗。

一旦你掌握了这些，就可以采用多种不同方式的表象训练来提高体操水平，因为熟练掌握了某一个方法后，你就可以在“放电影”的过程中发现很多不同的内容。顺便说一句，在看完真正的动作录像后再这样做，可能会更有助于训练。如果你的教练员愿意帮助你进行表象训练，也可以逐渐尝试另外一种形式。你可以跟你的教练员一起制作表象训练的影像、配音。我们之前提到过，这显然必须针对特殊的心理问题，并一起谋划。教练员可以为你在脑海中看到的视觉图像提供口头伴奏。表象训练也需要你在完成一天的训练后，在床上回忆训练的场景，再次“访问”你喜爱的或令人沮丧的体操馆，然后慢慢进入梦乡。

四、总结

本节有关年轻体操运动员的标题是“老电影”，并非随意为之。建议大家尝试在每晚睡觉前留出一段时间（比如 15 分钟）进行表象训练。躺在床上这个熟悉的环境中，你有可能会很快睡着，但在这样相对隐私的环境中进行训练往往会更容易。此外，研究表明，我们入睡前的这种最后的意识体验可能会在大脑中得到加强。在下一节“竞技体操运动员的心理训练”中，你可以更深入地了解更多高水平运动员的心理训练。

第二节　竞技体操运动员的心理训练

体育心理学领域的许多专著表明，心理训练看起来是一条运动员通往成功的捷径。总的来说，努力和奉献是不可代替的，有些所谓的“成功魔法”我们应该慎重地对待，但是一直以来，心理训练这种特殊的方法在实验室中和训练场上被得到证实，即心理训练可以对那些正在奋斗的运动员有所帮助。有许多自控性的心理训练经受住了时间的考验。应该永远记住的是，应用心理学的一个基本假设是所有的个体都是独特的，尽管特定的发展性和环境性因素对人类的影响似乎是普遍的。应用效果的好坏完全取决于个体的态度、动机、背景、准备情况、其他个体条件，以及专业人员充分利用各种积极因素来处理事务的能力。

一、心理训练概述

令人兴奋的心理训练已经进行了一段时间，其中包括那些旨在让我们以非常戏剧化的方式实现完全放松的试验。试验表明，当心理训练被用于放松时，可以使运动员降低心率，并且可以让他们肌肉的张力远低于正常值。在某些方法中，当运动员的身体和心理都处于放松状态时，甚至可以实现技能的可视化。

当使用心理训练来激活一个人时，实验已经表明，肌肉的紧张程度与心率一样会上升，身体的激活量会增加并可以持续很多天高于正常水平。这意味着这个人能够在更长的时间内，表现出非常积极的行为方式（竞争）。心理训练还有助于伤病的恢复，在竞技体育领域，学会放松和自我提高是运动员训练的重要部分。以上是心理训练的一些特殊用途，通常在临近比赛的时候使用。

简单地说，所有这些方法都是一种自我调节的方式，在提高运动表现方面有着显著的效果。运动员自己就能使用这种方法，或者也可以由熟悉心理训练的教练员在运动员个体的基础上或以小组的形式完成。如果团队士气高涨，团队在过去运行良好，同时又能尊重每一个成员的个性的话，由专门的教练员进行心理训练似乎效果最好。至关重要的是，教练员要比普通人更熟悉这项运动，这样的经验将有助于最大限度地提高运动员的训练效率。

这些心理训练的程序可以应用在以下几个方面：

（1）提高任何运动项目的运动表现；

（2）克服某一技能的心理障碍；

（3）减少动作套路的中断次数；

（4）体操运动员对某一项目的重新定位；

（5）降低运动员身体的生理反应；

（6）提高体操运动员的自信。

或许，首先要学习的技能之一是想象或可视化，解释它如何工作最有效的方法是描述。这个过程也可以通过使用不同程度的指导语来完成，它取决于所涉及的个体和教练员的偏好。可以尝试一下这两种方式哪个效果更好。在非言语方法中，教练员在整个训练过程中的参与有限，而在涉及语言的程序中，教练员需要给出生动的口头指导和建议。

在与体操运动员及其他人合作的过程中，我们对这种方法的经典形式做了很多改动，以适应特定的环境，并鼓励其他人进行实验。如果你刚刚开始，可以参阅上一节“年轻体操运动员的表象训练指南——‘老电影’”，并尝试一下表象训练的初级、中级和高级课程。下面是一个高水平竞技体操运动员表象训练的课程案例。

二、竞技比赛表象培训课程

下面举一个体操运动员或者运动队和教练员将重点放在平衡木或鞍马的表象训练的案例。在这些项目中，专注和积极思考都非常重要，但通常也容易出现问题。对于女子体操运动员来说，她们可能需要阅读第九章的“体操运动员的平衡木训练指南”，该节有助于这些项目的训练。竞技比赛表象培训课程（以下简称MIT－C）在比赛中应用的完整程序如下：

步骤一：体操运动员躺在垫子上或其他舒适的地方。虽然有些人睁着眼睛就可以实现可视化训练，但闭着眼睛的效果更好，这取决于个人。不能说话。如果不需要教练员的话，体操运动员也可以在家独自完成。通常，很多体操运动员会在睡前躺在床上的时候，在脑海中过一遍自己的动作套路，这只是一种常规的模式，体操运动员试图通过这种反复的回顾力争做到更好。然而，如果他们不能很好地利用可视化的话，有可能效果会更差。

步骤二：鼓励体操运动员做深呼吸，身体和精神都放松，但不要让他睡着（某些放松训练的最终目的是让运动员睡着）。教练员通过指导语帮助体操运动员控制呼吸的节奏。

步骤三：除非另有指令，否则教练员要指示体操运动员在整个运动过程中保持这种放松状态。有时会需要肌肉紧张，教练员会根据具体情况发出指令。

步骤四：体操运动员被告知（或告诉自己）开始为接下来的放松呼吸和肌肉做好心理准备。“让我们从平衡木或鞍马开始。你已经完成了热身动作，现在准备上场了。想象开始准备上法。”每名体操运动员在上场前都有自己的习惯。体操运动员在平时训练的时候应该注意训练这个过程。如果是以小组形式进行心理训练的话，教练员也要为这部分内容留出时间。训练继续进行：“你现在站在器械旁边。你就要开始了，向裁判员示意，完成上法，并试着感受手或脚下的器械（取决于你的上法）。现在已经开始了。”

步骤五：此时，根据课程的具体目的，教练员告诉体操运动员对上法进行描绘，然后接着进行后面的套路。在第一次描绘的全过程中，要描绘到每个元素。节奏也很重要。体操运动员不要在头脑中重复同一个动作，也不要绷紧身上的肌肉。即使对所“看”到的图像不满意，也要继续下去，一直到下法结束。训练某一单个动作技能时，可以进行适当的重复。

步骤六：下一个难度增加的训练是“比赛”，这一次，当体操运动员在脑海中描绘他们的动作套路时，要求他们要像真实比赛时那样呼吸，同时收紧各个动作相关的肌肉群。要尽可能地尝试将各种元素看清楚。训练的重点是心理训练与肌肉的完美协调。

在使用这种方法时，运动员自己或者教练员可以变换各种形式。不管哪种形式，显然都需要体操运动员认真对待，像其他事情一样，需要时间、练习，以及一定程度的信仰。上述是我们在各种训练方法中提炼出来的对体操运动员比较有效的心理训练程序。

三、MIT-C 训练的关键点

以下是运动员自己或者与教练员一起采用同一个模式进行 MIT-C 训练时应该注意的关键点，所有这些课程和关键点都可以用于学习、训练及比赛的各个阶段。

1. 专注于成套动作的难点

前提是体操运动员曾经成功地完成过某一难度动作，并且知道成功完成这个动作的感觉。本训练的目的是通过心理回放来重现那种“感觉”，同时体操运动员可以在脑海中“看到”正确的动作。

2. 专注于需要连贯但容易发生轻微或重大中断的地方

如果对这项运动比较熟悉，那么当你自己或教练员专门对你进行训练时，最容易成功。在这种情况下，体操运动员需要继续进行心理训练，但在出现中断的时候要对此进行“描绘”。之后要立即进行一次正确流畅的表象过程。此时教练员需要发挥更为积极的作用。体操运动员的头脑中“看”到错误时，把错误说出来通常更有帮助。例如，“哦，不对，我的臀部没有绷直”等。在“纠正”式的心理训练过程中，让体操运动员口头修正自己的动作，如“与平衡木对齐、呼吸、推手”等。当用正确的技术完成了较为复杂的动作时，或者顺利通过了容易出现中断的环节时，要用积极的语言予以强化，如“做得好，对就这样”，等等。这种训练确实可以提高你的身体表现和自信心。如果教练员熟悉这项运动和可能出现的问题的话，同样的方式还可以提高注意力。教练员实际上也可以指导体操运动员完成这个训练，如教练员会说：“现在准备转体，伸展、柔和、准备好做手翻、集中注意力、推手等。”如果体操运动员在完成套路的过程中能自行复述这些声音，那将会更有效。一定要确保训练中时间的安排与真实比赛的时间是一致的。很多体操运动员可能会发现他们的时间不够，那么就需要及时调整。

3. 专注于整套动作的流畅

事实证明，流畅程度的变化在所有运动项目中都相当重要。方法与上述基本相同，就是特别强调动作套路的整体性，以及整个过程的流畅性。在训练过程中，许多体操运动员会有节奏地移动他们的肢体，虽然他们是躺在垫子上的。

4. 专注于上法和下法

同样，前面描述的基本方法也可以使用，但重点是要建立稳定性。在此，心理训练的时间要花在快速准备稳定落地上。注意力也要放在上法的力量分配和控制上。有些体操运动员太激动了，以至于他们在上法时力量太大，导致掉下器械。言语表达作为上法和下法阶段心理训练的辅助手段，通常也是有效的。

5. 专注于合理呼吸

之前进行的心理训练绝大多数是把重点放在与动作套路相关的专门性呼吸模式上，主要从技能本身出发。实际上，在以上的训练中我们可以把更多的重点放在呼吸的表象训练上。

6. 注重稳定性

对于一些体操运动员来说，主要的问题之一是“发抖”。有些体操运动员在上法之前就发抖，直到整个套路完成。有些体操运动员开始做动作时就发抖，之后越来越厉害，一直持续到离开器械。应该指出的是，体操运动员第一次失误掉下器械后通常会消除或大大减少后面可能发生的颤抖。有研究显示，这是因为体操运动员在预期掉下器械之前已经高度紧张，一旦掉下器械，整个生理和心理系统就会恢复到一种更加稳定的状态。很明显，引起体操运动员发抖的原因是心理上的或者仅仅是普通的神经系统失调。即使是相当成功的体操运动员在这方面也可能有一点小困难。尽管会有这些小障碍，但是他们已经学会了自我调节和补偿。如果体操运动员知道他们会出现发抖的情况并承认这一点，他们就会努力把影响降到最低。相比要消除所有因紧张而出现的身体症状，首要目标应该是减轻紧张情绪，哪怕只是轻微的缓解。最重要的是，试着把你的注意力从颤抖上移开，不要对颤抖反应过度，尽管颤抖有时候会不由自主地发生。体操运动员最好学会运用正确的呼吸技巧，让自己进入一种放松但专注的状态。有一件事是肯定的：必须把注意力从身体颤抖上转移开。也就是说，无论是体操运动员、教练员还是家长都不要把这个问题当回事。相反，应该尽一切努力，冷静地将精力转向套路动作的实际表现，要像往常一样，在脑海中不断地练习稳定的动作套路。

四、总结

人们很容易认为这些活动不值得普通高中、大学甚至是体操俱乐部的体操运动员花时间和精力去做。这确实很遗憾，因为越来越多的证据表明，这种心理训练能够而且已经提高了体操运动员的运动水平。重要的是，教练员和体操运动员都开始相信心灵和身体的结合，可以与其他因素一样促进卓越表现的产生和发展。正如训练和调整自己的身体一样，我们也应该同样关注我们的心理。

第三节　目标设定指南

在确定目标时，首先必须清楚地了解目标设定行为中涉及的一些基本准则。在设定目标时，作为学习新技能或准备特定比赛的一个方面，需要遵循某些原则以便实现这种活动效益最大化。以下是目标设定的相关内容：

1. 写下目标，而不仅仅是想

目标设定最基本的要求就是详细写下具体目标，而不仅仅是将其停留在体操运动员或教练员的头脑中。这样做的理由有很多，但最重要的是，写下它相当于做了一个正式的承诺。当你在现实中完不成目标的时候，它会提示你不能改变目标，要努力完成它，特别是把它写在了你的电脑、手机或者纸上的时候。

2. 要具体表述为身体目标和心理绩效目标，而不仅仅是结果

这可能是最重要的一条原则，有时可能也是最困难的。通常来说，体操运动员应该写下并关注那些为了实现预期的表现而需要完成的事情。应该把实现高水平所需要的工作步骤设置为目标，而不是实现高水平本身。实现高水平是完成这些步骤后的最终结果。

第一，身体绩效目标，包括诸如直腿、直臂、绷脚尖，以及数百个其他身体部分和任何体操训练所要求的姿态之类的动作。其他目标也包括掌握某一个动作技能或一系列动作技能的所有技术要求。诸如展开角度、手臂/头部/上部躯干位置、“眼睛看着跳马上的手”这一类的视觉提示、速度、落地技术、滚翻及其他成功完成体操动作所需的大量指令。

第二，心理绩效目标还包括行为和态度目标，比如在跳马前“感到精力充沛”或“在平衡木前深呼吸放松”“集中注意力，不去管观众”“独立面对每一件事情”等。在所有情况下，心理绩效目标都是关于体操运动员将如何完成动作或套路，而不是预测结果。你的态度、努力、应对技巧、积极的自言自语和动机都可配合身体绩效目标设置为心理表现目标。

第三，结果目标也就是你的心理和身体绩效目标的“结果”。这些通常不在你的直接控制之下，也经常无法实现。例如，个人项目或全能赛的得分、比赛名次、动作完成质量，以及诸如“钉在地上”“完成成套飞行动作”“零失误”等陈述。如果体操运动员在区分绩效目标和结果目标上有困难，那下面的表述可能有助于你理解它们的区别：绩效目标是你需要对身体和心理做的事情，例如“展肩”，这些事情会导致实现预期的特定结果，如“正常发挥”。它主要指的是运动员可以控制的内容，而结果绩效往往由裁判员、其他体操运动员等所控制。

3. 在形式和内容方面，目标应该是积极的，而不是消极的

积极的目标陈述是要做的事情，而不是要避免的事情。消极的目标将关注点放在了我们想要避免的错误上，而不是将重点放在正确的行动或行为上。积极的目标需要体操运动员决定如何实现特定的目标。始终要记得避免使用“不要”这个词，比如要说“锁住肘部”而不是“不要屈臂”。

4. 目标应该是可测量和具体的

不应该含糊不清，例如“尽我所能”，因为除非你清楚地知道自己的起点，否则很难衡量。制定目标应该建立一个基线，在此基础上的任何提高都可以被测量。此外，身体绩效目标更好一些，因为它更详尽也更容易测量。态度或心理目标有点棘手，但是它的好处就是你自己就是目标实现与否的评估者。

5. 目标要有实现的可能

目标应该有一定的难度，但应该被视为挑战而非威胁和无法实现。如果设定的目标无论从努力还是从能力的角度来看，都明显无法实现，那么它就不会起到激励的作用。有实现可能的目标涉及个人判断，根据你的运动基础确立的一周竞技能力目标要有一定的可行性。通过练习，绩效目标可能会被设置得非常“高级”和“精准”，但对更高水平的运动员来说也非常有可行性。例如，“保持头脑清醒，感觉到最高点，手臂制动”。

6. 先设立一个短期目标，并根据需要调整

大多数目标应该是短期目标，例如每日和每周目标，有些目标则应延长到几个月。当不断重新评估并增加目标时，你可能会发现许多所谓的“中、长期目标”都是在实现大部分短期目标的基础上完成的。这是你的目标设定计划的最终结果。如果是一名高水平体操运动员，你和你的教练员也可以在个人目标里添加长期的“梦想”目标。

7. 应每天、每周或每月进行目标评估

在训练或比赛之后，教练员和运动员共同检视是确认目标是否完成的有效方法。最好在短期目标的基础上评估你的长期目标，例如在某项工作结束的时候，或者在比赛后趁着记忆比较清晰时尽快评估。根据你之前设定的目标评估你的身体目标，例如，5 次中有 4 次下法稳定等。在心理或态度目标方面，你可以考虑给自己打打分，如“我给自己在平衡木上的关注度打 8 分，但在落地前感到非常放松，所以我给自己打 9.5 分”。

第四节 “我的目标是……体操运动员的计划”

在体育运动中，目标设定的重要性不能被过分强调，仔细想想，这个观点是颇有价值的。有多少人曾听到某些年轻的体操运动员说“我的目标是参加奥运会”，另一些人说“我的目标是今年赢得州比赛冠军”。这些体操运动员也许会实现自己的远大抱负，而你将是鼓励他梦想的第一个人。然而大量的数据表明，这些美好的愿景和梦想是需要审慎考虑的。举例来说，自 1956 年以来，在美国参加比赛的数十万名体操运动员中，只有不到 100 名男性和 100 名女性体操运动员进入了奥运会体操队！除非你现在非常有名，并且经验丰富，否则你进入下一个高级别团队的机会可能非常渺茫。如果你唯一的目标是参加奥运会或参加国际比赛，你有可能会很容易感到失望，对于任何年龄的运动员都是如此。

当谈到目标设定时，那些宏大的梦想应该往后放一放。这并不意味着你放弃了希望，而是说梦想不应该成为你所有能量的聚焦点，以至于任何短期目标都被视为毫无价值。追求卓越是一个漫长的过程，通常来说，过程本身和取得成功的每一小步带来的快乐，才是最大的收获。这种方法可以帮助你避免经受挫折的痛苦感，而挫折感可能导致你过早退出体操这项精彩的运动。制定切合实际的目标，可以极大地延长体操运动员的职业生涯，而且会让体操运动员更享受其中。

如果在努力的过程中，你成为一个州、一个地区或国家的冠军，甚至成为一个成功的高水平体操运动员，这无疑是辉煌的成就！但是，这一项伟大的成就应该基于你的努力训练，它并不能作为你从事或者放弃体操事业的根本原因。从长远来看，如果你每天都训练，你就会更加热爱体操这项运动。值得注意的是，许多东方哲学也都认为结果并不重要，只有追求目标过程中的具体行动才真正具有价值。你可以在目标设定中使用此种观念，从而发挥自己的优势。

一、个人目标设定

目标设定中的一个重要步骤是确保无论你的目标是什么，它们都是你自己制订的。你需要问问自己“我真正想要的是什么”？你不能完全忽视父母或教练员的期望，因为他们是你运动生涯中重要的组成部分。时间将检验他们的评价和意见正确与否。许多年轻的体操运动员往往比自己的父母和教练员更加真实地了解自己的能力水平。有时，直面类似的问题往往比较痛苦，你可能担心如果处理不好就会让他人失望。但在内心深处你很清楚自己的实力，每天在体操馆的训练也会让这个问题更加清晰。每个人都要对自己负责，你要从众多的想法中梳理出你自己的个人目标，并不断地根据现实来持续检视这些目标，这也非常关键。

在达成以上共识的基础上，应该如何设定目标呢？最好的方法就是在较大目标的基础上设定每天的目标。通常情况下，整体的目标应该由你和教练员共同制定，个人目标应该是整体目标的一部分。大多数优秀的教练员都有这种意识，并会将它们纳入训练计划中。但是如果训练目标针对性不强，你应该与教练员讨论并对其加以修正，从而更好地制定个人目标。

设定个人目标时很大程度上取决于你的训练方式。大部分时间表上都包括分配给对某一特定动作的特定时间。你的训练可能是这样安排的：在某一天对一个或多个项目进行一定量的技能训练，或者进行一定量的基本动作、动作连接、上法、下法、体能训练等。你要在每日计划中为自己和团队设定一些短期目标。这种训练结构不但能让你清楚地知道你和团队目前所处的阶段，为每个人设定优先级，而且是极富成效的。

二、技能获得的基本目标设定

除了教练员设定的每日和每周计划外，每名体操运动员将个人计划写下来也是大有益处的。这样做的好处是涉及个人的训练内容能一目了然，从而能使体操运动员更好地学习新的技术动作。下文是体操运动员制定短期目标时要考虑的一些内容。

三、个人目标列表——基本技术动作

（1）列出要完成的技术动作；

（2）定出需要帮助来完成这个技术动作的日期；

（3）定出你能够确保完成这个技术动作 5 次的日期；

（4）定出你可以在每次训练中稳定完成这个技术动作的日期；

（5）将这个技术动作放在一个动作组合或成套动作中，并按照顺序练习；

（6）评估你的进度，跟踪记录你所取得的成绩，并记录你的状态；

(7) 将所有的记录保存在个人目标记录册中，以便查看自己取得的进展。

显然，建立如上个人目标时间表的基础是这些技术动作在你的能力范围内，并且你同时也在进行周期性运动的体能和心理训练。如果你要提高成套动作的质量，那么只需改进基本模式，做好动作串的连接，然后再做好成套动作的连接。

你会发现这种计划的时间跨度是灵活的，在继续下一个阶段前，你要保证动作能熟练地完成。无论你设定什么样的时间段，都不应该把它视为固定不变的，计划表需要随着训练进展不断地修改。完成一个步骤后，应该在记录中去掉它，并添加新的目标或者技术动作，如有必要的话还需增加新的时间表。如果截止时间到了你还没做到，那也没关系，但你需要回顾这项技术动作中存在哪些具体问题。缺乏实践、准备不充分、畏惧感等都可能成为影响成败的因素。失败的原因可能很容易找到，你和教练员需要随时检视整个计划，不仅是在最初设置的时候，而且还要在整个训练过程中，特别是在截止时间前进行检查。随时检视计划表能有助于你更合理地训练。每一个项目都应该进行以上所说的目标设定。

四、训练或比赛的高级目标设定

如果你已经开始定期地参加比赛，我们仍然建议在训练中进行目标设定。取得比赛胜利固然很好，但不应将赢得比赛作为主要目标，更明确的目标是对上一场比赛中的一两个项目加以改进，或增强平衡木的稳定性，或增加新的技术动作。如果你觉得成为世界冠军才是一种成就，没有其他任何事情比它更重要，那么你很容易就会感到失望。最重要的是，要记得你在那个时刻做得最好，并且一直全力以赴地拼搏。

在设定个人日常训练目标（包括例行训练或特定比赛）时，除了在训练和学习新动作中设定的目标类型之外，还需要增加一些其他内容。下文是具体目标的一个示例。有关个人设定目标的其他步骤和个人目标设定的内容，请参阅本章的“目标设定指南”和“目标设定的十大提示”。请将这些内容保存在个人目标笔记中以作日常参考。

五、个人目标表格：训练/比赛

（1）列出每个项目；

（2）列出该项目两到三个运动表现目标；

（3）列出该项目一到两个态度或心理表现目标；

（4）在训练或比赛结束时评估你的目标；

（5）做笔记，以帮助你做下一份个人目标；

（6）每周和每月查看过去的工作表；

（7）将所有的记录与提示表一起保存在笔记本中；

（8）与他人分享你的目标和进步，你可能会惊讶地发现你已经取得了不少成就，感到自豪，你已经赢了！

有些事情来得很快，有些则需要时间的磨砺。在体操运动中，这是一个非常个性化的问题。掌握这项运动不但需要大量的努力和奉献，还要有很大的耐心。你要知道你掌握得越多，你的技术水平就会越高，再获得更大成就的难度就越大。开始阶段，只要你经过了适当的训练，进步就会很快，但随着运动对身体和心态的要求越来越高，尽管进行了艰辛的训练，却很难获得积极的结果，取得奖项就更难了。如果你想快速地成功，或者目标定得过高，你可能会产生挫折感，而这通常是潜在职业生涯结束的第一个迹象。如果这样的话，就像谚语中说的“艰难之路，唯勇者行”可能还不够。这也就是为什么可操作的短期目标比较重要的原因。

六、总结

总结一下关于个人目标设定的简短讨论：

（1）要有远大的梦想和抱负，但不要把它们放在绝对的中心，不要让它决定你训练的时间安排。当你情绪低落时，可以用它激励自己，但别将它当作唯一的动力。

（2）在训练和比赛阶段设定短期个人目标，它应该是你训练计划的一部分，是你与教练员一起制定的且不同于团队的整体目标。

（3）经常检视目标，确保这是你的个人目标，而不是他人的意愿。目标出于自己的意愿非常重要。

（4）每天或每周在个人目标笔记本中写下自己的可行的短期目标。中期目标可以很好地指导你3~6个月的训练。记录你的进步，并记录训练时的想法。在职业生涯后期，你可能会设定为期一年或更长期的目标，即使这样，也不要将所有的鸡蛋放在一个篮子里，即不要用实现某一项目标来衡量自己是否成功。

（5）最重要的是，因为乐趣而从事体操运动，而不仅仅是想象着遥不可及的梦想。这样，每天在体操馆你都会感到有趣和快乐。

第五节　把目标设定作为训练工具

作为一种正式的训练技巧，在我们熟知之前，它已经被运动员和教练员使用了很长时间。目标设定是一种心理导向策略，运动心理学家和其他研究人员认为它是能调动积极性、集中注意力的最有效的方法之一。它还可以用于生活的其他方面，例如学业和职业规划。本节的目的是向教练员提出，目标的设定可以被直接地应用于日常的训练互动中，也可以作为一种备战比赛的训练工具。

一、确立目标

为了了解目标设定在训练中的含义和用法，首先要清楚目标设定行为中涉及的一些基本原则。为某项训练或特定比赛设定目标时，需要遵循一定的原则，从而获得最大收益。这些原则的完整说明在本章的“目标设定指南”中有详细的介绍。

（1）写下目标，不要只是想想它们；

（2）表述为具体的心理和运动表现目标，而不仅仅是结果；

（3）目标在形式和内容上都应该是积极的，绝不能是消极的；

(4) 目标应该是可衡量的、具体的；

(5) 有效的目标设定应具有现实可能性；

(6) 目标应主要是短期的，中期和长期的目标可作为宏观愿景；

(7) 要每天、每周或每月评估目标。

二、训练过程中的目标设定

尽管还有其他一些有关目标设定正式的、正确的原则，但上述七项仍代表了目标设定的基本要素。应该知道目标设定涉及团队和个人目标的建立，可以逐周甚至逐日来制定。目标设定可在训练期间，通过教练员和体操运动员的交流来完成。基于以上认识，可以考虑在训练过程中直接使用目标设定。这种方法需要教练员和运动员付出更多的时间，并额外制订计划，但从长远来看，一定会劳有所获的。

如果我们接受这样一个前提，即训练的主要任务是帮助体操运动员学习新技能，并最终将这些技能融入满足体操运动员技术水平和美学要求的练习中，那么我们也会认识到，教练员和体操运动员的互动对于教学模式至关重要。我们鼓励教练员和运动员尽量多沟通，如果他们之间能平等交流、互换意见，那会非常有助于运动员提高学习速度，扩充学习内容。有关教练员和运动员互动中涉及的问题，已经有大量的正式研究，我们在第三章的“反馈的艺术：教练员与体操运动员的沟通模式”中也论述了有关内容。人们普遍认为，教练员和体操运动员的互动能向体操运动员提供其运动表现的信息，这种信息能促进运动机体的反应，并强化保持较高的动机水平。在对体操运动员的表现提出批评之前，应该先给出正向强化。如果教练员的主要任务之一是在训练期间控制体操运动员的身体状态、心理状态及相关行为，那么对体操运动员尽可能地接近期望的努力给予奖励是非常重要的。这样会使体操运动员更容易敞开心扉，更容易聆听技术纠正意见。

三、在训练中设定目标的示例

本文建立的模型考虑了所有的教学因素，运用了目标设定的基础知识，并可以在实际教导过程中以相对简单的方式运用它们。在这个模型中，教练员应该以“目标”的形式呈现运动表现信息（校正），以便体操运动员在特定技能或一组动作中进行训练。对于每次练习，教练员只需提供一到两个心理或运动表现目标，这一点非常重要。我们曾经做过调研，教练员总喜欢使用冗长的语言，而心理学告诉我们，单次过多的技术信息输入会导致运动员信息过载。例如，在跳马训练中，以目标为导向的教导方法应包含以下语言反馈，教练员可以说：“这次助跑和下手做得不错（正面强化）。但是推手不够，下一次的目标是眼睛要看到手。”在下一次尝试之后，教练员要继续这样描述，“做得非常好，腾空比上次好（正面强化）”“下一次的目标是，当你从两肩之间看见双手和踏板后再推手（信息和目标）”。更多有关强化的方法，请参见第四章的“行为改变”。

教练员使用这种方法，是在提供正向强化之后，为运动员随后的每次尝试设立目标。虽然不是每次都需要正向强化，但它肯定应该占主导地位。75%（每4次尝试提供3次）是一个适当的比例。在这种训练中，经常使用“这个目标”“你的目标”“我们的目标”这类词汇。在较短时间内，体操运动员就会适应这种形式的反馈，还会用相关的术语提问：“我下一轮的目标是什么?”这种方法可以让教练员确认正在学习的内容，以及体操运动员对渐进式学习曲线的了解程度。例如，教练员可以定期询问体操运动员：“你认为下一次的目标应该是什么?”这不仅是一种开放的沟通方式，而且可以衡量体操运动员对训练信息的掌握程度。此外，它还能为体操运动员提供目标设定练习，从而实现有价值的自我指导。鼓励个人制订目标也可以让教练员的目标更容易实现。参阅本章的“我的目标是……体操运动员的计划”，可以帮助体操运动员制定目标和实施计划。

四、训练和比赛的目标

通过使用目标设定进行训练的另一个优点是，这个过程可以在各级水平的特定项目、固定动作或自选动作、比赛、体能训练和其他训练中应用。它的简单或复杂程度可以根据每名体操运动员的接受程度而调整。它还可以保证训练的连贯性，这对于最大限度地开发体操运动员的潜能至关重要。

应该强调并利用“写下目标，不要只是想想它们”这一目标设定原则。假设每周有六天训练计划，可以在训练结束前的周六下午和体操运动员进行简短的总结会。在会上讨论并制定下周的目标，包括心理和运动表现目标，以及训练量，还可以重新评估先前设定的目标，以确定前几次训练是否有效。不要忘记记录这些过程，这样你和体操运动员就能看到每天或每周的进步，并能对体操运动员的进步予以嘉奖。

五、结论

综上所述，将使用目标和目标设定作为训练工具是一项不小的挑战。从教练员和体操运动员的互动及训练的有效程度这两方面来看，目标设定的好处是长期的，也是值得额外付出的。通过目标设定获得的动力，可能很难通过其他方法获得。

第六节　目标设定的十大提示

在为训练或某个比赛设定目标时，需要遵循某些原则，以获得最大效益。体操运动员可以使用这些提示来设定个人目标，教练员也可以使用它们来训练和指导比赛、设定团队目标，并帮助每名体操运动员实现自己的目标。这些提示是一项指导方针，你可以在本章的“目标设定指南”中找到完整的论述。以下是一些教练员和体操运动员有效设定个人和团队目标的技巧：

（1）写下目标，不要只是想想它们；

（2）具体的身体表现目标；

（3）具体的心理表现目标；

（4）目标不仅仅是结果；

（5）目标应该是可衡量的、具体的；

（6）目标设定应包括具有实现可能性的具体目标；

（7）目标主要应是短期的；

（8）长期目标通常应用于高水平体操运动员；

（9）在形式和内容方面，目标应该是积极的，而不是消极的；

（10）应每天、每周、每月和每季度评估目标。

第九章　心理、身体训练

本节中的许多内容主要是为运动员写的，有些是为教练员写的。可能每个人都会觉得它们很有趣，因为这些研究在处理训练的心理/情感方面，针对某些问题提出了具体的建议。第一节为新的年轻竞争者提供了身体和思想热身的基础知识，而那些关于制订训练程序的内容则是针对有经验的竞争者。本章还讨论了如何处理挫折感。《体操运动员的平衡木训练指南》在原文刊登时受到了好评，超过500名体操运动员写信描述了他们在比赛中遇到的各种问题。我们希望您能采用其中某些建议，以帮助您处理杠上的问题，并制作了一张简易提示表，方便您查找。

本章重点：

- 初学者身体和心理热身注意事项
- “体能训练……太令人沮丧了！”
- 使用非言语的艺术方式促进训练
- 体操运动员的平衡木训练指南
- 平衡木训练的19个提示
- 成套动作训练的心理、身体指南

第一节　初学者身体和心理热身注意事项

在体操中要学的最重要的东西之一就是热身，这是一门艺术，需要耐心，但很值得为此花费时间，因为那些过早退役的体操运动员中的大部分对热身不太在意，尤其是受到严重伤病困扰的年轻人。我们的身体是一个美丽而复杂的系统网络，它们相互联系、相互影响，需要对这些系统进行一些温柔的关爱，才能让我们的身体做好努力工作的准备。

一、身体热身

在真正的艰苦训练开始之前，每个关节、每个肌肉组、心血管系统（心脏、肺等）必须逐步提高到最高效率。我们的肌肉系统必须适当地热身。韧带和大小肌肉都需要逐渐伸展，以便让它们有足够的弹性来应对即将到来的收缩。运动员必须做好根据需要做出反应的准备。我见过有的女孩走进体育馆，在没有任何热身的情况下，立刻下叉，这样的年轻人是在自找麻烦。因为韧带或腹股沟肌肉撕裂是非常痛苦的，可能需要几个月的时间来恢复。此外，我们需要让心血管系统中的血液流量达到最大化，以便它能够提供氧气，并快速除去运动期间产生的杂质。为了实现这一点，我们的心脏必须跳动得更快、更有力。

那么，我们该怎么做这种重要的热身呢？每一名体操运动员和教练员都有自己的一套练习，其中应该包括有氧运动，它能使心脏跳动，使血液在全身流动。热身还可以是舞蹈、健美操、慢跑、在地板上跳绳、或跳蹦床的形式，这通常伴随着全身的伸展。有时这项工作是单独完成的，有时可与其他体操运动员一起完成，而且经常是在一个小组中进行。

二、心理热身

我们身体的各个部分不仅需要仔细地热身，而且整个身体作为一个整体必须“清醒”。研究表明，人类需要几个小时才能完全摆脱沉睡。你的身体需要时间来保持精神和身体的警觉。大多数体操训练在下午或晚上进行训练的原因之一，除了学校的日程安排外，就是我们已经起床很长时间了，尽管我们可能很累，但通常都是完全清醒的！这是有区别的。我们已经认识了世界级的运动员，他们在凌晨 3 点或 4 点起床开始热身。事实上，一旦你开始比赛，你会发现许多比赛都是在清晨开始的。你现在不必担心这个问题，但是一次次的早上训练是个好习惯，比如周末，只是为了体验一下。你会觉得和下午的训练有很大的不同，特别是如果你在起床后不久就开始训练的话！当然，你也需要时间吃一顿丰盛的早餐来补充能源供应，还要有时间消化这顿饭。你的教练员会确保你在适当的时候进行这个练习。

除了需要热身外，从心理角度的热身也很重要。当热身开始后，在“感觉”更好的时候，你的整体态度会有所改善，这时身体和心灵会共同工作。如果你认识到并坚信你花30分钟来做无聊的伸展运动的真正价值的话，并且像做苦工一样进行热身，那么在态度上，它就会有不同的回报。很多女孩都想得到“乐趣”，也就是会立即开始翻滚或开始在器械上运动，这是一种方法，但我可以向你保证，这不是提高你体操水平的正确方法。如果先致力于热身，你会感到你的身体充满活力，这种快乐和你对它的心理满足是相互关联的。

如果你从一开始就以积极的态度对待训练的每一个方面，以有利的态度来装点自己，你将从你的努力中获得最大的收获。你可以做一些非常具体的事情来训练你的思维。例如，在头脑中回顾一下你的动作或练习是一种行之有效的方法，这可以帮助你集中精力完成当前的任务。最重要的是，要享受身心共同努力以达到完美的感觉，而不是全神贯注于你所犯的错误。学习需要时间和耐心，初学者需要在训练一开始就知晓这一点。

每个人都有不愉快的时候，一个你什么都不想做的日子，最让人沮丧。通常情况下，情况会随着你的不愉快更加恶化，并且在很短的时间内，眼泪就会流出。有了经验后，你要学会如何控制这种情绪，但你应该记住，只要情绪不妨碍你理性对待自己的努力，它就是正常和健康的。对许多的类似情况进行仔细分析，几乎总能发现一些预测因素：它们通常在热身阶段是明显的。这就是为什么以一个清晰的头脑和一些热情面对这些是如此重要。一些体操运动员在“糟糕的一天”这个问题上屈服，另一些体操运动员则更努力地奋斗。有些人在教练员或同龄人在场的情况下，无论是在来自内部还是来自外部的压力下都能发挥出最高的水平。只有随着时间的推移，你才会发现自己是如何做到最好的。让自己享受这种自我发现的乐趣。与热身概念相关的是同样可怕的条件作用，参阅下一节有助于教练员和运动员理解和处理关于热身和训练方面的感受。

第二节 “体能训练……太令人沮丧了!”

体操运动员肯定曾多次说过：“但是，教练员……这太让人沮丧了。”几乎每个对体操感兴趣并在体操馆认真训练过的男孩或女孩都可能会一次次地对教练员、体操同伴和父母这样说过。词典告诉我们，沮丧意味着感到失败、气馁，你努力工作，但没有取得好的结果。不安的感觉常常伴随着挫折。想想体操，我们都知道这是一项非常困难的运动。挫折感是可以预料的，并且也是整个训练过程的自然组成部分。

你听过多少次女子五项和男子七项“体能训练”的重要性？如果这些体操运动员从职业生涯开始就愿意在这项“基础训练”中面对挫折，那么他们就可以最大限度地减少自身在训练过程中可能遇到的潜在的挫折感。艰苦、长期、老老实实的训练并不像在地板上翻筋斗或在高低杠上玩几下那样有趣，但从长远来看，它可能更重要。身体和心理都要通过特定的训练来准备比赛。体能训练提供了体操运动员建立新技能群的“基础”之一，并会最终形成他们的竞赛套路。

一、理解挫折感

有一些事情可以帮助失意的体操运动员处理这种感觉，甚至在将来减少类似问题的发生。首先，你需要记住，挫折是在体操馆内外学到的内容的自然组成部分。当然，在学校里，许多年轻人对某些科目、教师或家庭作业也有同样的感觉。一些心理学家认为，挫折是开始学习的基本原因。当婴儿哭的时候，这是沮丧的第一个表达。哭通常发生在婴儿有一个需求不被满足时，因为婴儿在早期没有语言，哭就是他们如何让自己的感受被了解的方式。儿童发展专家认为，婴儿会在心理形成一个画面（母亲）或东西（奶瓶）通常被视为满足需要。这种“想象”让婴儿推迟得到想要的东西。这些最初的“想法”实际上是由婴儿的挫折感带来的。

有些人在受挫时真的会心烦意乱，并且会表现出非常坏的脾气或愤怒的爆发。当这种情况发生时，他们通常会失去清晰思考的能力，事情往往会变得更糟；当挫折来临时，另一些人也会情绪低落，沮丧使他们很难继续进行他们正在进行的活动并取得成功；还有一些人发现，他们在这样的时候会有很大的成功；其余的人发现，挫折感能够帮助他们更努力地工作，并通过更加努力来激励自己。就像生活中的大多数事情一样，这是一件个人的事情，在某种程度上来讲这取决于他们成长过程中如何处理这些令人沮丧的情况。重要的是要记住，挫折和呼吸一样，在生活中都是很自然的事情。

二、在体操馆控制挫折感

然而，运动员可以在训练中选择挫折感什么时间出现、出现多少。在我们的运动中，大多数挫折发生在学习一项有难度的新技能和（或）成套动作时。然而，为了学习新的技能，你必须有适当的力量、灵活性和耐力来完成这个动作。当然，也会有其他不同的挫折：教练员给你的麻烦、你得到的低分数，以及其他人等。但是学习新动作的挫折是体操中最常见和最基本的。无论你有多么优秀，学习过程中总是会出现一定程度的困难或阻碍。然而，那些愿意在职业生涯早期面对相当大挫折的体操运动员，可以在以后的高水平学习和训练中减少他们必须面对的挫折数量。

在这方面，体能训练有助于体操运动员控制挫折感。

（1）体操运动员可以选择在体能训练时略过某些障碍物练习（或是教练员不看的话就欺骗他们），并试图强迫身体去做一些它还没准备好应对的事情。这种训练可能比较好玩，但最终会在遇到困难的事情或者根本完不成的事情时迎来挫折感，因为缺乏足够的准备。

（2）花费大量必要的，并且常常是折磨人的时间来准备好头脑和身体。这种选择需要更多的自律和耐心，它也可能令人沮丧，因为它经常重复，很少能令人感到兴奋。

（3）由于前两种选择还是会让内在的、不可避免的挫折感产生，体操运动员需要问问自己，是想在训练刚开始时遇到挫折还是在训练的后期？如果他们搞混了这种顺序，就会发现自己进步的过程非常缓慢和痛苦，或进步会完全停止。在这种情况下做出明智的选择并不困难。

一方面，当体操运动员觉得自己的努力在该项目上受益或者得到回报时，体能训练的挫折感就会得到缓解。此外，体操运动员还可以做一些其他的事情，使这个项目更加有趣和富有挑战性。个人成就日记、目标时间表、自我竞赛和鼓励个人口号就是其中的一些例子。另一方面，如果体操运动员在职业生涯和训练的后期感到挫折将会更难解决，因为如果最基本的体能储备被忽略，那么任何形式的努力或重复都不太可能成功。几乎没有什么能使那些令人沮丧的经历减轻痛苦，因为没有做好体能储备的体操运动员根本没有准备好掌握所需的东西。在大多数情况下，有必要再次做好准备，很少有体操运动员喜欢这种枯燥冗长的训练。从长远来看，反复的失败肯定比反复做俯卧撑、完成圈数或完成其他训练的回报要少得多。

在体操运动中，运动员每天都要进行艰苦的体能训练，这需要真正的意志力。体操运动员很容易在训练计划上松懈下来，教练员需要帮助他们保持目标。我们经常会听到年轻的体操运动员向他们的教练员抱怨说他们没有“准备好”进行训练，或者他们可以今天不练吗？答案必须是坚定而明确的“不”。例外的规则需要由教练员决定，并且通常需要涉及受伤的程度和性质，或者那些准备好比赛的体操运动员要在比赛前做一些高度专项化的练习。

这种类型的训练安排不是随机的，需要提前计划，包括从团队到个人的所有参与者。有时这种情况发生的主要责任在于教练员。有些体操运动员很有天赋和奋斗精神，几乎不需要提醒他们这些练习的重要性，但这些通常是少数。如果你问一名非常优秀的体操运动员，他们是如何在这方面做到自律的，你会发现许多人认为这是在他们职业生涯的早期就形成的。一名教练员也强调了这项活动的重要性，他真的认为这项活动很重要，并不是嘴上说说这么简单。这些教练员通过会强调身体准备如何影响心理准备来激励体操运动员，从而使体操运动员在学习体操技能时更容易，减少他们的挫折感。

三、给体操运动员的训练建议

在结束对挫折的讨论后，我们对体操运动员提出以下建议：

1. 准备！准备！准备！

当你想减少体能训练时，请用你所有的力量抵制这种冲动。这包括你所有的柔韧性、力量和耐力训练，以及教练员开发的其他训练。

2. 把体能训练当作一个专项

像器械训练一样，给予它足够的关注和努力。提醒自己：从长远来看，收益将超过日常训练的挫折感。

3. 在学习一项技能上遇到障碍时，再仔细检查一下动作的要求

和你的教练员谈谈，看看你是否可以做一些其他的事情来帮助你掌握技巧，也就是说，在更进一步的训练方面，不要害怕、退缩，也许在你做其他工作的时候需要暂时放下技能学习。但这不是一个消极的步骤，实际上对你来说这是一种非常积极的行为。

4. 记住，无论多么努力地做准备工作，你都会经历挫折

感受不同只是因为程度不同。当感觉到这种挫折时，要有耐心并坚持下去，因为大多数有价值的事情都会伴随着不安和不满，这需要花时间去掌握。

5. 试着控制对挫折的反应

这说起来容易但做起来难。情绪是否可控取决于个人。每个人都有不同的承受挫折的阈值，就像对待紧张和痛苦一样。生气通常不会有帮助，尽管对一些孩子来说这很正常，或者他更需要痛哭来发泄。如果要这样做的话，试着私底下做，避免尴尬。永远不要让这种表现成为一种习惯。请参阅第三章的“训练中愤怒情绪的滥用”，它可以帮助控制你的沮丧情绪。

6. 努力把那些真正准备好、可以做的事情和那些“想做的事情”分开

你可能在某个特定的时间对某项特定的技能没有完全准备好，这不会让你成为一名“糟糕的体操运动员”，最终你会成功的。当你可以做一些事情，并且需要在身体上做好准备但没有做好的时候，你需要和你的教练员一起做好心理准备并且保持自信。当你想做一些事情，但还没有做好身体准备（这通常意味着你也没有做好心理准备），那么你需要更多地关注你的身体准备情况。它们都是相关的，但都需要一些不同的策略来克服。这就是正确的目标设定变得真正重要的原因。参阅第八章的“我的目标是……体操运动员的计划”能帮助你设定目标，这样你就能在精神上和身体上做好准备。

7. 不要害怕挑战自己

当你在进行体能训练的时候，循序渐进，这样做可能会得到很大的收获。这样做的好处是：如果有任何事情困扰你的时候，能够更好地认清你所处的位置而不会晕头转向，这是一个能够建立新的目标，感受你的精神状态，并经常减少你所遇到的挫折的好办法。

8. 与你的教练员和体操同伴进行交谈

如果他们不知道你的情况的话，在适当的时候跟他们说说你的挫折感！这有助于使你发现并不只有你自己在这方面有问题，你可以从别人的经验中学习一些可以应用到自己身上的方法。

四、总结

这种伴随着拉伸、力量训练、耐力锻炼和整个体能训练的挫折感是非常真实的，但也与后来尝试学习新技能时所感受到的挫折感大不相同。后者尽管付出了努力，但却几乎不会成功。如果体操运动员不认真地对待这部分训练，试图逃避艰苦的体能训练带来的挫折感，那么似乎他们会有更多的“乐趣”，他们虽在短时间内逃避了应该做的事，但同时也为他们未来可能遇到的挫折，搭建好了失望的平台。聪明人的选择应该是明确的，即使你还没有做到这一点，现在走上正确的道路并开始训练也为时不晚。

第三节　使用非言语的艺术方式促进训练

体操是一种可以与大众进行非言语性交流的艺术形式。韦伯斯特对交流的一个定义是：“通过一个共同的符号系统在个人之间交换意义的过程。”交流可以是无言的、情感上的，也可以是口头的、智力上的。

如果我们同意体操动作是向观众和评委传达某种东西，那么也许我们可以从其他具有相同目的的艺术活动中得到借鉴，比如音乐。在蹦床等各种器械和其他一些项目上进行体操练习和创作时，我们可以通过参考其他艺术形式来概念化日常工作的目标。并且，这种类比可以扩展到一般的非言语性交流框架中。

一、探索各种艺术形式

以下是一项运用各种艺术形式促进青年体操运动员训练创造力的练习，特别是在提高成套动作质量时。它包括讨论各种艺术形式，如音乐、绘画和言语性交流，我们可以尝试将其应用于提高体操运动员的动作、舞蹈和最终整个套路的质量上。年轻人对这些练习的反应通常是感兴趣的。你可以与参与尝试的教练员分享这些内容。应用心理学的研究已经毫无疑问地证明，一个人参与的关于运动智力的讨论，可以提高其实际运动的表现。这虽然听起来不同寻常，但它的确成效显著。

体操运动，除了需要经过长时间的艰苦训练，掌握精准的技艺和竞技能力以外，也是表达关于体操运动员及其对艺术形式的诠释的工具。这种形式是关于人体运动的艺术形式。当你开始讨论创造力和运动表现的时候，年轻的体操运动员就会对音乐、艺术形式甚至语言结构进行比较。

二、训练形式的探索

下列有助于创造力的练习可用于各种体操训练，具体涵盖了创作、节奏、符号、通感、结构和语言方面的想法。

1. 创作

有一些有趣的问题需要思考一下。例如，你可以问体操运动员：“一首优秀的音乐作品为什么会令人印象深刻？什么让作曲家或音乐家的个人想法成了最终的作品？”以音乐为例，找出一些有助于创作难忘作品的因素。音乐中有许多符号和记法，这些符号和记法很容易与体操训练联系在一起。你可以从特定的项目开始，例如平衡木，让体操运动员在平衡木上或地面上创作动作和舞蹈，同时思考一段特定的音乐。

2. 节奏

接下来，需要讨论的概念是节奏。“工作的节奏是什么”？我们发现许多优秀的作品都涉及节奏或声调的变化。我们在体操中是如何做到这一点的？这些变化的时机应该是什么？我们如何及何时才能从音符转变到技能？我们想要通过节奏来表达什么呢？让体操运动员练习改变平衡木或地面上动作衔接的节奏。

3. 符号

这个概念与在选定的每个节奏中如何表达重点和兴趣有关。在音乐中，有一些符号需要艺术家的演奏是“响亮的”“有感觉的”“柔和的、加强的”“尖锐的”“大的”等。同样丰富的内容也可以通过身体旋律和运动变化来实现。例如，微妙的身体波动伴随着戏剧性的跳跃，优雅的姿态伴随着手臂的快速运动，身体在沿着平衡木移动时的上升和下降，以及在其他想象不到的点上。所有这些都在练习中形成了“符号特征”。

4. 通感

当年轻人用他们熟悉的另一种形式思考自己的工作时，他们可以很容易地提出自己的想法，但不一定是从运动员的角度。因为在这种情况下，另一种艺术形态——声音和听力，使得这些与他们自己的体力劳动之间的联系变得更加清晰。他们在听音乐的时候还可以描绘出某一图片形象，这就是我们在体操中往往忽视的感官形态的生理和心理融合。

有些人在听到一种音调时会看到一种颜色，这种现象被称为“通感”。我们可以在体操训练中利用这种感觉，布置各种颜色，并为各种颜色赋予一种情绪或感觉。比如，如果你想看蓝色，它会让你想起寒冷和冰冷。同样的，黄色可能感觉像雏菊在温暖的阳光下吹拂。让体操动作和表演某一音乐作品在头脑中紧密联系在一起。

5. 结构和语言

继续与年轻体操运动员讨论训练，并将其延伸到音乐领域，同时包括绘画和其他形式的人类审美活动，也可以继续延伸为每个人都具体体验过的口头语言。讨论我们自己的语言结构、句点、逗号、注释点、问号等语法概念的含义，这些概念与运动员对“体操句子”或练习的使用有关。例如，体操运动员希望在哪里强调一个带有“注释点”的动作？要在哪里停顿？联系到平衡木上，我们如何从一个动作衔接到另一个动作？

大多数体操运动员都同意的一件事是：在一个练习中不应该有任何“问号”，没有疑问，没有缺乏自信的标点符号，也没有说“你告诉我”这样的陈述。最终的结果应该是一个句子、一段、一首十四行诗、一整首诗、一个完整套路，它通过体操运动员的表现来表达重要内容或者与别人交流。至于女体操运动员，你可能会对本“体操运动员的平衡木训练指南”感兴趣，它或许能帮助你在成套动作中完美演绎自己的“十四行诗”。

教练员们，你可能会惊讶地发现，你的体操运动员进行这样一次智力探索后，会在心理训练方面获得意想不到的回报。如果实验运用的某种艺术形式在某些方面应用不佳，那就试试将其用在其他的训练上。补充说明：有一天你来到体操馆，可能会惊讶地发现体操运动员正在编造体操“句子”并试图猜测他们的队友“说”什么！

第四节　体操运动员的平衡木训练指南

让我们看一下对女孩来说比较难的项目——平衡木，看起来很漂亮，但绝对是一项棘手的挑战。我们收到的许多体操运动员的邮件都涉及她们在平衡木上遇到的问题。大多数教练员都已经认识到，比赛的成败取决于队伍在平衡木上的表现。事实证明，在个人全能项目中也是这样。根本原因在于平衡木是发生失误风险最高的项目，每次掉下器械扣减 0.5 分（译者注：根据本书成文时的体操规则），且每个动作只能完成一次。跳马项目中完全摔倒很难，因为比赛很快结束。但是跟高低杠一样，平衡木的比赛要持续 1 分 10 秒到 1 分 30 秒。你要在离地面约 49 英寸（1 英寸 =2.54 厘米）、宽 4 英寸的横木上移动！它静止不动，但体操运动员需要动来动去，完成动作，同时又要保持平衡，这确实是一个最困难的项目。

教练员、裁判员和体操运动员似乎都同意，平衡木是对心理素质要求最高的项目。我们花了很多时间观看各种能力的体操运动员练习平衡木，并向她们和教练员提出了数百个问题。我们汇集了一些值得思考的想法，可能有助于你降低在这一项目中掉下器械的次数！这一领域已经有了一些正式的研究，我们的一些建议都基于这些研究，但大多数来自有经验的一线人员。有些可能会重复，为了便于阅读，我们分开表述。

1. 提高平衡木成绩的最佳方法是多花时间，努力练习

我们的意思不是站在那里感受脚下的感觉，而是每一次练习都要努力。在提高动作稳定性的概率方面，除了多花时间外，其他方法根本无法替代。在地板上的线上训练虽然很好，但还是不一样。我个人认为平衡木需要的时间最多，当你制订训练计划时需要特别对待。事实上，在平衡木上的训练，不仅要做一些常规的难度动作，而且还要进行专门训练，怎么强调都不过分。常规方法以外，还有另一种方法可以计算平衡木上的训练量。很多人每天步行或慢跑 1 ~ 3 英里（1 英里 = 1.61 公里），却什么都不想。在平衡木上，你必须移动大约 330 次平衡木的长度，才能走 1 英里。考虑到每个动作串约 5 秒（这真是太快了），在没有休息或停顿的情况下连续移动约 27 分钟，才能完成这 1 英里。当然，每天在平衡木上走 1 英里是一个合理的目标。实际上你不仅仅要走，还要做一些难度动作，加上停顿、跳跃的时间，你至少需要在平衡木上走 1 小时。你也可以少练，但你掌握这项活动的能力将与你投入的时间成比例。

2. 确保了解保持稳定性的基本技术要求

这是训练组要做的事情，我们相信你的教练员会让你意识到这些，但在心理上你必须更加注意。这些因素必须是你心理训练的一部分，并且要一直保持在头脑中。保持你的身体在一条直线上，眼睛看着前方，肩膀向下，脖子伸长、展肩，身体紧绷、精神放松、脚掌落地等。所有这些都应该是你思维的一部分，并且在你训练的时候要更加注意。顺便说一下，脚掌着地有两个目的：除了动作效果外，它还可以帮助你在紧急情况下更好地控制你的身体。如果你的脚趾一直训练得很好，那么当你做一个需要一只脚稳定的动作，出现一个不平衡的错误动作，不得不这样做时，你会发现你的脚趾就像一把抓住平衡木边缘的小老虎钳。这时你的努力会真正地体现出来。

3. 积极思考，简单思考

说起来容易做起来难。在开始平衡木训练之前，你最好和自己进行一次私人谈话。站在平衡木的末端，看看你一会儿要站上去的地方。平衡木看起来变得越来越像剧场的舞台，又长又窄。让你的大脑有节奏地思考，想一想行为举止有一种挺拔和庄严的感觉；想想你的上半身是平衡木的一部分，是平衡木的延伸，你就会为自己和你美丽的身体所做的感到骄傲。对于初学者来说，这不是一种容易的感觉，因为相对于在平衡木上的时间，你可能会花更多的时间在上下平衡木上。你必须耐心地、一次一次地进行开始部分的练习。这个过程很慢，但是可以肯定的是，好的态度会让你朝着你想要的成就和连你自己都不敢相信的平衡木上的控制感前进。我们认识许多女孩，她们在真正开始之前就会犯嘀咕了，一次跌倒后，她们就确信自己不喜欢平衡木。一定要立即在头脑中把类似的想法清除掉！

4. 运用自己的内在尺度——4 英寸理论

在平衡木上，伴随着简单思考，有一些非常有趣的心理训练，我们将其称为 4 英寸理论。人体似乎有两根内置的测量棒，有助于这一项目。一个人的胸腔底部边缘（非常小的孩子除外）和眼角之间的距离大约为 4 英寸。当然，每个人可能不同，但基本上它接近平衡木的宽度。换句话说，有一种可以用来帮助你保持直立的方法。如果你保持平衡木与胸腔成一条直线，并且与眼角之间的空间成一条直线，你就可以更好地对准。如果你足够努力，你可以真正“感觉”到它的存在。

5. 全神贯注地完成任务并且关注心理能量

没有任何项目会需要如此持久的关注。你必须把所有不重要的声音都屏蔽掉，只使用你用来训练的提示。很多练习都会对这方面有帮助，它会让你的套路动作达到自动化。这并不是说你想进入一种催眠的恍惚状态，因为保持清醒并为意想不到的事情做好准备是很重要的。然而，你要想如此投入到你正在做的事情中去，除非发生爆炸（可能不会发生），否则任何事情都不能分散你的注意力。一些教练员会跟平衡木上的体操运动员说话，这一点很好，你会发现随着时间的推移，你可以听到教练员的声音和单字提示，而不是其他更响亮的声音，这叫作选择性倾听。这应该不会破坏你基本的注意力。当在平衡木上时，你就在那里，并不在其他地方。不要环顾四周看谁在看你，谁来了体操馆，或者其他任何原因。这些都会让你在训练中迷失自己。有些女孩在训练时安静地自言自语，甚至在专心的时候会哼歌或吹口哨。当然你可以说这样不好，但与其他某些观点相反，我认为这可以帮助一些人通过其他的内在专注来集中他们的注意力。试着感受你正在做的动作的节拍和你身体在练习中的节奏，就像我们在上一节中讨论的那样，一步一步地做。不要提前考虑下法或即将到来的动作，而是把你所有的注意力放在当前的动作上。你有多少次看到一名体操运动员想要完成一个难度动作，却因为训练中的一个小点而失败？这样通常是由于体操运动员心理上的放松导致了注意力的中断，认为困难技巧已经成功完成了。注意，不能让注意力下降，永远！

6. 留出对教练员在练习中指出的难点进行训练的时间

这包括平衡木上的跳跃及连续跳跃、转体、落点和注视点等。伴随身体和手臂的动作，在平衡木上行走也需要花费大量的时间。减少穿过平衡木所需的跳跃或跳跃次数，或者增加从一端到另一端的转体次数，这也是一种有价值的练习，有助于稳定你的身体，提高运动表现。

7. 努力完善你成套动作中的单个动作

做任何动作都不应该是随意的——每根手指、手臂、头部和身体的姿态都应该计划好。当然外部条件会迫使你的动作发生变化，但无论是在训练还是比赛中，你都希望它是完美的。如果完成得不好，重复刚刚完成的动作，直到正确为止。马虎是不能容忍的。这需要很强的自律性，而且取决于你自己，因为教练员不能一直盯着你的训练。在这个项目上，如果你在训练中接受不正确的练习，你就是欺骗你自己，在比赛中将会付出代价。

8. 当你失去平衡时，尽一切合理的努力保持平衡

每个人都有平衡问题，但你应该有这样的想法和心态：当不稳定的时刻发生时，不应该简单地放弃和停下来。我们见过很多女孩，例如，有的人做了一个后手翻落地时比较正，但上身可能稍微偏了，她们没有努力挽救这个动作、保持平衡，而是立刻跳下来，然后跳上去重新去做。这就是所谓的不可原谅的放弃！如果是倒挂在平衡木下，手臂和腿缠绕在平衡木上那也很搞笑，这种情况下如果挣扎着尽量留在平衡木上意义也不大。它不仅看起来不好，而且你早晚会落地。如果能继续下去，那就继续完成套路。不过，至少在只做一次简单的调整就可以挽救一天训练的时候不要放弃。同样，这需要练习，而不仅仅是在比赛时这样做。

9. 与在比赛时穿同样的鞋

令人惊讶的是，很多优秀的体操运动员利用平衡木的“感觉”来帮助她们保持定向和提高稳定性。当涉及脚时，体操运动员有必要以一致的方式进行训练。赤脚或者其他什么的，只要你练习的时候和比赛的时候一样就可以。

10. 尽可能地将平衡木升到比赛高度

当然，有一些训练可以而且应该在低杠上完成，而且对于帮助你在学习新技能上获得信心的角度来说，是非常有益处的。但当在实际的常规动作训练时，你要多在正常高度上进行训练。有研究表明，即使是经验丰富的选手，对有效的空间感知的调整也较难。在比赛中的“高度”上练习得越多，运动员沿着稳定、狭窄的表面移动时保持平衡的机会就越大。

11. 充分利用“平衡木温度”

每名体操运动员似乎都有一道个人的门槛，那就是比赛所需的在平衡木上热身的组数。有些人在两组之后就可以进行，而另一些人可能需要更多的时间才能真正地到那个点上。虽然成套动作的完成数量很重要，但归根结底，关键在于这些热身的整体质量。最后，最重要的是你在比赛中要做的，这就是你现在需要努力的方向。这也是要在平衡木上进行大量练习的另一个原因，那就是找出你最低和最高的“平衡木温度”是什么，以利于获得更好的比赛表现。

12. 学会在完成成套动作的过程中正确呼吸

呼吸控制对所有项目都非常重要，平衡木也不例外。事实上，呼吸控制不好或屏住呼吸会导致轻微的不稳定甚至头晕，这是我们在平衡木上肯定不想出现的情况。系统地用新鲜空气给你的肺换气，会使你的大脑功能达到最好状态，也会使你的控制力最大化，耐力也最大化。这不是幻想，而是医学事实。再次指出，正确的呼吸不会自己偶然发生，必须有计划地进行练习。

13. 不要畏缩，自信地表达自己

虽然你想留在平衡木上，但有时你又犹豫不决，不是为了能完善成套动作，而是因为不够自信。过度谨慎的训练就像拇指酸痛一样突出，是因为缺乏节奏和信心。当你在平衡木上进行各种训练时，尽管各种腾空飞跃可能很吓人，但它们会令裁判员印象深刻且富有表演性。不管你信不信，它们比各种小跳更容易，完成后者时你的脚和身体很难正确地定位以实现稳固的着陆。时刻记住你是在“销售”你的成套动作，让它“强大”，把它表现出来，然后展示它。不要过于关注之前的掉下，因为那样的话，你肯定还会掉下。相反，保持我们之前谈到的积极态度，继续前进！这通常也是需要练习的。若想获得更多的提示，请参阅第十章的“体操运动员的指南——如何展示自信”。

14. 训练中随时进行心理和身体的调整

我们不仅仅是在谈论身体上的问题，也在讨论心理上的问题，使之重新组合。如果你在训练时有一个大的或小的停顿，要像在比赛中那样，尽量完成这个动作，以一种不慌不忙的方式继续。如果你掉下器械，也不要对自己生气，那样你就不能再简单地思考了，你会迷失在对停顿发生的思绪中。如果允许一个错误打乱你的思想，那它可能会导致你剩余努力的白费。把它从你的头脑中拿出去并继续进行下去是很重要的。例如，带着表示态度的微笑——“任何人都可能发生这种情况，不同的是，现在要看看我是怎么做的”！请充满信心地重新开始。

15. 从心理学角度来说，可靠的上法对平衡木项目很重要

这并不一定意味着你需要一个简单的上法，相反，你需要的是能够接近100%的成功完成。没有什么比在比赛开始就从器械上掉下来更令人沮丧的了。因为这一点，你就已经失败了，这会影响你完成后面整套动作的注意力。对于有经验的体操运动员来说，风险可能是值得的，他们经常会尝试一种非常难，也还没有完全掌握的技巧。大多数像这样的体操运动员都能忘记开场的中断，继续进行比赛。然而，经验不足的体操运动员通常不会这样做。在所有的比赛中，一个好的开始是非常重要的。在平衡木上，一个积极的、自信的开场不仅能引起评委的注意，而且能让你的头脑提前进入积极的状态。

16. 在训练中给自己施加一定的压力

一周至少几次，或者不管你的教练员给你分配了什么任务，做完之后继续进行你自己的计划。可以让教练员或队友帮忙。这就是如何让在比赛中，在自己出现失误的情况下，收到“警告”和“时间”的声音，帮助自己调整节奏，尽快从失误中调整过来。观察你的运动次数，设定目标，看看你训练的一致性。按照同样的思路，与自己竞争，并记录下你的表现——成功地完成、失误等。努力做到你能做到的最好表现，当你做得好的时候奖励自己。我们不是说要有糖果奖励，而是对自己说“干得好”“这套动作不错”“进展很好”等，这样做并不疯狂。这是一种能很好保持你动力的方式。可以让教练员和队友提出批评意见，而不是仅仅进行正面的自我评价。你的教练员和队友也会这样做（我们希望如此）。你越依赖自我管理，训练效果就会越好。请参阅第八章的“目标设定指南”，以帮助你为技能和训练设置目标。

17. 设定你的目标，尽一切努力取得更好的成绩

为每次训练和比赛设定你的个人目标。知道你需要做什么才能让你提高自己的运动表现水平。做个人计划，你和你的教练员都认为通过这项计划能够使你在平衡木上表现得更好，然后执行。参阅第八章的“我的目标是……体操运动员的计划”可以帮助你设定这些重要的目标。

18. 与队友交谈，揣摩其观点，并向教练员提问

提出问题，揣摩理解顶尖体操运动员所说的话，与队友分享关于平衡木的想法，并一起进行训练。例如，当轮到某个项目时，鼓励团队成员“不要掉下来”。用防止掉下器械所需的反复练习来训练自己。如果你在比赛中看到优秀的平衡木运动员，仔细观察她的动作，这是一种很好的学习方法。从她的表现中你能看到什么？不要因为别人优异的运动表现而失落，你应该借此寻找方法来提高自己的成套动作质量。但是，做这些的时候不要离自己的比赛太近。因为在比赛之前，你需要时间进入正确的状态。

19. 记住有些时候你什么也做不了

如果你在平衡木上度过了一些糟糕的日子，不管你多么努力都没有效果，那就停下来吧！糟糕的练习不会有任何收获，如果继续下去的话，你的心理状态可能会变得更糟。离开去休息一下，和你的教练员谈谈，也许稍后状态就会回来。还要记住，如果你发烧或者感冒很严重，你的内耳（平衡控制点）可能会受到影响，所以在这种情况下少练习可能是明智的。

第五节　平衡木训练的 19 个提示

女子艺术体操项目中最具心理学色彩的项目是平衡木。让我们看一下对女孩来说比较难的项目——平衡木，绝对是一项棘手的挑战。教练员、裁判员和体操运动员似乎都同意这一点，整个比赛的胜负往往取决于个人或团体在这一项目中的表现。有关这些技巧的完整描述，请参阅上一节。

（1）提高平衡木成绩的最佳方法是多花时间，努力练习；

（2）确保你了解保持稳定性的基本技术要求；

（3）积极思考，简单思考；

（4）运用自己的内在尺度——4 英寸理论；

（5）全神贯注地完成任务并且关注心理能量；

（6）留出对教练员在练习中指出的难点进行训练的时间；

（7）努力完善你成套动作中的单个动作；

（8）当你失去平衡时，尽一切合理的努力保持平衡；

（9）与在比赛时穿同样的鞋；

（10）尽可能地将平衡木升到比赛高度；

（11）充分利用“平衡木温度”；

（12）学会在完成成套过程中正确呼吸；

（13）不要畏缩，自信地表达自己；

（14）训练中随时进行心理和身体的调整；

（15）从心理学角度来说，可靠的上法对平衡木项目很重要；

（16）在训练中给自己施加一定的压力；

（17）设定你的目标，尽一切努力取得更好的成绩；

（18）与队友交谈，揣摩其观点，并向教练员提问；

（19）记住有些时候你什么也做不了。

第六节　成套动作训练的心理、身体指南

运动员身体训练与心理积极作用之间的双向联系常被认为非常重要。当谈到为在各个项目中完美呈现复杂的体操套路所需要做出的准备时，情况更是如此。有时在我们的文章中有必要讨论一些可能会对实际训练有直接影响的话题。

心理学中有一个概念在拉丁语中被称为“以点带面”（pars pro toto），它涉及了部分（pars）与整体（toto）的关系和重要性的问题。许多研究者谈到了积极强化和支持提供有成效的渐进式学习环境的重要性。在这个良好的环境中学习一段时间可能是运动员在整个学习过程中技术突飞猛进的关键。这里面涵盖了忍耐的固有概念和心理学的忍耐，以及耐力、训练计划、技能学习和身体力量训练等。

假设上述提到的渐进式学习和积极的学习氛围两个因素存在于训练中，无论好坏，在为比赛做准备时都是值得注意的问题。这是体操运动员与教练员始终要面对的一项特殊工作，尽管许多人更愿意做“有趣”的工作，并且会尽可能地避免把它们放在一起。不幸的是，这项工作通常被推迟得太久，其结果就是运动员不可靠、糟糕的表现，失去了真正成功的机会。

展示你已经掌握的简单技巧可能费不了多大劲，但从开始到结束呈现一套充满自信、天赋和身体耐力的动作套路是一件很难的事情。在训练过程中完成的每一个完整的动作套路都需要一种特殊的“心态”，而不只是简单地做身体动作。如果你处于基础和上升期，请参阅第八章的“我的目标是……体操运动员的计划”，进一步获取更接近你训练过程的信息。

有很多方法能够在日常训练中被运用，本文中重点介绍的方法并不是唯一的方法。很多从生理、心理角度出发的观点，被教练员使用后，大多数情况下都能发挥作用。

一、精通基本动作

首先，需要假设体操运动员已经精通动作练习中的个人技能。这里所说的精通程度取决于体操运动员和教练员。至少是这项技能从技术上来说体操运动员已经能够正确完成。在理想的情况下，精通意味着100%的准确性和完整的动作模式。因为我们生活在一个不完美的世界，相比其他体育运动，体操运动员的确要经历更多的不确定性与风险。为了方便讨论，当个人技能展示成功概率为90%时即可称为精通。当然，在训练或比赛中会存在产生动作失误的较大风险因素，有些技能也可能在每次尝试时都能够完美地呈现。长远的目标是让精通的技术动作成为套路动作中的主体部分，唯一剩下的不可预测的因素就是任何高水平的体操运动都有可能发生的那些。显然这是可以做到的，那些做到的人成了冠军，他们证明了“现实与梦想可以同时存在”。很明显为参加比赛进行为期两周的速成训练是行不通的，尽管太多人尝试这样去做了。

在各个动作技能都已经准备就绪，体操运动员对技术动作有深入的理解，同时对训练存在较低的恐惧感的情况下，如何把这些动作组合起来并达到最好的效果呢？我们把它们组合起来并不是要探讨什么样的技能有益于满足训练内部结构的整体需求，而是着眼于达到所期望的整体的实际表现过程。

在学习阶段，主要训练单个动作技能和某些动作组合。在体操教练员和运动员的心目中，比较长的动作组合这样的基础套路是整体套路计划的一部分。当整个套路训练准备就绪时，体操运动员和教练员通常希望已经为下一步的训练做好了大量的铺垫，这样就会使下一步变得容易一些。详细内容参见本章的“体操运动员的平衡木训练指南”。

下一步就是成套动作训练，这需要不同形式的全方位的努力。这个过程不仅依靠简单的磨炼，而且需要一种系统的方式。从这一点上来说，体操运动员必须在这一段时期内具备最大的肌肉力量、耐力，同时要有相应的独特的心理训练来完成成套动作的训练。

二、专门性和超负荷

在成套动作训练中，有几个基本的心理、生理原则需要简要地讨论一下。第一个概念被称为“专门性”，这是一个经过科学证明的概念，它表明为某一特定的活动提高肌肉力量的最佳方法是尽可能地模拟实际的活动。要最大限度地提高身体特定部位的力量，这些部位涉及实际所需的动作。例如，摔跤的冲击力不是通过慢跑获得，而是通过冲击力的专门训练获得。把这个和当前的讨论联系起来，为训练完整成套动作的最好方法就是成套练习，通过这种方式，提高成套动作所需的“心理状态”也得到了增强。这似乎是一种简单的理念，但令人惊讶的是，它经常被忽视。

为了完成这项任务并弥补肌肉力量和耐力方面的缺陷，在进行成套动作训练时，肌肉力量和耐力方面的缺陷会显著地表现出来。这就是负荷的概念，是体操界的一个著名观点。简单地说，为了增加耐力，训练中肌肉（和大脑）需要达到次最大负荷。这样做的方法是不断增加对肌肉群的要求，包括做整套动作。整体强度、重复次数等必须按照计划和在监控下增加。监测心率和呼吸质量、慢慢增加需求，将会使耐力增加。心血管（有氧）健康涉及这一原则，因为心脏提供血液（燃料、能量）给肌肉群，并通过血液运动运走代谢废弃物。

关于呼吸控制——令人吃惊的是，许多体操运动员和教练员认为呼吸是自然而然且无关紧要的事。事实上，它是训练中需要专门练习的非常重要的一部分。在强度较大的运动中，屏住呼吸可能对运动员的能量供应产生灾难性的影响。在做体操的时候，不应该把它作为生命的自然组成部分，而应该在训练的时候有意识地去做。在这里应该提到的是，不断地分析特定的肌肉是很重要的，除了完成成套动作的训练，这些肌肉可能需要专门性的练习。通过提高灵活性和体能训练这样的专门训练可以提高动作的效率。

三、成套动作心理、身体训练步骤

给你留下最深刻印象的往往是那些轻松完成成套动作并且尚有余力的体操运动员。多数情况下，这些体操运动员都运用了专门性和超负荷训练的理念。根据前面的讨论，我们来看看推荐的成套动作训练步骤。和往常一样，教练员有责任确保每名体操运动员在身心都准备充分的情况下进行训练。

第一步：在开始之前，一定要记得每天做放松和训练回顾，尤其是每次完成动作之前。训练开始，在训练中试着将从开始到结束的所有动作演练完成。一些体操运动员和教练员通过这样做在技能方面取得了意外的效果，但这一套完成下来许多体操运动员将会精疲力竭。不必为此而恐慌，慢慢将它融入日常训练中就会好很多。

第二步：通过第一步的尝试，你已经对完美掌握成套动作所要做的具体工作有了一些掌握。除了跳马以外，第二步时可以把成套动作分为三个阶段，下一次练习都要从上法开始，练习成套动作的前1/3。

第三步：重复第一步，逐次缩短组间间隔时间。

第四步：用相同的方式练习第二、第三步，然后再做最后一步，包括下法。

这一步仍旧分阶段进行单独训练。缩短组间休息时间，在增加运动量的同时要检查心跳，直至心率达到次最大值，并且呼吸可控。

第五步：现在有两种训练方式，你可以选择其一。第一种，将整个训练分为两个半程。第二种，像三步的分类一样，将训练分为几个阶段循序渐进，以达到训练效果。无论哪种方法，步骤都是相同的。不断在重复训练中缩短间隔休息时间，迫使肌肉得到最大的锻炼。有的运动员喜欢从中间步骤开始肌肉训练，我们不推荐这种方法。要记住，锻炼不仅仅是身体的调整，也是思想状态的调节，使之整体适应训练。

从心理学上来说，从头至尾的流畅节奏会感觉更好。成套动作需要专门的心理状态。

第六步：按照以上步骤进行一段时间的训练一定会得到好的效果。因为你更会用自己的身体了，所以肌力、肌耐力都会有所提高，动作会更省力，疲劳感也会降低。这个阶段，每晚睡觉前回顾动作的时候也要注意整体性，应该包括整个套路，而不是单个动作。

第七步：完成整套动作，逐渐将每次训练之间的恢复期缩到最短。

第八步：整套动作全程都要保持一样的训练专注度和超负荷，就像你在准备单项练习一样，做好准备后再进行全能项目。你可能注意到在顶级水平赛场上，经常有体操运动员在热身时会进行一次全套或接近全套的练习。这就是正确的成套动作训练及优秀的体操运动员已经在生理上和心理上都做好准备的证明。

最后，从心理学的角度来看，没有什么比参加比赛时感到自己的动作是稳定的、可控的、准备好展示的更能建立体操运动员的信心了。这没有捷径，认真的体操运动员必须准备好投入大量的艰苦工作和训练，如果他们希望切实地充分发挥个人潜力，那就需要付出大量的时间。

第十章 赛前准备与比赛

简言之，如果体操运动员、教练员及参赛队伍没有为即将到来的比赛做好充分的准备，那么这带来的结果可能是灾难性的。在前面各章节中，我们已经认同了从心理、身体和情绪这三方面入手，并以此为先决条件去探讨提高体操运动员的运动表现。因此，本章我们将重点讨论有关比赛的重要问题。

第一节讨论了体操裁判员打分时的心理，以及它对教练员和体操运动员产生的影响。其中有几节是为体操运动员写的，比如讨论自信的形成与表现，详细指出了自信与活力这两个概念之间较有意思的联系。对于那些在比赛前夜或当天“忐忑不安”的运动员，文中也提供了一些有价值的建议。最后，我们还对体操运动员及教练员在实际比赛中如何表现和可采取什么步骤进行了讨论。理解这些概念并遵循指导方针，将有助于确保你在赛季中表现突出且取得优异的成绩。

本章重点：

- 心理因素对体操裁判员的影响
- 体操运动员的指南——如何展示自信
- “忐忑”与赛前焦虑
- 个人展示：尽情展示自己的风采
- 比赛展示指南

第一节　心理因素对体操裁判员的影响

无论裁判员对比赛技术规则、规律的掌握程度及对该项运动的评价程度如何，总有其他因素会影响其打分过程。这些因素主要包括有意识的、前意识的、无意识的及一些在相关资料中无法找寻的。在对此论述之前，我们有必要对以上的术语进行定义。所谓有意识因素，指的是我们在从事任何行为时所意识到的偏见、决定或行为，即判断（裁判员的打分）；前意识因素（先觉因素）是指那些在我们的意识水平之下，但通过第三方识别（我们被告知时）很容易被带到意识状态的那些因素。这些是我们很快就会意识到的。无意识因素作为最有影响且最难以澄清的因素，它完全不能被我们意识到，而且在没有接受心理干预的情况下无法达到有意识状态的水平。这些因素通常会同时产生影响，但在特定时间，某一因素会比其他因素更占主导地位。

本节主要为体操比赛中的无名英雄——体操裁判员提供参考。不过，教练员和体操运动员也可能对其感兴趣。以下建议是基于我们作为体操裁判员和教练员的经验，以及通过与体操裁判员的非正式讨论得出的。虽然我们身处其中，但我们并不想对涉及的伦理问题进行道德判断。请参考以下例子。

一、案例

在一次非常重要的对抗赛上，作为三号裁判员的你，已经坐在了场地边上的裁判席上，并等待着第一名选手出现在自由体操赛场上。在此之前的比赛中，你并没有见过这些团队，但如果你之前看到过他们的表演，这时你的一些心理因素（主要是有意识和前意识）可能就会开始起作用。有证据表明，如果裁判员事先知道体操运动员的运动水平，那么他们评判的往往是他们所期望看到的而非真实所见（我们可能会假装这没有发生，但事实就是这样，且对分数产生了一定的影响）。举个例子：你从经验中得知，其中一名教练员对裁判员特别挑剔，而且这是他方主场的一次比赛。此时的你会有些焦虑，但作为裁判员的你当然想把工作做好并且保证万无一失。然而，这种焦虑可以起到一定的作用，因为它可以帮助一个人以一种更可控的方式集中注意力。在看过第一名运动员的表现后，你打了分并予以公示。但你发现你打的分数是最低的，于是有观众对此感到不满，有教练员双臂环抱着怒视你，坐在长凳上的体操运动员转身交谈着你对比赛的打分。对于他们的指点，你的焦虑感也许会暴增（由前意识或无意识决定）——这是罗马竞技场上的自然反应。即使是控制力强且经验丰富的裁判员，也会受到心理因素的干扰，只是反应程度会有所不同。想象一下，在这种情况下，裁判员可能会有意识地将下一名参赛选手的得分提高零点几分，甚至更多。这种行为往往是由无意识因素决定的，这与他们需要得到他人的接受、认可及他们对焦虑的容忍度有关。显然，如果裁判员想做一个“好人”，那么他应该更加专业。

不幸的是，此类情况依然出现在体操比赛中，尤其是在较低水平的比赛中。来自观众、教练员和体操运动员的这类压力是难以避免的。裁判员对这一自然且属于正常现象的心理反应是个性化问题。下面我们介绍有关心理因素的一些建议。

二、建议

最有效的建议或许是让裁判员自己试着有意识地去了解这些因素及其影响，以帮助将这些因素对整个评判过程的影响降至最低（有时，对一支队伍的偏见可被轻易识别且快速纠正）。值得我们关注的是，有些教练员通常会运用这些影响因素的理论知识对裁判员“施压”。

另外，有一些心理因素以一种更为微妙和浅显的方式影响着评判过程，如体操运动员的外貌和行为表现。裁判员的每个判断都是一个高度个性化的事情，且由裁判员人格特征中的先决因素所决定，而这样的事情太复杂以致无法用有限的篇幅来论述。但应当强调的是，裁判员必须不断努力地识别这些主观判断，并认识到它们在这一过程中的作用。这些因素还包括：运动员的个人外貌、名气、民族（或种族出身）、说话方式、地位及裁判员的喜好等。

除了技术规则之外，还有其他因素会从心理学的角度影响评判。除个人外貌

（制服的干净整洁）外，我们还提及了一些其他因素，如面对总裁判员和其他裁判员时的发言方式（运动员的发言、面部表情及语气是否简短干脆等）、比赛前的表现（避免让裁判员等待得过长）、下马后的行为（有些裁判员对男子体操运动员在下马后立即解开吊带的行为非常恼火）、恢复能力等共同形成了裁判员对体操运动员的总体印象。以上这些因素在评判过程中都产生了重要的影响。

罗洛梅在他的《心理学与人类的困境》一书中指出，人的基本问题或困境在于他同时担任着主、客体的身份。当他把自身及自身的行为（包括心理学、社会学和人类学等学科中所涉及的行为）作为调查对象时，他也是一名观察者。因此，在观察过程中人们总是受到这样一种约束，即难以判断那究竟是事物的本质还是经过自己曲解后的结果，并且，这种约束无法消除。

为了客观地评价体操表现，我们做了很多努力（在这方面我们确实做得越来越好），如应用和解释更客观的技术标准。但没有一种绝对可靠的方法可以排除主观因素的影响。这似乎是一件好事，也许我们不应该全神贯注于从评判工作中消除所有这些个人心理变量的影响。如果一个人持以上的观点，那么显然再怎么努力也无法全部消除主观影响。当然，为了使分数尽可能客观，我们必须继续下去且不断地完善我们的评判程序，同时更多地认识到本节所讨论的影响因素。然而，我们似乎应该坦然地认识到：作为弱小的且参与了本质上相当人性化事情的我们，实际上是被自己困住了。

第二节　体操运动员的指南——如何展示自信

过去奥运会选手表现出的特殊品质是什么呢？为什么当今的新晋运动员和奥运体操运动员的表现几乎立刻就能引起我们的注意？当然，他们所具备的高运动水平是一回事，但还有另一个品质也是值得我们关注的，我们称之为“自信的感觉”。我们都听说过这样的表达——“他对那一套技能的展示表现出了极大的信心”或者“她在平衡木上显得非常自信”，以及其他对某人表现的正面评价。面对这些评价，我们真正谈论的是什么呢？这种被称为自信的品质是什么？什么样的东西会给人一种“自信的感觉”？更重要的是，如果现在的你没有拥有它，那该如何获得呢？

一、自信的定义

为了找到“自信”一词最为本质的释义，我们用词典对其进行正式定义。在韦伯斯特词典中，“自信”一词有如下解释：

- 信念、信任
- 对个人能量的感知
- 对自己的信赖
- 自我肯定的特质

绝大多数字典也对“自信”给出了其他的定义，它们都将其归结为描述一个人的思想状态、相对冷静的行为特征，以及在不确定和尴尬的环境中仍能泰然自若的状态。大多数定义强调了这样一个事实：自信的人是信赖自己的，且没有任何自负或自大的迹象。一个真正自信的人在压力下仍能保持自制及自律，而不会是一个在没有真正挑战的情况下只说不做的人。自信的运动员往往低调谦虚，且这种谦虚的背后往往有着一种强大的个人力量。假装自信的人可能常常会吹嘘自己，但当压力真正来临时，他将会深陷其中，无法自拔。在我们的日常生活中，这两种类型的人遍布四周，无论是在体操馆外还是体操馆内我们都会遇到。

二、个人自信心

自信心显然不是你去超市或比萨店就可以买到的东西。很明显，它是一种精神状态，是一种随着时间的推移从我们生活的经验中发展出来的精神态度。如果一个人从未在任何事情上取得过真正的成功，或者一直被告知他不够好或做得不够好，那么他几乎不可能拥有与个人自信心相关的那种内在感觉。那些即使有能力却总是被贬低的人，经常会害羞且对自己持消极的态度。对这些人来说，他们的劲敌往往是自己，总认为自己会失败，而最终事情发展的走向也的确证实了他们的预测。以上这类人是很少表现出自我尊重的。

另一个极端是某些年轻人总是被告知他们所做的一切都很好，他们是最优秀的，且无论发生什么，他们都应该把自己视为头号人物。这些人往往期望成功但不会付出实现目标所需的努力。这类体操运动员表现出的自信往往是非常虚假的，因为它们建立在虚假信息和对他们所付出努力的不诚实反馈的基础上。以上情况可能会导致体操运动员产生傲慢的态度，但其也可能会像那些经常受到批评的人一样退缩。当他们虚假的自我形象和自信被他们实际的体操经验摧毁时，就会出现极端的情况。对此，他们往往会变得非常不自信，并且倾向于逃避或忽视来自教练员或他人任何形式的帮助。就像生活中的大多数事情一样，极端是不可取的。自信的人往往既能接受真诚、有益的批评，也能接受别人的夸赞，并依旧会为获得的成就努力工作。

我们很少会遇到一个完全没有信心的人，特别是在体操运动中。体操这项运动的特点往往会使缺乏自信或没有自信的年轻人不敢尝试，因为他们害怕做任何有危险事情。可以说，如果一个年轻人能够在良好的条件下进行体操练习，那么体操将会是一个帮助其建立自信的好工具。然而，我们确实也遇到了许多的运动员，他们需要形成和表现出更多的“自信”，但问题是，我们该从何入手去帮助他们呢？

三、掌控感与自信

在第九章的“成套动作训练的心理、身体指南”中，我们谈了掌握动作和套路的重要性，因为它是做好比赛准备的关键部分。与那些认为自己的准备没有达到应有水平的体操运动员相比，准备充分的体操运动员往往在参加比赛时具有真正的心理优势。准备不足的体操运动员因为担心他们的套路动作不能顺利通过，在比赛时会明显表现得更紧张，怀疑自己且难以集中精力。身体准备得越充分，心理准备就会越充分。因为，这时身体与心理系统之间会形成一个积极的、支持性的循环。因此，体操运动员想要获得更全方位自信的方法之一就是尽可能地做好身体准备。这也意味着他们需要持续不断的努力练习，意味着需要把自己的忍耐力推到极限。这种努力伴随着身体上或情感上的痛苦，但是，以上所有的付出在比赛中都会得到回报。时刻记住：充分的身体准备是自信的基础！

四、比赛与自信

我们可以在体操运动员进入场地的那一刻看到他们的自信，这些体操运动员都自带一种“推销自己”的气质，并且会很快地给他人留下一个深刻的印象。我们都知道，对一个人最直观的印象就是外表。这是很重要的，整洁的外貌作为自信和可控的形象的一部分，我们需对此予以关注。例如，女孩应该选择既讨人喜欢又不遮脸的发型，如将头发盘起。因为在比赛中重新整理头发会让人觉得你准备得不充分，而在比赛中不应该出现任何分散自信的事情。一般来说，一个能吸引人眼球又整洁的外观很有价值。

五、赛前热身

在比赛前，让其他体操运动员、裁判员和观众看到你的热身过程有助于自信心的建立，但请记住，热身应该有序进行且充满活力。不仅如此，你应该知道哪些动作会有损你在热身时的形象。这些都是你与教练员应提前解决的问题，这不只是为其他运动员考虑，更重要的是，它能帮助你提升自信。对此，你应该提前准备好热身动作，并努力完成它。有时，裁判员会在某一特定赛事的正式比赛前观看运动员的热身活动。至少在无意识的情况下，他们通常会被一名展现出高水平技巧的体操运动员所吸引，因为这名运动员没有多余的动作，且看起来很自信。如果你在热身时完全忘记了某一动作，这可能会影响你的信心，强化你紧张的情绪。在这种情况下，裁判员知道你非有意而为之，也往往会等待一会儿，直到看你能否做到为止。很明显，运动员知道自己的准备情况，这一点时常能帮助其在整个被评估过程中充满自信。

记住，这在一定程度上是“你自己的练习”，如果没有做好充分的准备，你将无法自信地展示出你日常练习中技巧所需的形式、速度、精力和勇气。同时，切记不要让你的练习负担过重，应选择能展现你的优点且能隐藏缺点的动作。换言之，以一种聪明的方式去展示你日常练习的动作，而非仅是从头到尾地做一遍。

六、赛中表现

另一个展示自信的重要途径是你在实际比赛中的表现。当知道你很快就要上场时，应提前做好准备，不要让裁判员等着你，同时注意走路时要拥有坚定的步伐、优雅的姿态。记住：除了真正的技巧展示外，这也是一场表演。体操运动员需要让人看起来聪明、骄傲又警觉，走到那个你事先选好的位置，把最好的自己呈现给裁判员。记住：此时的你不应该有任何困惑或迟疑，在裁判员面前应做好准备，当看到他们点头时，轻轻地向他们鞠躬或微笑。但凡事过犹不及，若你鞠躬或微笑的幅度过大，可能会带来相反的效果。因为这会破坏你在裁判员那里先前留下的印象，就跟不向他们致敬一样糟糕。

对于像体操这类要求很高的运动项目，在展示的过程中出现停顿是常有的事，如果你在展示的过程中不幸“卡壳”了，那么你应该迅速恢复自信，并知道你当下该做的是什么，千万不要傻傻地站在那里，噘着嘴或茫然地看着场下。尽管“卡壳”的行为对你的分数已经造成了一定的影响，但是自信地恢复及表现出良好的身体和心理准备往往可以降低失分程度，同时，这种在压力下的恢复行为可以让人们对你的自我控制和冷静的态度留下深刻的印象。以上两个方面都是自信的行为，若要获知更多有关的内容，请参阅本章的“个人展示：尽情展示自己的风采”。

当你完成展示后，无论好坏，都不要忘记再次向裁判员致敬——这既是一个好的习惯，也是一个明智的选择。记住：时刻都要保持微笑，不要表现出任何歇斯底里的状态，如果你将你的坏脾气或失望情绪表露出来，这对你不会有任何的好处。即使你不能完全做到最好的状态，但也要努力做到专业！尝试快速走到场下，甚至慢跑或者比慢跑更快地离开。尽可能地留下好印象，你的经验会让你做得更好。你所做的那种“结案陈述”说明了你和你的表现，并且会让裁判员在打分时可以从他们的头脑中听到之前留下的“心理回音”。请记住，评判过程并不像我们有时希望的那样。事实上，其中零点几分的分数可能来自与你实际身体表现没有直接联系的东西。任何诚实的裁判员都会承认这一点，而且这的确是事实。

七、活力与自信

另一个有趣的概念可能与这些顶尖运动员表现出的自信有关，这可以在一个叫作“情绪状态量表”（POMS）的心理调查评估中找到。这项评估已被用于识别甚至挑选一些运动项目的优秀运动员。使用这个测试的研究确定了一个被称为“冰山轮廓”的模式（这个模式是在最成功的优秀运动员中发现的）。这个名字是为配置文件挑选的，因为在最佳表现者中，模式顶部出现了峰值。这些运动员在诸如紧张、疲劳、混乱等方面的成绩远低于平均水平。对于这些运动员来说，其具有的最重要的特点就是活力。韦伯斯特词典将活力定义为：“积极的身体、精神力量或魄力，均衡的增长和行动的强度。”根据我们对有天赋的青少年体操运动员的研究，正如我们在第一章的“优秀青年体操运动员的心理特征”中所展示的那样，对于一名成功的优秀体操运动员来说，“活力”是他们最重要的心理特质之一。

也许在考虑“自信”时，我们应该考虑一下“活力”。这一定义听起来很像我们讨论过的个人自信品质，也许活力是实现“自信”的基本要素。当我们想到某一名优秀体操运动员时，我们自然而然地就会联想到一个非常自信的表演者。当然，他的能力水平和活力是非凡的，且是将这两个重要概念联系起来的典型例子。因此，体操运动员，请尽你所能地用“活力”来体验体操这项运动，你很可能发现你的自信水平会提高，并能在训练中表现出来。

八、总结

正如我们所见，自信比许多人想象的要复杂得多。它更多的是一种基于生活经验的心理态度，而不是我们所学的技能。尽管许多体操运动员确实希望他们能做到，不过我们对此不抱希望。但是，你可以通过努力去做或反复练习来获得“胜利”和“自信”的感觉。记住：你的身体准备得越充分，心理准备就会越充分。

第三节 “忐忑”与赛前焦虑

在实际比赛的前一两天，大多数体操运动员通常会感到紧张或焦虑，而且如果比赛越激烈，感觉也会越强烈。他们会产生这样的反应，如焦虑、失眠、口干、心跳加快、出汗增多、打哈欠或上厕所的次数急剧增加，而且运动员的头脑中会不断地产生各种与即将到来的比赛相关的想法。

不同的人会有不同程度和类型的紧张。它通常取决于体操运动员的竞技体验、身体准备程度、体操运动员所感受到的整体准备过程及他们的心理状态。有些体操运动员比其他人更容易对比赛感到焦虑。另一些体操运动员对一切都感到紧张，这种状态常常容易导致其出现强烈的焦虑感，而其他人只是对实际的竞争形势和有关的训练感到紧张。焦虑的程度并不是衡量体操运动员实际表现的标准。其中，太低的紧张感可能会导致较多的错误，相反则可能导致过度的竞争焦虑。理想的唤醒水平是另一个单独的问题，并已在有关比赛前的峰值和最佳注意水平及唤醒水平的章节中进行了讨论，如第七章的“运动表现相关因素”的内容。

一、赛前焦虑

除了个人对压力的基本承受力和天生的焦虑水平外，赛前焦虑的一般因素还包括：害怕失败、让人失望的抱怨、担心在实际竞争中失去控制、感觉准备不足。在许多情况下，赛前焦虑的一个重要原因是体操运动员的自信感和比赛成功之间的感知差异。当体操运动员感到他们已经准备好迎接挑战，并且准备得很充分时，他们所经历的赛前紧张的程度就会减少。如果运动员觉得他们还没有准备好在某一特定水平的情况下进行比赛，那么担心的程度可能会严重影响运动员的表现，这时体操运动员很大程度上会感到消极且会容易产生自我挫败感。

在短期耐力、快速力量类运动中，过度的紧张会让人情绪低落，而且会直接影响你在日常练习中实际可用的精力。此外，对于一名非常焦虑的体操运动员来说，他会很难把注意力集中在控制力量上。当体操运动员过于紧张时，他们通常会把注意力转向内部，集中在焦虑不安的感觉上，这种注意力转移方式并不恰当且代价昂贵。在动作已经近乎完美、自动化时，体操运动员若因焦虑不安的情绪分散了注意力，这将进一步干扰其从错误中恢复和适应困难动作。

运动心理学家经常会被问到有关“神经”的问题，或者如何应对赛前焦虑。当然，大多数运动员都不会问这个问题，不论是体操运动员还是教练员，更不用说专业顾问了。许多人只是简单地运用自己的方法来控制紧张感，但如果自我开发的方法有效，那就太好了。不过，我们也可以从心理学中学到一些东西，来帮助我们减少制订解决方案的时间，至少，这可能有助于减轻痛苦。

二、减少赛前焦虑

在进入赛场之前学习和运用一些已被证实且有效的心理策略，是减少赛前焦虑，防止忐忑不安的最好方法。其中一些策略是许多其他技术的基础，例如基本的身心准备、放松和可视化的训练。我们建议运动员把这些策略都了解一遍，然后逐个进行尝试，不断地形成适合自己的方法组合。许多策略对大多数人都有帮助，有的只对少数人有用，也有人会用自己的方式来处理焦虑情绪。从长远来看，那些有助于做好比赛准备、树立自信，有助于比赛表现的事都值得做。

三、身心准备

有一点毋庸置疑，即担心你无法控制的事情，纯属浪费时间和精力。有些因素是超出你的控制范围的，如裁判员的评判、竞赛对手、器材类型、室内温度及观众的规模等。然而，有一件你可以做的事就是管理好个人心态。这个赛场本就是属于你的，教练员虽然可以给予你帮助，但内心的控制最终还是在自己。

如前所述，焦虑的一个非常重要的来源是你觉得自己准备不足。因此，正如大家都知道的：你的身体准备得越充分，心理准备就会越充分。在心理上或其他层面，只要你知道自己已经做好了充分的准备，就不会因为进入某个特定的赛场而缺乏自信。如果你进入了一场不确定动作内容或套路的比赛，但你却要顺利完成，甚至获得成功，这无疑会提升你的焦虑感，导致失败。

把重视身心准备作为一项基本原则和经验法则，以下策略可能会有助于体操运动员缓解赛前的“忐忑”。

四、体操中的心理技巧

掌握体操中的心理技巧是避免赛前焦虑的第一步。学会如何放松和控制呼吸将有助于你专注于手头的任务。常常回顾反思日常的练习是否正确，同时学会处理头脑中出现的问题，将会有助于你在比赛中获得出色表现。若想获得更多有关放松的具体信息，请参阅第八章的“年轻体操运动员的表象训练指南——‘老电影’”。同时，你还需要为你的每一场比赛设定目标，这些目标应该包括与你态度有关的心理目标和与你身体表现有关的绩效目标。你应该更多地把注意力集中在你的表现进步上，而不是只关注比赛结果。推荐阅读第八章的“我的目标是……体操运动员的计划”，它能帮助你设定这些目标。

五、最佳动机水平

意识到那些使你振奋并获得最佳动机水平的经历，将有助于你克服赛前焦虑。抛开你的教练员或运动心理学家在这方面所作的贡献，最好的来源其实就是你自己过去的比赛经历。此处的建议是：试着找出那些能够帮助你为比赛做好心理准备的事。这种心理梳理是一种“回忆—复现”的方法。体操运动员应该回想一下他们以前所取得的好成绩，同时也应该想象一下当时的心理准备。你试图在记忆中“回忆”一个你在情感上想要积极前进而非退缩，感觉胜利并渴望获得成功的比赛情景。一旦此类回忆建立，接下来的任务就是“复现”这种感觉，使之与当前的比赛联系起来，并使个体重新获得这种心理准备的感觉。这可能有助于一些体操运动员记住准备充分时的心理想法。那么，它们与未准备好的感觉有什么不同？哪些行为与积极的感觉有关？所有的关键是要理解和能够识别出是哪些因素激励了你，以及哪些因素使你过度焦虑。同时，明白是哪些因素使你过度焦虑以致阻碍了你。当你开始专注于当前的比赛，并真正对它感到兴奋时，你就进入了最佳状态，并会有出色的表现。

六、运动表现诱因

与“回忆—复现”相关的想法是非技术性运动表现的诱因，如与个人成功和能力有关的词语、句子或某个生动的画面。人们通常会使用一种个人座右铭或动力启动的方法来回顾最佳表现。举个例子，如果你的最佳表现和力量强度有关，你也许会使用反映你攻击方式的词或画面来激励自己，如“像老虎一样行动”或“超强攻击”。一名体操运动员说，在其职业生涯中，目前为止最好的运动表现与脑海中爆米花的味道有关。这样的即时心理准备会使他在比赛前重新获得一种强大的感官体验。他说，即使周围没有爆米花，他也会闻到爆米花的味道——这就是他给自己的诱因。把这个运动表现诱因融入任务以缓解紧张感需要一定的练习，但这最终会成为你的习惯。

七、集中注意力

另一种用来减少焦虑和集中注意力的方法可以称为“红绿灯模式”。简单地说，当你处于绿灯模式时，你是放松的，你可以练习深呼吸并冷静下来，以一种开阔的心态面对眼前的竞争。临近比赛时，你要让大脑向中枢神经系统发送一个信息——“红灯时间”。这个“内部警报”是你要专注于自身的任务并远离所有干扰和外界刺激的信号。这段时间你要把注意力完全集中在完成你日常练习的挑战上，并尽全力去完成。这时的你不再与其他任何一名运动员有联系，也不会再注意他们在做什么。面对即将到来的任务和挑战，你需要封闭、独立地专注于当下。就比赛时间而言，何时开启“红灯模式”完全取决于你自己。但过快地开启并进入这个模式并不可取，因为如此强烈的精神控制需要相当大的能量来启动和维持。这时不应该再出现赛前紧张的那种状态，尽管你不希望身体变得“紧绷”，但你的确想获得心理上的专注。一些运动员会通过在脑海中浮现绿色或红色信号来使他们进入这种状态，这是开启注意力程序的一种方法。你也可以将此作为一种开启注意力过程的方式。

你也可以把“红绿灯模式”用到平时的训练中，这样你在遇到问题时会更加从容、自然。例如，某天进行完整的日常练习时，在确保你的队友和教练员知道你在做什么的情况下，你可以练习“绿灯”向“红灯”模式的切换。此外，教练员也可以让整个团队培养他们自己的专注技能。例如，教练员可以说：“这周末有一场比赛，我们就不要纸上谈兵了，比赛一旦开始，就进入‘红灯时间’了。”你会惊奇地发现，那些体操运动员是那么专注且训练变得十分有效。事实上，根据我们的经验，大多数体操运动员都很喜欢在这种状态下进行训练。

八、思维管理

运动心理学家经常谈到这样一个概念：消极的想法是导致赛前焦虑的主要因素，“停止思考”则是减少这种紧张感和获得自我控制的最重要的方法。这对良好的运动表现来说非常重要。笔者并不完全同意“停止思考”这一传统观念。事实上，运动员们的思维一旦形成，就很难控制自己不去想，而且它会自然而然地发生。但是，我们能做的是用“思维管理”来对其进行控制。这包括认识到自己存在的消极思想，审视消极思想从何而来及该如何应对它。当一个消极的、低效能的想法突然出现在脑海中时，体操运动员的任务便是阻止它的扩大，以及防止其产生越来越多的焦虑。控制消极思维最好的方法并不是否认它，而是通过使用它来对抗自己。

这个技巧由很多步骤组成，而且描述比执行更为复杂。举个例子：

让我们想象一下，体操运动员正在准备一场在垫上进行的比赛，如果想到他们开场后空翻两周加转体可能会翻转不够或者翻过头，这种消极的想法会立即增加体操运动员的焦虑程度。但这种意识一旦产生，就没有必要试图去消除它了，因为它已经出现，且对运动员们的心理层面造成了伤害。与其试图消除它，不如通过心理矫正和大量的自我对话帮助运动员认识它。这时的他们应该深呼吸，在脑海中想象一下自己的开场动作；想象一下后空翻两周在没有旋转问题的情况下被完美地完成的场景。在脑中建构出这幅场景之后，运动员的“内部教练员”应该立刻进行审查，判断动作技能是否被成功执行。在这种情况下，运动员的内心会发出一些提示音，如“快速推手、手臂抬起、背部发力、腿伸直”等。一旦产生这种自我对话，该运动员的技能便可再一次以完美的表现在脑中被构建出来。通过这种心理策略、形象化、意象排练和自我对话式的结合，体操运动员可能会发现他们已经知道了如何管理消极思维，避免赛前紧张情绪的上升，并使这些消极思维处于积极地控制之下。这时，你可以对自己说一些赞扬的话，因为你主动去面对并处理了自己心中消极的想法，请对自己说声“干得好”！

九、触发器

最后，本节讨论的一些降低赛前焦虑的干预方法将或多或少地变成自动化模式。但在你的心理准备未完全自动化之前，有时有必要依靠一些“小技巧”。这些“小技巧”会在你感到过度焦虑或某种消极想法开始在你头脑中盘旋时，触发你所需要的技能。人们最喜欢的一种触发装置是将轻微疼痛作为个人信号的心理游戏。没有什么比身体上的不舒服更能引起我们的注意了。当某一思维过程突然被一种剧烈且明显的痛苦打断时，就会难以被继续保持。举个例子，你可以试试“橡皮筋触发器”：在手腕上戴一个松松的橡皮筋，当你第一次感到注意力不集中或焦虑不安时，偷偷（不要表现出来）地去拉扯橡皮筋，然后让它弹到你的手腕上。

请相信我们所说的，这个简单的动作必然会带来瞬间的痛苦。如果你重复做几次，在第一次弹击之后的一段时间里，刺痛仍会留在你的脑海中。这是一个“小技巧”，而其背后的意思是——你事先与自己达成了一个协议，当你使用橡皮筋时，它就是你的信号，你要立即摆脱消极的东西，使用其他的技巧管理你的赛前焦虑。当然，这可以作为初学者处理焦虑的一种方法，但不建议其长期使用。许多经验丰富的运动员用过它，一周或两周的练习足够了。体操运动员在成功地使用了这种触发装置之后，给了我们反馈、他们发现在随后的比赛中，自己会在橡皮筋曾经在的地方摩挲手腕，而这种行为会提醒他们立刻进入应有的状态中。

十、总结

本节所描述的各种应对赛前焦虑和压力的方法并不特殊，也不是唯一可用的方法。对一些体操运动员来说，可能只有一种或两种方法有效，而对另一些人来说，所有的方法都可能有帮助，也可能没有一种方法能有所帮助。事实上，尤其是对年轻运动员来说，心理工具造成的问题有时比它解决的问题还要多。也许更多的是体操运动员的个人素质决定了焦虑水平和引起焦虑的事情。例如，随时出现的消极思维能否被控制就更多的是一种心理学问题。然而，正如所有值得做的事情一样，开发一套可能的技巧来控制你在体操比赛时的心理状态需要耐心、练习和长期坚持。

第四节　个人展示：尽情展示自己的风采

我们许多年轻的读者都参加过比赛，他们的体操水平有些属于初级水平，有些属于高级或以上的水平。我们经常谈到比赛准备的重要性：达到最高效率的必要时间、能量的节约、与巅峰体验相关的心理因素、赛前训练计划的内容等。随着训练的进行，体操运动员在实际比赛中会产生一种心理状态，这种心理状态会增强或阻碍他们的表现。自信与忧虑、恢复与过度疲劳、积极与挫折、正常的紧张与扩散性焦虑、身体准备与不确定的常规练习，以及许多其他因素，它们都只是体操运动员在比赛当天身心因素的一部分。

对个人来说，很多因素影响着运动员是否能在比赛上获得成功。显然，正常的动作表现是最主要的，如果缺乏自信和符合规则的运动表现，那么你想要获得较好的分数就不太可能。我们知道身心准备是最重要的，那么在体操上其他方面的努力是否会对结果产生直接或间接的影响呢？答案是你的“个人展示”。本节将讨论与展示有关的内容，尽管它们不如实际表现那般重要，但至少可以对你的分数产生积极的影响。

教练员经常告诫体操运动员比赛时不要担心那些不可控的因素，如温度、其他参赛选手、器械、灯光及其他因素等。这的确是一个明智的建议，否则就是浪费运动员宝贵的“心理能量”，而这些能量需要被用来关注眼前的任务。然而，其中一个有竞争力的因素是可控的，即你在这些比赛中呈现出来的精神面貌及状态。

在竞争力方面这是你可以完全控制的一部分。所以，就让我们来学习“全力以赴”地将自己展现给大家的最佳方式吧！

一、外在形象展示

这种有点难以捉摸的“展示”在你进入赛场之前就应该有所准备。在比赛前留意你的外表至关重要。首先，到达现场后你应该注意个人形象，让人印象深刻。头发管理是非常重要的，如果你是短发，可以免去许多问题。如果你喜欢可以扎起来的长头发，那就要确保它不会影响你的比赛。比赛时不要让别针、发卡或发带脱落等情况发生，整齐且扎紧的马尾辫就很好。我们的目标是让你的比赛从头到尾都很出色。你的外表（包括头发和着装）是出色表现的关键部分。在上场前的最后一分钟对你的外在形象进行调整是可以接受的，但更重要的是，你需要明白这可能会分散你的注意力，而这时你的精力应该集中在比赛前的准备活动上。当然，毫无疑问，你的紧身衣应该也是很干净且合身的。如果你是一名高水平的体操运动员，那么你应选择那些能让你的眼睛和头发更漂亮的颜色，而这些色调整体搭配得合适与否确实会对你的表现产生惊人的影响。大多数体操运动员会在热身后换上第二件比赛服，这很有意义。因为它不仅代表了运动员讲卫生的习惯，而且代表了比赛中的一个崭新的开始。

二、进入比赛场馆后的展示

当你真正进入比赛场馆时，“展示”的范围就扩大了，现在我们谈论的是你在聚集的观众和其他竞争对手面前的形象。这时裁判员还没有进入现场，因为在比赛开始前他们通常都不在场。从一开始，你就要在观众或其他运动员面前展示出自己是一个充满自信且能够自我控制的人。慌乱地四处张望会让你在其他体操运动员面前“失去勇气”。毫无疑问，你的出场和热身方式对其他运动员有很大的影响。只有天真的人才不这么想。事实证明，你的专注度、能力和自信程度会影响其他竞争者，并为你带来优势。在比赛中，我们会看到有些体操运动员会在比赛开始前选择退出比赛，有可能是因为另一名强大的年轻选手的存在，分散了他们的注意力，并最终使得他们放弃了自己的比赛计划。对于真正的竞争对手来说，哪怕是最轻微的影响都值得。

三、运用器材进行热身的展示

你应该提前安排好在器材上进行的实际热身。你和你的教练员应该确切地知道你在热身和试器械时要做什么。这种安静、有序的安排，加上你和教练员之间的非言语性交流，都应是你作为一名体操运动员该有的整体表现。这种专注的行为对一名准备不足的体操运动员来说是最令人不安的，因为她正等待着自己的上场。记住，永远不要表现出困惑、恐慌或情绪失控的模样。从更广泛的层面来说，如果你要通过祈祷来寻求内心的平静，这只能说明你没有准备好尽最大的努力去完成这场比赛。在这种情况下，忧虑和缺乏信心是非常明显的，同时，这也会给你的竞争对手一个可以利用的缓和自身状态的机会，这取决于他们在比赛中的攻击性如何。当然，裁判员也能察觉到这种特别明显的焦虑。此时的他们会跟大家一样，可能会因等着你错误动作的发生，而不会完全专注于你在做什么。

一旦热身结束，入场就按顺序开始了，你的展示将进入另一个层面，并会以一种不太微妙且直接的方式产生影响。入场是很重要的，如果你回顾一下你参加过的比赛，肯定会有人因为提前适应过比赛场地而脱颖而出，这一点还是颇具说服力的。这时的运动员，应穿着得体，昂首挺胸，步履自信，神态得体，姿势优美。在这个重要的时刻，我们推荐你以一种愉悦的状态去面对，而不是持一种“娱乐”的随意态度！

四、在裁判员面前的展示

在比赛前向裁判员致意，标志着最高级别的真正“展示”的开始。你应该时刻做好准备，因为让裁判组的成员在你上场或其他不连贯动作中等待不是一件好事。教练员在此方面对你的指导较为重要，但归根结底，基本的独立和自控是在场上的你自己所选择的行为。在你以标准的方式进行“展示”之前，应懂得向裁判员致意，这是明智的，且应该避免极端行为的出现；注意不要皱眉，也不要有那种看上去“天助我也”的表情；应避免任何歇斯底里式的笑或过度的行为。最好的方式是这样的——“现在让我向你展示我是如何做到的，尽情享受吧”。从器械上下来时，别忘了再次向裁判员致意，因为最后的印象也非常重要。请记住，记分规则中有提到，如果你没有向裁判员进行一个完整的展示，你将被扣分。从过去的经验中你肯定知道，体操比赛中的每个0.1分都很重要。如果你犯了一个错误，不要噘嘴，不要用一种面部或肢体语言来表示你刚才的“自杀”倾向或者认为世界末日来临了。出错在比赛中是常有的事，若出现这样的情况，你不应让他人觉得你内心的平静被破坏了。出色的恢复总是会令人印象深刻的，至少在潜意识层面，裁判员能感觉到你不错的应变能力。

当你完成一项比赛后，应充满活力地离开比赛区域，不要拖着疲惫不堪的脚步离开。如果你的表演非常出色，并且取得了不错的成绩，那么用一种比较庄重的方式来表达喜悦则较为合适，但要在一定程度上不受裁判员的影响且适度也对自己的行为加以控制。如果你被他们扰乱，那么他们会在下次评估时想起这一点。此外，你也不想让人觉得你的出色表现是个意外，或是个需要尖叫的难得时刻，或你获得荣誉需要一种庆祝氛围。同样，首要责任在于你的教练员，但同时，你也发挥着重要的作用。

五、颁奖

比赛结束后，展示的艺术并没有结束。如果你足够幸运地参加了某项比赛或参加了全能比赛，并获得了官方奖项，那么你必须继续展现自己，这一点很重要。经验法则是，不要使胜利的场景看起来凌乱或随意。队服和紧身衣也许不错，但不要穿T恤或街头服饰。无论是在比赛中还是在这个时候，你都需要穿着得体，保持自信的态度。

六、总结

像其他任何值得做的事情一样，拥有本节所讨论的展示的意识需要练习，在大多数训练成绩优异的体操馆，运动员都被要求定期地进行训练成果展示。除了模拟运动员参赛时的条件、常规训练后的打分，“展示”也在这种情况下进行。教练员、裁判员及普通观众会习惯性地对各团队的表现发表自己的评论。这样的场景并非偶然发生，而是因为他们对细节的关注。接下来一节的内容为体操运动员和教练员提供了一系列可供参考的详细建议，能帮助运动员掌握展示技巧。

体操本就是一种全然意义上的“表演”，它有一套专门的表演方式，具有一定的娱乐价值。这项运动的表演技巧不仅在于该项运动如何，而且在于表演者给别人留下的印象。训练有素的出色动作将清晰地印在裁判员的头脑中，而完善这方面的能力的确需要花时间不断地练习。

第五节　比赛展示指南

你知道展示技巧在体操比赛中有多重要吗？在这里我可以回答你：“它们非常重要！”这些技巧在你进入赛场之前就需要被使用，并要持续到比赛结束。我们都知道运动员赛前的身体准备多么重要，但同时，也希望你为比赛做好了心理准备。但你知道展示技巧也会影响队伍或运动员的整体印象，进而可能会影响比赛结果吗？事实上，本节的内容就是基于各级裁判员的大量评论。

你可能会问展示的技巧到底是什么，它们与比赛的准备有什么关系？想必你们都听说过“态度”一词。根据字典的释义，它被定义为你的“身体姿势”或“举止”。在比赛的过程中，这种态度和身体姿势很容易在你进行个人展示时被看到，并且通常容易被教练员、队友、裁判员及观众注意。事实上，本节的主要内容是基于裁判员对体操运动员在赛场上的展示和礼仪重要性的评论。

在开始介绍展示技巧之前，让我们看看你对展示的重视程度。你有多少次看到一名体操运动员下马后表现出接近歇斯底里的状态？或者，你有多少次看到那些在平衡木上摔倒的体操运动员，在完成动作后悻悻地离开赛场？

你曾注意过这些运动员吗？他们又给你留下了什么印象呢？可以肯定的是，裁判员、教练员及观众都注意到了这些运动员，并对他们有过一定的看法。那么，身为运动员的你在赛场上的态度和展示，给每个人留下了什么样的印象呢？让我们来看看以下一些你可以在练习中运用的技巧吧！

一、比赛展示时的指南

在比赛展示时我们需要关注以下 5 个重要的环节，分别为赛前准备、入场阶段、热身环节、在裁判员面前的正确表现及结束的颁奖环节。接下来让我们看看每个环节的具体内容：

1. 赛前准备

你头脑中有关展示的概念早在你到达赛场之前就已经存在了。你要使你的外表在你的控制之下且令人印象深刻，从头到尾都表现出你的高水平，是非常重要的。你应该准时到达赛场并为之做好充分准备，且只有最后一分钟的调整可以接受。

2. 入场阶段

一旦你真正进入体操馆内，展示的范围就扩大了，现在包括其他竞争对手、教练员和家长。你要向别人展现你的专注，同时表明你很好地控制和掌握了你的技能并为比赛做好了准备。这除了会增强你的信心，也会对你的竞争对手产生影响并为你带来优势。事实上，有些体操运动员可能会因为其他运动员或团队的强大展示而分心，甚至放弃比赛。

3. 一般团队热身与限时器械热身

精心计划的热身是获得比赛成功的必要条件。你、你的团队及教练员都应该清楚你在一般团队热身和限时器械热身、试器械时要做什么。

（1）一般团队热身由教练员安排并按计划进行。要完成完整套路，无论这支队伍有 2 名还是 20 名运动员，所有人都要为比赛做好身心准备。

（2）限时器械热身也需要有计划，但要根据个人能力而定。体操运动员必须对自己的技能感到十分自信，热身就是“热身”，就是为之后训练有素、完美的常规表现做准备。

（3）由于时间因素的限制，试器械可能更为关键。你在试器械时执行的操作通常是基于定时热身的，因此，你和教练员清楚地知道该怎么进行热身至关重要。

（4）热身运动中出现的错误有多种原因。如果有什么事情没有按计划进行，请深呼吸，放放松，然后重新集中精力完成手头的任务。对于此类情况，你和教练员应该事先有一个行动计划。

其他选手、教练员及裁判员肯定会注意到运动员的忧虑、紧张或缺乏信心的状态。保持坚强和沉稳将有助于你做好身心准备。

4. 裁判员及其评判

正如前面所述，本节的构思部分基于各级裁判员的众多评论，个人展示和适当的体育礼仪是非常重要的，会对你的分数产生一定的影响。当然，技巧的执行也至关重要，但是动作的完成、你的态度及身体的表现也同等重要。

当涉及对裁判员的关注点时，以下几点需要牢记：

（1）当你站在相应器械前向裁判员致意时，最高水平的展示就开始了。当裁判员在场时，你和你的教练员应该随时准备好，因为让裁判员们等着绝不是个好主意。

（2）当你向裁判员致意时，应该带有充满自信、镇定和真诚的微笑，让他们知道你已经准备好向他们展示你的能力了。

（3）下法结束后，你的展示是至关重要的，并且从始至终都应该体现出你的自我控制。

下面是一些运动员在展示中容易犯错误的地方：

（1）应该避免歇斯底里的微笑，兴奋的跳跃，或者任何形式的过度动作。因为这可能会传达出一种你以前好像从来没有掌握过某种技能的信号。

（2）也许在你做了一套不错的动作后，只是象征性地向裁判员敬了礼。但你的潜台词是你可以做得更好吗？

（3）当你行礼时，你是否等待裁判员回敬你？裁判员可能在写东西，或当你致意的时候正低头看着他们的文件。按照礼仪要求，你可以适当地留下来向裁判员致意，直到他们告诉你“好了”为止，这时他们通常会面带微笑。

（4）如果你犯了错误，你会怎么做？你是会噘嘴，还是会表现出一种暗示失败的面部或身体语言？

记住，出色的恢复会令人印象深刻，它显示了你对自己和自身技能的坚定信心。所以，无论表演的结果如何，在致敬和退场时都要带着进场时的能量和信心。这并不是说你应该表现得像个机器人，相反，你应该表现出真正的快乐、满足和自豪。

5. 颁奖

即使你已经完成了比赛，但展示仍在继续。

(1) 为表示支持与尊重，你应该待在原地，直到你的队友和其他运动员完成他们的表演，同时避免干扰他们的注意力。

(2) 如果有幸获奖，你应该以整洁的着装站上领奖台，如穿着团队的热身服或紧身衣，并保持自信。对获奖报以尊重和感激之情。

(3) 退出赛场之后，你应该继续展现你在比赛中精心打造的形象。

二、对教练员的特别建议

对于教练员来说，很重要的一点就是练习。没有练习，其他都不重要。你可能会问，比赛展示和练习之间有什么关系呢？答案是它们密切相关。对展示的5个重要阶段而言，展示技巧就像训练体操动作一样，应该在比赛前就进行。但不要等到比赛前一天才开始，至少要在赛季开始的前一个月就着手进行，必要时在赛季中偶尔练习一下。给你的运动员能够感到自信、准备充分和有控制感的机会。

以下是一些练习技巧，可以将其融入你的训练中：

(1) 练习基本展示技巧和礼节；

(2) 练习个人或团队的入场；

(3) 练习热身和试用器械；

(4) 假扮裁判员进行模拟比赛；

(5) 举办颁奖典礼；

(6) 为展示打分。

三、总结

记住，体操是一项具有完整表演形式的运动，它既包括完成动作套路，也有提供娱乐的表演行为。这项运动与运动员本身给人留下的印象，以及运动员的表演给人留下的印象有关。事实上，许多成功的体操冠军都在练习他们的展示技巧。

下次比赛时，你要特别注意展示情况，以及谁可以掌控局面。或者回顾一下你上次的比赛，看是否有你认为展示完美的人脱颖而出。我相信他们一定给你和其他人留下了深刻印象。所以你要做好准备，这样才可以成为下一个完美展示者。

当然，花时间和精力去练习这些看似简单但又很重要的任务非常值得。完美的运动表现加上出色的展示会在你的队友、教练员、父母、裁判员和观众心目中展现出一次“标准的高水平表现”。

第十一章 平衡家庭、学业和同学间的关系

以下内容触及一些颇为敏感的话题，这些问题针对的是达到一定训练水平的年轻运动员，他们的训练往往需要大量的个人投入。从某些父母的角度来看，虽然有关母亲、她们的女儿及其参与体操活动适当程度的文章仍然很具争议，但是这类文章在全国各地许多体操训练中心仍存在阅读的需求。学校及青少年进行体操训练所引发的问题，已经引起了广泛的讨论。

家长和教练员应当对本章有关更换体操馆或运动的内容予以重视，因为它们涉及整个过程中的每个人。本章内容的启示来源于我们与一位全国冠军及其父母的合作，当时她正面临一个关键的抉择。最后，如果你或你的体操运动员将目标定于顶级水平，就需要考虑以下一些重要的信息和事实。

本章重点：

- “我的女儿是竞技体操运动员”
- 竞技体操中的家长参与
- 父母的策略
- 学业、同学和体操
- 更换体操馆：陷阱和策略
- 退出的决定
- 离开家去训练：一个重要的决定
- 高水平竞技体操运动员和现实

第一节 “我的女儿是竞技体操运动员”

本节的内容与我们之前撰写的文章有一些差异，这里主要关注女子体操运动员的母亲。我们希望体操运动员、教练员，以及她们其他重要的家庭成员，都能关注文中提出的观点，因为这些观点可能会帮助他们理解和应对一些经常遇到或感受到，但尚待解决的问题。本节的重点是女子体操运动员和她们的母亲，但重要的是要认识到，父母在养育过程中各自扮演的角色，将决定他们这种特定投入的质量和效果。因此，本节我们仅研究“母亲－女儿－体操”的相互影响。

一、情感投资

尽管有些母亲可能想否认这一事实，但一开始我们需要认识到最关键的事情是，母亲通常会对女儿的活动投入大量情感。我们并不想以任何方式暗示这本身是有违自然或有害的，这仅仅是父母育儿天性的潜在体现。母亲分享孩子成功的喜悦，在他们失望的时候鼓舞他们坚持不懈，并一直在诚实守信和具备良好精神面貌方面做好榜样。但有些母亲会过度参与到孩子的体操活动中，她们认为孩子是自己生命的延伸，并将孩子在体操方面的成功和失败视为自己的业绩。在这种情境下成长的体操运动员会承受很大的压力，从长远来看这种压力通常是具有破坏性的，这会导致孩子过度紧张，缺少快乐。但另一些女孩在这种心理压力下也能茁壮成长，她们利用体操来“操控”父母、把它作为继续坚持的动力，并将这一过程内化为潜意识，有时甚至是有意识地取悦她们的母亲。我们知道有些运动员继续从事体操项目，仅仅是因为不想让她们的妈妈失望（爸爸也是这样）。但这种理由通常不利于一个儿童的最佳发展，想要取悦他人是许多运动员个人动机系统的一个积极的方面，但当这种欲望过于强烈，并且不存在其他明确有益的理由时，一旦他们陷入困境，情况就会很糟糕。

母亲过度参与女儿体操活动的这类情况一旦发生，就很难干预。每种情形都不同，每对母女关系的背景也各不相同。也许最重要的是要认识到它确实会发生。我们可以识别一些潜在的过度参与的迹象，例如：不断地询问；通过多种方式了解孩子体操技术的进步情况；不断地施加压力；无论孩子是否在体操馆，都与其进行有关体操的谈话；对体操比赛中高或者低的分数反应过度；向女儿表现出兴高采烈或怒不可遏的情绪；在体操比赛中不断贬低其他体操运动员的运动表现；公开质疑教练员的能力等。

二、过度自信

过度自信是一个大问题，母亲们坚信自己已经为下一届奥运会冠军创造了“美国答案”！这个主题随着国内外的媒体对体操的不断报道变得越来越普遍。过度自信这种现象可以发生在任何年龄，但似乎在儿童中最为常见。当那些天生无所畏惧的孩子不断表现得越来越好，用看似惊人的速度学习各种技能时，在雄心勃勃的父母心中，会认为这代表着自己的孩子有无可限量的潜力和非凡卓越的天赋。情况并非总是如此，雄心和热情很重要，父母通常不会扼杀孩子自发的运动或忽略孩子的潜能，但至关重要的是，关于孩子能力的评估必须由专业教练员来完成，且父母必须保持客观中立。如果你认为家里年仅 7 岁的孩子是未来的奥林匹克运动员，但是当面对现实时，你会感到非常失望；特别是如果你根据这个结果产生了不切实际的幻想的时候。有一位母亲曾经分享了她对此的想象：“我想象我女儿在全国电视节目上接受采访，在数百万名观众面前感谢我帮助她取得了成功。”我们每个人都有个人抱负或理想，这位母亲对此很诚实，并且意识到了她的行为及她做的每一件事情对她女儿体操职业生涯的影响。当事情没有像人们所希望的那样发展时，可以想象，母亲除了沮丧，还会对没有达到目标的女儿产生非常大的怨气。或许明白以下事实会对我们有所帮助：自 1952 年奥运会以来（译者注：截至 1991 年），美国只有大约 100 名女性运动员参加了奥运会的体操比赛，如果你计算了重复参赛的人数，这个数字只会更少。本章的“高水平体操运动员和现实”一节在母亲和女儿的这一话题上做了精彩的论述。优秀体操运动员和现实之间存在差距的可能性是巨大的，而且这种可能性会与日俱增。

三、体操训练时的参与形式

大多数体操学校会有这样的规定，上课或训练时，父母需要在场。一些妈妈觉得遵守这个规定很难，但是这样的要求是有原因的——这样能避免炫耀行为，还能保持两个人的专注力。经验表明，父母在体操馆中经常会直接或间接地给小体操运动员带来影响。通过单向镜观看孩子的训练可能会更好，但在某些情况下，即使是这样的距离也会显得太刻意了。我们与处于这种环境下的体操运动员交谈过，她们非常清楚自己的妈妈正在注视她们，并会和其他妈妈们讨论她们的动作。对很多女孩来说，这样的感觉非常不舒服。在同样的情况下，我们也发现有些体操运动员却可以完全放松，因为她们知道自己的妈妈在等待的同时在做一些其他的工作，她们可能会时不时地看一眼自己的妈妈，或者她们根本感觉不到妈妈的存在，除非妈妈的鼻子贴在了窗户上。家长应孩子的要求并在教练员的允许下，不时地进入体操馆，看看特定的动作等就完全是另一回事了，这是非常合适的。作为家长推进协会或相关团体组织的成员，妈妈们在体操馆会做一些工作，比如帮助记账、组织一些筹款活动等，这是完全不同的情况，她们只要在这一过程中保持理性，就能成为一种替代性参与的合理途径。重申一下，这完全取决于母女关系，以及母女关系在训练场之外的发展情况。

虽然参加比赛对很多家长及其子女来说是一件有趣的事情，但我们仍建议在比赛期间不要有任何家长出席。就父母而言，应该让孩子完全靠自己。父母在比赛时是否出席可能会影响孩子的运动表现，也可能不影响。毕竟，对于大多数体操运动员来说，他们对参加比赛有着坚定的意愿，所以观众中的父母是无足轻重的。再次说明，虽然这是个别问题，但仍然值得考虑。自豪地宣布“我从未错过我女儿的任何一次比赛”的父母，可能并不是我们建议的模范家长。

四、总结

本节或许不能解决“母亲 - 女儿 - 体操”三者相互作用的所有问题，但至少我们可以说明一些基本情况，并为进一步的思考提供帮助。我们将在本章的“竞技体操中的家长参与”中介绍更多的内容。此外，我们还在本章的“父母的策略”中，为年轻运动员的父母提供了一些解决问题的建议。

第二节 竞技体操中的家长参与

什么是参与孩子体育项目最适合的程度，如何把握这个度呢？对于这个问题，每个人都会有不同的见解。父母会为孩子取得的成就感到高兴，在他们低落的时候给予肯定和鼓励，给他们树立言而有信、品德高尚的榜样。然而另一种父母，他们认为自己的孩子永远都不够好，或者觉得他们没有尽全力。他们会将孩子作为自己生命的延续，还会将孩子的成功和失败视为自己的业绩。

这里有 9 个基本指导方针，可以帮助你确定在孩子的体育运动生涯中最适当的参与程度，无论是刚刚开始比赛的孩子，还是已经参加了几个赛季的青少年，抑或是参加比赛的大学生。重要的是要认识到，不论男孩或女孩，父母双方的影响对他们都非常重要。父母在养育过程中各自扮演的角色，将决定他们对孩子具体投入的质量和效果。这些指导方针并非是详尽无遗、毫无纰漏的，但它们还是强调了关于亲子体操互动的一些问题。具体的父母守则及指导方针如下：

1. 首先要记住的是，这是孩子自己的事情

如果你认为自己花了这份钱，就能以任何你想要的方式出入体操馆，那我们认为这是百分之百的错了，尝试做一些其他的事情或许会更好。

2. 你的参与程度应该尽可能地取决于孩子

我们认为 7 岁或 8 岁的孩子是最难确定其父母的参与程度的，然而，即使是在这么小的年纪，我们还是可以从孩子身上找到一些依据（如她与母亲分开的难易程度等）。对于这个年龄段的孩子，你需要做一个有关参与程度的判断，只有你自己可以做这个决定。不过这个决定或许还需要与教练员协商。对于青春期的孩子，请让她们来决定自己的体操生涯和你的参与程度。

3. 鼓励，情感支持，表现出兴趣，但不要干涉

孩子虽然表面上能容忍别人的干涉，但她可能对这种干涉很反感。请尽量避免与教练员长时间的耳语！

4. 不要害怕询问孩子在比赛时希不希望你在场

如果她们告诉你希望你来，那很好；如果她们不希望你每次都来，或者干脆一点儿都不希望你来，尽量不要让她们因为这个决定而感到内疚。从长远来看，你为孩子提供的是一种独特的关爱，她们表面上可能不会感谢你，但会发自内心地感激你。

5. 如果你认为某次练习或情况不顺利，请尽可能地表示支持，并保持低调和冷静

我们并不是建议你压抑所有的情绪——那有悖天性，但请尽量保持豁达的态度。你可以分享成功的喜悦，但如果事与愿违，请尽量避免表现出你的沮丧。对于少儿体操运动员而言，分析哪里出了问题是教练员的工作，不是你的工作。不要纠结于结果，要记住你对孩子的态度有非常重要的影响。第八章的“我的目标是……体操运动员的计划”会让你明白孩子的动机和目标。

6. 在比赛中，如果你的孩子遇到了“糟糕”的情况，请让教练员来处理

实际上，谁又能定义“糟糕”的情况呢？请远离场地，远离裁判员和其他体操运动员。一位家长曾对另一名体操运动员（不是自己的女儿）说：“对我的孩子来说，这真是不公平，不是吗？”我们在此举这样的例子似乎有辱读者的智商，但这是事实。

7. 控制参与的程度

不时地反思自己的参与程度，以及你在孩子练习体操方面的感受。这说起来容易但做起来难，因为我们大多数人对自己的真实动机都是视而不见的。这当然肯定是值得付出努力的，因为这样你就可以在问题出现时，或在它变得较为严重和不可逆转之前就意识到。

8. 如果你有不止一个孩子练习体操，一定要避免对她们进行比较

孩子们在自我价值和个人能力方面的个体性是不言而喻的。请将她们视为独立的个体，但在对她们体操的投资上，要一视同仁。

9. 保持自然，遵循常识

当涉及孩子的体操练习时，请根据你对孩子的了解和直觉来决定你的行为。

见机行事比事先定好剧本要好。

这些基本方针主要针对少儿、青少年甚至大学生体操运动员的父母。不仅如此，这些信息对涉及的家庭成员和教练员也有帮助。希望本节提出的一些观点能够针对每个家里有参加体育训练的人，帮助他们接受并理解一些经常会遇到或感觉到，但尚未得到解决的问题。与你的孩子交谈，分享你的感受并相互合作，使你的孩子可以体验到体操所带来的最美好的感受。

第三节 父母的策略

下面的9条指导意见会帮助你评定对孩子的体操运动最恰当的参与程度，这些指导方针并非是详尽无遗、毫无纰漏的，但它们还是强调了关于亲子体操互动的一些问题。如果想要看到更详尽的论述，请阅读上一节。

（1）首先要记住的是，这是孩子自己的事情；

（2）你的参与程度应该尽可能地取决于孩子的意愿；

（3）鼓励，情感支持，表现出兴趣，但不要干涉；

（4）不要害怕询问孩子在比赛时希不希望你在场；

（5）如果你认为某次练习或情况不顺利，请尽可能地表示支持，并保持低调和冷静；

（6）在比赛中，如果你的孩子遇到了“糟糕”的情况，请让教练员来处理；

（7）控制参与的程度；

（8）如果你有不止一个孩子练习体操，一定要避免对她们进行比较；

（9）保持自然，遵循常识。

第四节 学业、同学和体操

首先，显而易见的是，严格的体操训练需要大量时间。如果你准备每天在体操馆训练三个小时或以上，一周训练4~6天，那么你的生活可能会发生重大变化。大多数公立学校每天开课五小时，如果你增加了体操训练，包括往返体操馆的通勤时间，这一天就会安排得满满当当，而你也不会有太多时间做别的事情了。

在公立学校、大学、私人体操俱乐部工作时，我们的团队成员花了大量时间与学龄儿童和大学运动员进行交谈，并和他们合作。这些学生与我们讨论了他们在学业、训练、老师、同学及父母方面遇到的问题，还有他们经常遇到的其他问题。多年来，我们一直参与这项活动，已经与数百名年轻运动员讨论了有关学业的话题，希望我们分享的观点对你有所帮助。

一、心理规划

与某些人的预期相反，我们发现，大多数体操运动员在学业方面都相当成功。事实上，许多优秀的体操运动员通常也是成绩优异的学生。原因之一是，严谨的体操训练迫使他们将生活安排得井井有条。在体操馆里，井井有条意味着运动员必须遵循一个可以完成的训练计划。这个训练计划通常由教练员制订，他们会制订一个时间表，让小运动员在项目、规定动作、自选动作、体能训练、舞蹈动作之间来回切换，以便有效利用时间。如果不这样做，小运动员们可能会一直待在体操馆直到凌晨，并感到筋疲力尽！

这种规划将延续到体操运动员的整个运动生涯。对于习惯遵循时间表的大多数体操运动员来说，计划很重要。这个计划不仅包括何时做功课、处理杂事、备考等，还包括如何将当天剩余的时间分成几个时段，使自己能够以同样的效率来管理体操训练的时间。很明显这种合理而周密的计划是参加体操训练时一种近乎自动的模式。你会发现如果没有它，体操训练或学业都会受到影响。有时严密的时间计划也会带给人巨大的压力，在这种压力下，孩子会和父母发脾气，父母则可能会暗自垂泪。不过最终出于家人之间的耐心和相互理解，大家通常能摆脱这种挫折感带来的不快。

体操运动员除了会将日常安排得严密有序，他们的心理似乎也具有严密的组织。心理规划在体操运动员中不是偶然现象。将日程安排写下来是一个好主意。日程安排不仅应包括每天将如何处理各种任务，还应该包括一段不在学校或体操馆，完全属于自己的私人时间。这是一段休息和放松的时间，仅在你希望的时候才与他人共度。不过这是一件困难的事情，因为通常其他事情都安排妥当后，这部分时间几乎所剩无几。尽管如此，我们仍然认为应尽量尝试安排休闲时间，即使它只有15分钟或30分钟。父母要起到作用，帮助孩子合理安排休闲时间。

我们经常会被问到对底线的看法，也就是说，如果压力达到极限，应该优先考虑什么，体操还是学业？作为体操运动的狂热者，我们内心深处在呼喊“体操，体操”，但在理性的头脑中，我们知道答案一定是学业。如果由于压力过大不得不选择，我们将投票赞成学业优先，因为在当今世界，儿童教育非常重要。如果你是天资过人的体操运动员，因为上学减少了体操训练的时间，从而影响了世界级的运动表现，那么你应该申请特殊的教学安排。我们并不是要故意讽刺，因为许多顶尖的国内和国际体操运动员为集中精力训练，大幅度地减少了学校课程。他们是否在三年、四年或五年内完成高中学业并不重要，这是他们与父母、学校领导和教练员协商后做的决定。此外，其他的学习形式也可以，如线下学习和线上学习等。需要注意的是，执行一个非常紧张和苛刻的时间表，除了可能让运动员情绪不安外，还可能引起他们身体上的不适。

二、同学和友谊

体操运动员经常与我们谈论的另一件事与朋友有关。在过去与那些积极进取的体操运动员的互动中我们发现，与他们建立友谊的，往往是体操运动员。有时也会有一两个非体操界的朋友，但这并不常见。为什么会这样呢？好吧，我们已经阐明了一件事：体操运动员没有太多时间来做其他事情，如参加聚会、看电影、打游戏等。如果他们不是在体操馆里，就是在家学习。在这种情况下，想要建立或维系一段友谊非常困难。体操运动员知道这种情形是什么样的，所以更容易与那些有共同点的人成为朋友。其他孩子会厌倦听你说“我星期六不能出去，因为我必须去体操馆”，他们会不理解，而且经过几次后他们就不再约你出去了。在这种情况下，你可以尝试让那些非体操界的朋友，或可能成为朋友的人，作为观众来参加你的训练和比赛，或者约他们健身锻炼。话虽如此，坐在看台上观看别人做体操，似乎也没法让孩子们维持友情。对于这一点，任何言辞都显得苍白。事实证明，当你决定将生命中大部分时间用于竞技体操时，以上的事情将成为生活中的事实。不过，不要为此过多担心，因为通过对很多体操运动员的后续研究表明，当他们的职业生涯结束或训练变得不那么紧锣密鼓的时候（如上大学的时候），她们在结交朋友方面没有任何困难，尽管起初可能确实会觉得有点生疏！

三、学校里的形象

体操运动员与我们分享的一些问题与她们在学校的形象有关。这个“神秘人”放学后立即消失，她去了哪里？她们为什么不在这里做运动？体操到底是什么？为什么她们似乎每周的某些天都有一个特殊的时间表？为什么其他人应该在学校的时候，她们会提前离开甚至缺席？我们不喜欢她因为我们嫉妒她，但我们不会让她知道是这个原因，我们会假装是因为她这个人才不喜欢她。例如，你会听到诸如“嘿，苏西，给我们表演个手倒立，或翻个跟头”，这些都是许多体操运动员在学校可能面临的社交问题。

为减轻有时被认为是“怪异”或“奇怪的人”的心理不适，以下几件事你可以尝试去做。首先，为你的体操技能感到骄傲。不要保守秘密，与同学分享你在做什么，但不要以炫耀的方式进行，要谦虚。如果可以“引导”其他同学了解你的生活，你会获得更多的认可。小学的体操运动员经常在各种体能、游戏或运动测试方面有出色表现。这可以让你以积极的方式脱颖而出，你不应该怕被认为是特殊学生而退缩。事实上，你就是很特别，你的能力，而不是你说的话，会向别人证明这一点。让你的老师了解你的运动情况，与他们讨论你遇到的问题。曾经有一名体操运动员和她的教练员为全班同学安排了一场在体操馆里举办的派对。这不仅消除了一些人眼中关于体操的神秘感，而且给孩子提供了一个新的人际关系的基础。

我们一直在讨论的问题在高中阶段可能就不是问题了，特别是如果你属于高中校队并且为你的学校打比赛。这可以让你在无论是同性还是异性的孩子中都变得相当受欢迎。在高中时，许多困难或多或少都会自然而然地被解决。但是，那些不是在校队而是在俱乐部的体操运动员，也会面临类似的问题，尽管这些运动员年纪稍长，稍成熟一些，但他们也都面临着社交和参与青少年正常活动的时间安排方面的问题。

四、总结

最后，我们总结一下本节的主要观点：

（1）体操训练需要花费大量时间。制订每日时间表，这会使你在体操馆外的时间安排和训练时一样合理。

（2）每天给自己 15 ~ 30 分钟的个人时间。不做体操、不做作业、不处理琐事。

（3）即使压力巨大，也请耐心地对待你的父母。

（4）为你的体操事业感到骄傲。适当地与同学、老师和家人等分享你正在做的事。

（5）不要因为你的运动能力不一样而感到尴尬，可以谦虚地与别人谈论它。

（6）只要有可能，就向身边的人（朋友、祖父母等）介绍你的运动情况。带他们去体操馆，邀请他们参加比赛或相关活动。

（7）作为一名出色的体操运动员通常意味着独立于学校生活的主流，尽力减少这种情况，但不要担心，它与项目相关。从长远来看它不会一直这样。尽情享受你的体操生涯吧。

第五节　更换体操馆：陷阱和策略

虽然竞技体育中更换体操馆比较常见，但是在大多数运行良好的训练中，这种情况也不是每天都发生。在这件事情上，有必要理性地做出判断。如果是由于搬家等因素转移到另一个训练馆则完全不同。前者往往反映出运动员对当前训练存在某种程度的不满。有时，它也不完全是不满意的问题，而是一种理念，即相信体操运动员的个人成长将在新的环境中更好地实现。

有时改换体操馆是恰当的选择。事实上，虽然年轻人和他的父母可能很喜欢现任教练员和总体环境，但总有些理由需要改变。例如，如果一个体操馆里的训练项目没有提供全面的训练计划，对一名有才华的体操运动员而言，她的运动水平只能到目前这种情况，而不是超越现有的水平，那么更换体操馆通常是有效的，而且压力较小。然而，在大多数情况下，这并不是离开的常见理由。

本节的目的是从教练员的角度出发，研究一些关于更换体操馆的问题，比如家长在变更中需要扮演的角色。文中将提出一些建设性的策略，以期减少改变对有关各方的影响。决定变更后，重点要关注的是教练员和体操运动员。当这些变化发生时，通常会给教练员、家长和体操运动员带来各种问题，无论是对离开的“旧体操馆”，还是进入的“新体操馆”，无论决定和执行多么和谐，问题都是不可避免的。

一、父母的角色

最重要的是，父母需要明确自己在更换这一决定中的作用和影响力，并确保决定是理性的。有可能的话，在做任何最终决定之前，父母可以从专业人士那里获得一些中立的咨询建议。

通常，父母和体操运动员都希望将更换体操馆的想法对现任教练员保密到最后一分钟。我们认为这是一个严重的错误，并强烈建议如果考虑新的环境，应尽快与现任教练员开诚布公地讨论。如果不这样做，除了有失道德水准外，还会给小运动员带来不必要的心理压力。公开对话可能会痛苦，而且可能不会消除所有的问题，但无疑可以减少未来的困难。

二、离开体操馆

除非教练员是圣人，当然这是不可能的，否则无论离开的过程多么顺利，教练员几乎总会有一些对于离开的体操运动员的不满情绪。如果这名体操运动员是体操馆里最优秀的，就更会这样了。实际上，离开这种行为肯定会造成实际伤害，破坏一些有竞争力团队的胜利优势。在这种情况下，怨恨导致的愤怒情绪可能会很严重。对于一名体操教练员来说，他失去了一名多年培养出的优秀运动员，因此有这种不满情绪是非常自然的。教练员的反应基本上取决于个性、成熟程度及运动员提出变更的时机。

三、运动员离开体操馆时教练员的推荐行为

经验表明，时间确实治愈了大多数这类伤痛，但是教练员失去了这样的运动员后，应该考虑立刻采取更多的措施（除了哭泣或大发脾气）。

1. 公开讨论

显然，要做的第一件事就是明确这件事情为什么会发生，这就是前面提到的公开讨论如此重要的一个原因。如果还没有公开讨论，我们强烈建议教练员以理性的方式寻找答案。公开讨论不是改变决定的方式，而是了解特定情况下哪里出了问题的方式。不幸的是，“体操馆跳槽”可能具有传染性，一些年轻人因为一个人的离开而离开的事件并不罕见，特别是体操运动员之间，或者她们各自的父母之间关系较好的时候。合理地确定离开发生的原因能帮助教练员修正行为或训练项目的要素，以便为未来的训练增加更多的“控制力”。然而，在大多数情况下，这样的举动仅仅涉及个别运动员，但一定程度的专门分析肯定是值得的——不仅是为棘手的个人问题寻找答案，而且是为了完善之后的训练计划。

2. 团队会议

教练员失去体操运动员之后的另一个重要行动，是与其他体操运动员就跳槽这一问题进行坦诚的讨论。这样的讨论可以消除其余运动员中已经开始传播的各种谣言，促使训练计划重回正轨。对已经离开的运动员，教练员一定要注意避免口不择言，负面评论只会影响需要解决的问题，还可能会让孩子失去对教练员的尊重。在这样的讨论中，教练员应该冷静客观地陈述问题，回答相关问题，并允许体操运动员按照自己的意愿进行回应。不一定要当成多大的事，但这样的讨论可以消除将来可能出现的问题，并有助于教练员与运动员之间进一步建立诚信。这种做法的有效性很大程度上取决于教练员的个人品格和小组讨论技巧。有关如何召开类似会议，请参阅第三章。

3. 与“接任教练员”交流

有体操运动员跳槽出去的教练员，应认真考虑的另一个做法是与接任教练员

交流这件事。大多数本地项目都有交集，并且经常在赛季中相互竞争。对于专业教练员而言，以成年人那样负责的方式进行交流是非常重要的。通常，教练员会签署合同，如果他们辞去现在的工作，合同条款会禁止他们在特定时间段从事其他本地项目的工作。对于体操运动员就没有这种限制。有关项目的沟通要保持开放性，因为所有职业体操教练员的指导原则，都应关注什么是对孩子最有利的。在当今体操项目竞争激烈的商业环境下，这似乎看起来很幼稚，但我们认为，这种行为不仅值得称赞，而且从长远来看对“体操行业”也非常有益。通过俱乐部—学校这样的网络展开这种积极的交流，能给特定项目及实施它的个人建立良好的声誉和形象。

4. 离别座谈

在这个时候，要完成的最困难的事情之一就是放下傲慢，祝愿离去的年轻人好运。当然，也可以通过写信来解决，但通常面对面的座谈是最恰当的，能消除误会。要不要这样做需要考虑运动员的年龄，但这样的“离别座谈”对幼年和青少年体操运动员来说都有实施的可能。再次强调，这主要取决于教练员个人的成熟度。在某些情况下，这种座谈对双方都有颇高难度。为了取得成功并富有成效，离别座谈只有当教练员和体操运动员都对流程感到满意的情况下才能举行。

5. 未来的行为

尽管有人认为这可能没有必要，但我们仍要强调教练员对离开运动员的所作所为可能产生的危害。笔者曾目睹一些教练员，包括一些国家级教练员，与前队员首次在比赛中相遇时，表现出一些令人难以原谅、极不成熟和残酷的非理性行为。在一次国际级赛事中，一名体操运动员正在场地上热身，她的前教练员来到跟前，告诉她不能使用那段音乐也不能使用这样的编排，因为这不是她的东西。类似的矛盾当时可以解决，但这对运动员造成了伤害。所幸这名体操运动员有着顽强的精神，在那次比赛中发挥出了正常水平，比赛结果出乎意料，因为在这种情况下运动员通常很难做到。我们甚至得知，一些教练员故意用各种手段粗鲁地对待前队员，使她们在比赛中精神颓废。显然，这些打着关爱年轻人的幌子做出的行为，是极其卑劣和不能容忍的。退一步讲，就算是忽视前队员的存在，也比公开敌对要好，尽管前者已经是底线行为了。因此，这就是为什么一场精心策划的离别座谈会显得如此重要的原因。

6. 注意团队“情绪”

如前所述，体操运动员之间及他们的父母之间通常会建立友谊。对于有运动员离开的教练员来说，除了要意识到即将离去的年轻人的朋友们可能心存不快或情绪低落之外，还要清楚他们对此事几乎无能为力。但是教练员作为成年人必须处理好这些问题，因为这是运动员决定离开后，团队要付出的代价。随着时间的流逝，新的环境中可能会出现其他的社交形式，但这并不是教练员所要关注的重点。

四、更换体操馆后接任教练员的建议

如果是在本地的体操馆进行更换，接任教练员需要注意并准备解决以下特殊问题：

1. 团队接纳或拒绝

队员对于新人的接受或拒绝程度是显而易见的难题。特别是如果新队员能力突出，那么这个问题就更突出了。尽管新队员的到来可能关乎团队及其整体的表现，她们仍会对现有的各个层次的队员构成威胁。特别是，如果接任教练员热烈欢迎并格外关注新运动员的话，那问题就更严重了。老队员可能会产生羡慕、嫉妒和被抛弃的情绪，尤其是在教练员对自己有些疏忽的情况下。教练员有时为了证明他的团队有多“强大”，可能还会改变以往对老队员的态度，这会让事情更糟。老队员极少会表现出这些负面情绪，但他们有时也会表达不满。更普遍的情况是，老队员会无视新人，甚至将她们孤立，以此来表达自己的挫败感。这种行为，连同一些恶意的评论，在青少年中并不少见。对于接任教练员来说，应对这种问题最好的方法还是预防为主。

2. 团队会议

小题大做是不可取的，在真正接纳新人之前，老队员一定程度的“躁动”是正常的，也是可以预料到的。经验丰富和成熟的团队能从容应对整个过程，通常不会有任何问题。接任教练员应该认真考虑在新队员到来之前，召开一次团队会议，消除大家的顾虑。如果这个会议没举行，那么教练员应当密切关注大家的情况；如果发生问题，教练员要在适当的时候进行调解，保证不让事件失控。在过度关注新队员这方面，教练员也应检视自己的行为，非正常的溺爱行为可能会刺激老队员的情绪。随着时间的推移和积极的管理，大多数这类问题都会得到解决，新队员也会得到大家的认可和接纳。同样，这些不仅需要时间，也取决于教练员的个人判断力和成熟度。

3. 谨言慎行

接任教练员可能面临的另一个困难，与教练员风格和体操训练方法的明显差异有关，那就是会有意无意地“贬低”新运动员过去的教练员。这是种微妙的情绪，他们通常会说“我们在这里不这样做”“难怪你做这个动作这么困难”“那种技术动作太过时了”，诸如此类。接任教练员应该尽力避免这样的言论，因为这不仅不够专业，而且会降低新队员对你的尊重，不论你作为一名优秀的教练员声誉有多好。即使以前的状况可能并不理想，但新运动员曾经的忠诚也不容易被磨灭。因此，上述话语可能会使新运动员产生疏离感，不能很好地适应新的环境。

4. 适应期

接任教练员必须面对的最后一个问题是，他们需要根据新队员的运动表现情况来“调整”她们之前的训练方法。为了使新队员尽快适应新环境，符合训练和运动表现方面的预期，接任教练员会在技术和态度方面给新队员施加超负荷的压力。在这段适应期，无论是在技术还是在态度层面，新教练员都需要有耐心。随着新人对环境适应程度的逐渐增高，她们能够更好地接受并利用教练员的成绩反馈，而不用再和之前的数据进行比较。通常情况下，教练员—运动员的相处模式将日趋融洽，训练形式也会甩掉过去的包袱。旧的训练方式，可能会干扰新的教学模式，详情参见第三章的“反馈的艺术：教练员与体操运动员之间的沟通模式”。

六、概要

文中关于更换体操馆的讨论虽然不是详尽无遗的，但涉及了一些关键问题。无论是有运动员离开的教练员，还是接收运动员的教练员，都需要认识到这些关键问题。大多数运动员在更换体操馆的过程中都会经历一段时间的不适应和调整磨合，但既然改变已经发生了，下面的做法可以让更换的过程更顺利：

（1）体操运动员、教练员和运动员父母之间的沟通应是开放的、直接的、尽可能完备的；

（3）新旧教练员均需采取预防策略；

（3）根据不同人员的情况灵活调整适应期。

第六节　退出的决定

“这不再有趣了”“我已经厌倦了”“有时，我人在体操馆，但我感觉自己并不想待在那里”，这些话是一名16岁的体操运动员讲出来的，她练了十年体操，还参加了两年的高水平比赛。我们曾与她在比赛时交流过这些问题，帮助这个年轻人厘清自己的感受并帮助她考虑是否要继续走体操这条路。

当你花了人生将近一半的时间来从事某件事，比如练体操，那么要改变这种生活方式，提前退役，并不是一件容易的事情。但是，越来越多从小就开始练体操的运动员正在面临这个问题。在上面的例子中，我们可以清楚地发现，带着负面情绪继续从事体操运动，是相当不明智的。有些教练员会说，应该尽一切努力让体操运动员坚持下去。从某种程度来说，我们同意这个立场。但是，长期的经验表明，当一名体操运动员突然萌生退意，那么继续从事体操运动可能会给其精神和情感带来伤害，甚至最终导致身体受伤。因为运动员的心思已经不在体操上了，有时可能因为注意力不集中而发生严重的事故。

一、体操运动员考虑的事项

想要放弃的原因很多，我们无法涵盖所有。但其中，一些普遍存在的导致退出的思想斗争，值得我们讨论。

1. 社会挫折感

体操运动员越来越意识到，高水平的训练往往伴随着社会问题和个人牺牲，这也是他们疑虑的主要因素。“我为什么这样做”“是不是真的值得呢”“我应该退出吗”，对这些问题的不同答案，主要取决于体操运动员的个体差异。这些问题无论达到了何种程度，都反映了运动员曾有的普遍感受。

2. 满意度

当社交挫折感引发运动员想要退出的念头时，有一种因素可以影响这个决定，即运动员在训练时获得的心理满足感和快乐程度。当周围有很多负面的反馈，或者整体氛围不够理想的时候，在体操馆想要继续努力就需要巨大的动力。考虑到学业方面的压力，这一点就更为关键了。如果运动员在体操馆缺少朋友的关爱，只专注于激烈的比赛，她们很可能会难以应付。显然，在教练员为培养冠军不惜一切代价的大环境下，情况更是如此了。教练员这种激进的理念在短时间内可能会奏效，但事实上，那些忽视青少年心理发展需求的项目往往难以继续，很多人会很快退出训练。然而最不幸的是，他们离开的原因往往不见得正确。

3. 身体伤害

决定是否退出体操项目的另一个重要因素，往往与运动员的伤病次数及恢复情况有关。伤病在体操项目中并不罕见，虽然每个人都在努力将伤痛降至最低，但身体多少还是会受到一些伤害的。一名体操运动员如果伤病缠身，或发生了严重的伤病，就会意识到其在体操这个项目上需要付出的代价，并会考虑继续下去是否明智。再次强调，这种反应与性格差异有关，但提前预防伤害，以及受伤时周到、关怀的照顾，可以帮助体操运动员以积极的方式处理这个问题。更多的信息，请参阅第六章的“运动损伤后的心理恢复”。

4. 个人动力和承诺

另外一个有关做出退出决定的因素，与参加体操的“原因”有关。孩子们都有练习体操的动机，但想要继续前进，必须心怀坚定的信念。梦想成为电视明星或全国冠军是一个很好的理由，但成名之路是坎坷的，很少有人有能力或有意愿为之付出代价。无休止地训练、容忍着被暗示前途暗淡等，都是令人沮丧的。特别是现在对体操的技术要求，使得成功变得难上加难。如果一个年轻人一直从事一项回报很低的活动，而且她们总觉得自己水平不够高，那么这种坚持能持续多久？答案是不会太久。尽管有这样的梦想，但如果没有强劲的动力，付出的回报根本不足以支撑体操运动员继续走下去。

5. 家长参与

另一个决定运动员是否继续体操项目的因素与其父母的参与程度有关。如果练习体操的重点逐渐改变，孩子们会发现自己这么做是为了取悦父母，那么坚持下去所需的巨大动力往往会迅速减少。当运动员越来越清楚父母实际上是把自己的训练和比赛当作他们的竞争或生活时，这一点尤其明显。随着小运动员的成熟，弄清楚“谁为谁做什么”成了一个非常现实的问题。随着某个运动员和父母口中所谓的“人家优秀运动员”之间的差距越来越小时，运动员成绩的提高速度也会放缓。父母和体操运动员可能会对本章的“我的女儿是竞技体操运动员”感兴趣。

6. 个人身份

与我们的开篇一样，决定继续或退出体操运动通常发生在青少年中。之前提到的社交孤立和学业要求，常常使这个时期的青少年陷入困境，想要退出的念头可能在青春期最为强烈。青少年的显著特征是，想要获得个人身份和自主权的认可。在这段时期，他们希望在做决定时能感受到自我的参与，开始决定自己的生活方式。尽管体操训练可能涉及互谅互让，但从本质上看，这项运动是将体操运动员的生活掌握在另一个人的手中。遵循指示、接受命令、由其他人安排你的时间等，这些都是体操训练的常规做法。但在有些地方，年轻人可以拥有一定的选择权，那就是当其他人希望他们继续但他们自己想要做出“停止”的选择。以这种方式宣告自己的决定毫无疑问就是要说“最终谁说了算的问题”。根据青少年生活中其他领域的自主程度，这种内在的争夺控制权的心理斗争，通常可以通过退出这一重要决定表现出来。

7. 个人潜力

在一名运动员还未真正发挥出自己的潜力就想放弃之前，我们可以对其进行一些干预。但谁能准确认识到运动员的潜力到底有多大呢？对于同一名体操运动员，一名教练员会说他潜力无限，另一名可能会认为他资质平庸，而他们的父母会觉得这是奥运会级别的运动员。最新的分析方法表明，一个人的潜力是由他们实际做了什么来衡量的。如果他们对训练保持长久的激情以发挥自己的潜力，那么这是由于他们发展均衡，有体贴的父母和富有爱心的教练员，而不是身处一个被操控的环境。对于那些按照成年人的标准被定义为“过早”退出的人来说，他们可能吃了苦头，自尊心受挫，离开反而是一个最有益的决定。在本章的“退出的决定”中，我们讨论了导致运动员过早退出体操运动的其他研究和相关因素。

二、运动员清单

你在做出如此重大的决定前，需要考虑以下内容：

（1）确保你的感觉不只是因为倒霉的一天。每名运动员都会偶尔有这种感觉，随着时间的推移和继续努力，这种感觉往往会消失。换句话说，不要操之过急。

（2）与教练员和父母分享你的感受。确定有人倾听是非常重要的。如果你在想要退出的时候受到家长或教练员的反对，你需要非常认真地考虑他们的态度和动机。

（3）有时可以做一些改变，例如更换一个新的体操馆，但往往问题出在你的内心。从长远来看，改变环境无济于事。但是，如果“训练地点”确实存在问题，那就值得考虑了。

（4）如有可能，与你信任的人倾诉你的担忧和困境，最好是一个与体操无关的成年人，或者对你的体操项目没有任何投资的成年人。一个中立的意见可能最有启发性（老师、青年领袖等）。

（5）列一张留或走的利弊清单。对自己坦诚，给你的清单留出调整的时间，并定期检视。

（6）有可能的话，试一试“退出”，看看离开体操的感觉如何。对于许多体操运动员来说，这种尝试会让你很快弄清自己是否想要退出。

（7）如果经过非常仔细的思考，你的负面情绪仍像之前的女孩那样持续存在，那么你应该意识到，你的体操事业已经不再值得继续下去了，你的职业生涯也应该结束了。

（8）如果你已经尽了最大的努力，并广泛考虑了所有涉及的因素，那么你就可以毫无愧疚地做出这个艰难的决定；从另一个角度看你应该也有一定的成就感，因为你又成长了一点。

三、说明

继续说说那个16岁的全国冠军，当她决定不再练习体操的时候，我们与她见了面，并和她谈了她的感受，之后又与她的父母进行了会面。孩子的母亲承认，她会怀念这些年来一直关注并分享如此优秀的孩子取得成就时的激动之情，但她感谢、支持并尊重孩子的决定。这种诚实使会面以温馨的基调结束，最后父母拥抱了他们的女儿。这名运动员的勇气和家长的做法令人感动，他们都应该为此获得奖牌，如果所有困难的时刻都能以相互支持的方式来度过，那将是多么美妙的一件事。

四、总结

最后，我们想对家长和教练员说，放弃体操项目的决定对年轻人来说很困难，但对你们来说同样是令人沮丧的。在这段时期，运动员需要你的关怀、支持和理解，而不是通过强迫、使之内疚（例如，“已经投入了这么多精力，你怎么可以这样就放弃”）或愤怒的态度来表达你想让孩子继续练习的意愿。作为成年人，你应该知道“这都是为了孩子好”可能是一种适得其反的危险论调。重要的是要记住，孩子的兴趣应该是所有人需要考虑的唯一因素。

也许本节的标题欠妥，因为“放弃”“退出”是一个负面词汇。但是，更好的做法可能是将其视为“改变决定”，然后投入生活中其他让人醉心的事物。

第七节　离开家去训练：一个重要的决定

这些年我们收到了很多家长的来信，他们想要寻求重大家庭选择方面的建议和帮助。其中一个重要的问题与孩子是否应该离开家去训练有关。随着竞技体操项目的普及，如艺术体操、体操、蹦床等项目的训练越来越需要专业化。全国各地有许多俱乐部的专业项目为青少年运动员提供宿舍，或在他们培训时提供良好的居住环境。这些专业项目在全国都享有盛誉，是专为高水平运动员或潜力新人而设计的。所有这些项目都对年轻人的体操天赋和参与课程的准备情况进行了有效评估，并考虑了项目可能成功或失败的各种因素。大多数俱乐部并不会轻易让小运动员进行封闭式训练。俱乐部有责任权衡一系列相关问题。父母在这方面负有更大的责任。

本节的重点是家长在决定让孩子离家训练时，需要仔细考虑的因素，即使离家训练这种可能性非常小。虽然这并不是大多数体操运动员家庭所面临的常见情况，但希望这样的讨论会对孩子参与高水平竞技体操比赛的父母产生一定的影响。教练员也会发现这些信息非常有用，并能与运动员的父母一起分享。

一、要问的问题

第一个重要问题是，为什么会考虑离家训练。在大多数情况下，这个决定反映了家长对当前的训练情况有所不满。有时它不是不满意的问题，而是一种感觉，家长觉得孩子在更加集中的环境中能得到更好的提升。如果我们谈论的是一个天赋极高的孩子，那么这两个原因都是合理的，这些孩子的潜力是显而易见的。在大多数情况下，有可能接收运动员的俱乐部自己会进行评估，来解决类似的问题，但并非总是如此。因此，当这个想法在你的脑海扎根之前，你需要和一名专业的曾经或者正在教孩子练习体操的教练员讨论一下，但他不能是你的亲戚。一些家长想把这个决定对现任教练员保密。但我们认为这并不明智，因为这不但会让孩子承受巨大的压力，而且是非常不道德的。我们强烈建议，如果你觉得孩子需要一个新环境，不只是一个新的体操馆，而是需要离开家一段时间的新环境，那么你应该开诚布公地与孩子的教练员讨论这个问题。变更体操馆应该参考本章的“更换体操馆：陷阱和策略”中那种成熟的做法。在某些情况下，教练员会建议运动员离开，那就是另一回事了。如果不是这种情况，通常也不会是，那么在做出任何决定之前，请将教练员的想法考虑在内。担心告诉教练员会伤害他的感情只是一个牵强的借口罢了。

第二个问题是，这是谁的主意。许多年轻人的抱负远远超出了他们的实际能力，而那些认为离开家是最终解决办法的父母，往往助长了小运动员这种不切实际的幻想。同样的情况也发生在那些认为自己的孩子会成为奥运选手的家长身上，因此他们的孩子会离家进行相关的项目训练。家长们不妨阅读本章的“我的女儿是竞技体操运动员”的内容，可以获得更多的信息。事实上，我们已经和一些家长进行了交谈，他们只是根据孩子口头表达的意愿，就考虑离家训练这种选择。处在青春期的孩子不会做这样的决定，更小的孩子就更不会了。如果没有大量的调查研究，也没有与孩子进行充分的交谈，父母不应该单方面做出这样的决定。各种情况都不一样，但是任何情况下孩子的总体幸福感应该是决定性的因素，而不仅仅是他的体操事业。

二、家长的考虑

如果家长正在考虑孩子的离家训练，那么在做最后决定之前，一定要进行一系列预先调查。这通常需要确定一个时间明确的尝试期，以便做出更合理的决定。除了进行实地勘察、尝试之外，我们罗列了一些在得出离家训练是明智之举这一结论前，需要仔细思考的因素。这些考虑因素有效的前提是，孩子的体操潜力非常明显，需要有一个竞争激烈的、远离家庭的训练环境，而且在现有情况下不进行任何改变是行不通的。

1. 孩子的年龄

我的个人和专业建议是：不论什么情况，任何 12 岁以下的孩子都不应该离开家去训练。造成这种情况的原因很复杂，而且篇幅太长，无法在此讨论，但过早离家训练确实会导致一些儿童发展问题。

2. 财务方面的考虑

家长需要对实际情况保持绝对清醒，了解离家训练的总成本，并保证所有家庭成员不会因此有不合理、不成比例的牺牲来支持运动员的外出训练。对孩子来说，感觉别人没有太大牺牲便能让他有这种机会才不会使其产生额外的内疚和负担。

3. 心理稳定

在任何情况下，无论年龄大小，都不应该考虑让心理能力不稳定的孩子离家训练，这包括学习障碍。

4. 成熟程度

与孩子的儿科医生或心理健康专家讨论这个决定，这样能有效帮助家长确定孩子对离家训练的心理准备程度。有些孩子可以相对轻松地离开家，特别是当计划中包含了定期探访时间的时候。对另一些人来说，这个决定虽然从很多角度上看起来是合理的，但可能会产生长远影响，甚至会对孩子造成严重的情感伤害。孩子以前的离家经验可以成为其是否准备好离家的参考，但不是绝对的标准，尤其是如果以前离家的状况与外出训练有很大不同的时候（如营地拓展训练等）。这是一件非常特别的事情，家长应当寻求专业的咨询帮助。

5. 兄弟姐妹

孩子的年龄以及他们和兄弟姐妹的关系是另一个重要因素。通常与兄弟姐妹在时间和情感上的亲密关系会阻碍孩子情感错位的自我调整。独生子女的父母，以及孩子自己，会发现离家训练这个决定很难确定。

6. 离家近的训练地点

可接触性很重要。孩子需要感受父母在身边，即使不能在训练的报到处附近，那么至少在精神上要和孩子接近。离家更近的环境可以给孩子提供这种安全感，如果有选择，而且在大多数条件相同的情况下，请选择离家较近的训练地点。

7. 教育问题

这一点非常重要，大多数体操运动员都是成绩优异的学生，至少他们的学业目标非常高。教育方面需要解决的问题包括：新学校的教学质量，以及离家训练所引发的潜在认知障碍。

8. 社会问题

离开家通常意味着结束和目前朋友的关系。这对于体操运动员来说可能不那么重要，因为高水平的体操运动员通常没有太多时间和朋友交往，他们最常与其他体操运动员成为伙伴。但这个问题仍然很重要，需要认真对待。基础教育蓝图具有长期影响，在采取任何行动之前必须深思熟虑。

9. 医疗及相关问题

这个问题的重要性毋庸置疑，几乎不需要讨论。离家的孩子如果生病会很难过。父母、孩子和寄宿家庭的监护人，需要认真制订孩子生病时的应对方案及应急程序，还需要考虑诸如儿童饮食之类的看起来很简单的事情（犹太洁食、素食主义者等）。

10. 父母的年龄和健康

离家本身就很艰难，如果孩子在离开时还担心父母的身体，那就违背了离家的初衷，会使他们分心。在这方面有任何特殊问题的家长，应该与专业人士协商，仔细评估可能造成的影响。

11. 评估成功的标准

在做出离家的最终决定之前，一定要制订出某时间框架内的整体计划，以便评估离家训练的成功程度。这个计划应该包括对体操的评估，还应包括计划的调整。计划应该预测问题，包括在适当的情况下结束离家训练的标准和过程。所有相关人员都应该清楚这一点，而不是将其视为一种惩罚性结果或“预期最坏的结果”，这是一种预防策略。

12. 审视环境的气氛

除了前面讨论的和教育相关的问题外，更重要的是要了解目标环境的氛围。孩子在新的环境中有同龄人吗？有同等级别和背景的孩子吗？他们来自哪个国家？监护情况如何？他们的宗教信仰是什么？如果你的孩子真的必须要去，你希望他们住在这里吗？当然，体操这个项目所有特殊的要求都要作为特定条件加以考虑。其他项目也有孩子离家训练，与他们及其父母的交谈是大有裨益的。

13. 全家搬家

虽然不常见，但之前有几个案例，整个家庭搬到了新的地方，以方便孩子的体操训练。这种整体家庭变动会出现一系列非常特殊的困难，这些都不是本节的主题。在这种情况下，儿童不会面对分离问题，但还有其他更大的分离和重新安置问题，这些也都至关重要，必须加以考虑。在我们熟悉的少数成功案例中，全家搬迁的这些孩子被明确认定为奥运级别的运动员。参阅本章的“高水平体操运动员和现实”或许能了解更多。

三、总结

总而言之，为了使离家训练这种选择有机会获得真正的成功，孩子必须尽可能地避免内疚感或忧虑，自身要有强烈的动机和积极的态度，努力进取，充满喜悦和期待，相信父母和家人在背后百分之百地支持他们。我们认为，除非已经确定并了解所有其他可能性，包括更换当地的体操馆，否则不建议考虑离家训练。简而言之，当任何人心中有任何疑问时就不要这样做！另外，我们也认识许多体操运动员，其中一些是我们自己指导的，他们在离家训练时取得了巨大的成功。

第八节　高水平体操运动员和现实

《国际体操运动》转发了一封前体操运动员写给该杂志社的信，该信为本节的写作提供了启发，因为它提供了一个令人感兴趣的话题。在获得作者许可，复制该信件之后，我们对下面的内容做了一些旨在确保作者匿名的修改。

亲爱的编辑：

我是贵杂志的粉丝。虽然我不再参加比赛，但我仍然喜欢你们的杂志，请继续为读者提供优秀的作品吧。我写信的目的不是将它发布在“致编辑的信”一栏，而是表达想看到某类文章的想法。

我所在的国家，很少有优秀的体操运动员。去年，我的教练员试图让包括我在内的几个女孩成为高水平体操运动员。这种尝试对我们来说太难了，我们没有做好心理准备。我认为我们主要的问题是态度。我们曾经是这个地区的顶级体操运动员，但是当我们去参加更高水平的体操比赛时，我们什么都不是。在热身期间，我们只能傻乎乎地看着其他体操运动员。

那个赛季结束后，我完全放弃了体操。我认为一篇关于向高水平体操运动员过渡的文章对教练员和体操运动员是非常有用的。因为我们在精神和身体等许多方面都需要为过渡而改变。

你真诚的，

曾经的体操运动员

很难知道这封信描述的具体是哪些方面的问题，因为其中的内容对体操运动员、父母和教练员有好几重含义。首先应该说明，信中描述的现象比人们想象得更为普遍。事实上，我们接到过许多来自全国各地的体操运动员和家长的来信和电话，不仅仅是高水平体操运动员。在毫无准备的情况下尝试加入任何水平的比赛和训练都是错误的，特别是高水平比赛。我们将在以下讨论中解决信中提出的问题。

一、高水平体操

或许，最合适的做法是先从总体上讲高水平的竞技付出，再结合体操具体谈。高水平是业余体育运动中最优秀的象征，这个级别对运动员的要求极高，需要极大的奉献度、信念、牺牲和坚韧不拔的毅力，是世界级水平。尽管许多人渴望达到这一水平，但成功实现这一最高目标的人凤毛麟角。达到高水平要将个人努力与身体、认知、情感协调统一，融合在一起。它是为那些意志顽强、纪律严明、有强大内在动力的人准备的，简而言之，能达到的都是“百里挑一”的。

具体到体操项目中，上述结果也是适用的，但高水平的体操活动需要有针对性的训练，不是针对单一运动能力或团队精神，而是针对在独立复杂事件中掌握具体练习的能力。此外，还有三个并行的要求：身体耐力训练、专注灵敏性训练和专业心理准备。女性（或男性）从事的其他运动很少会在通向顶级的漫长道路上面临如此多的挑战。除了所有这些要求之外，还有当今世界级体操带来的高风险因素，这一点进一步降低了自己选择成为高水平运动员的成功率。

我们认识的大多数优秀体操运动员，为了训练完全改变了他们的生活方式。许多人都有量身定制的学校课程，还有相当多的人为了充分利用特定的培训机会，或为了参与那些专门训练卓越运动员的项目而选择搬家。这里并不是说每名高水平体操运动员都必须是世界级的，但至少应该表明，高水平体操运动员具有在国家层面取得成功的能力，并有最终成为奥运会选手的潜能。许多体操运动员都称自己为高水平体操运动员，甚至可能以这样的标签参加比赛，因为他们通过各种地区资格比赛进入了这一级别（各地区也喜欢声称自己有高水平体操运动员，这有时会涉及政治因素）。然而，很多人实际上不具备与该级别相匹配的水平，不仅在个人发展方面，而且在长期竞争方面亦是如此。

二、教练员的义务

很明显，过早甚至完全基于幻想进入高水平体操世界，都可能导致读者来信中所描述的那种结果。这有时会在心理层面上对运动员产生颇具破坏性的结果，更不幸的是，它还可能会在生理层面上产生影响。读这封信的时候，我们似乎觉得这名运动员的教练员没有履行相应的义务。

读者来信中没有提供足够的信息来让我们了解她和她的队友是否处于入门级别（10 级），或者她们是否具有试图获得顶级资质所必需的曝光度和经验度。然而，她们在最初尝试期间基本上没有作为，而且“情绪低落”的综合现象表明她们没有为进入高水平行列做好准备。如果情况确实如此，那么这些年轻人的负面经历的责任完全归咎于教练员。教练员非常渴望体操运动员变得优秀，这关乎教练员的个人自豪感和自我提升。有人说你和你的项目是高水平运动员的摇篮，或你至少带出过一名高水平体操运动员，那种感觉很好。让运动员进入高水平行列，需要一名非常成熟的教练员客观地评估运动员的整体准备情况，并在心理层面上考虑运动员被比赛淘汰的痛苦后果。努力实现高水平是一个合理的训练目标，但不能以牺牲运动员或忽视现实情况为代价。

读者的来信也表明，在她的家乡，没有太多高水平体操运动员或好的体操训练设施。她描述的困难同样也发生在有很多高水平体操运动员训练的地方。没有为胸怀远大抱负的体操运动员提供指导，没有为他们提供初步的“现实性测验”，这些责任都在于教练员。教练员的职业义务是真实评估运动员的潜力，判断运动员是否真的已经为晋级高水平做好了准备，以及是否有成功的机会。在这里，成功并不意味着进入高水平这一层面，而是要在达到这一水平的同时，运动员没有挫折感和无力感。冒险是运动的一部分，但是只有在至少考虑了各种因素之后，才能尝试。无论对教练员还是体操运动员来说，只要对结果有强烈怀疑，那么科学规避都是防止自我伤害的最佳策略。

这封信还指出，体操运动员“主要的问题是态度”。信中提到的消极态度归因于运动员的观察力，因为看到其他运动员出众的技能丧失信心，随之失去了专注力。通常这种情况会发生在各个水平的体操运动员身上，而且在不同水平的比赛中也经常出现这种情况。这种受到震惊的反应程度属于个人问题，但在这种情况下，如果教练员提前考虑并让运动员做好了准备，就不会发生这种情况。如果教练员再次这样做，那么对教练员的这种评价就是准确的。无论教练员的抱负、父母的压力和体操运动员的欲望有多大，从各方面来看，信中教练员的做法显然是不合适的。如果这次冒险的原因是想给体操运动员上一课，让他们意识到尽管他们在自己的领域是“顶级”，但在其他地方并非如此，那么这种策略显然适得其反了。

当然，也存在与这种准备就绪的保守态度相反的观点。有人提出挑战的水平应始终遥不可及，并且在技术过硬和感情细腻的教练员指导下，借助身体和心理的培养，体操运动员将能够通过合理程度的失败来实现水平的提高，他们会受到鼓舞，更加努力地训练。事实上，这是一个非常有价值的观点。问题在于如何定义“合理的程度”，另外需要强调的是，教练员要以更加娴熟和温和的方式进行。除了只有拿到金牌才有价值的观念之外，还有一些错误的观念在一些高强度训练的体操馆经常被人鼓吹。这些体操馆的高强度训练，据说可以激励运动员。这些观念包括“不劳无获”“熟能生巧”“练习成为技能”等。然而，在没有痛苦的情况下也可以获得进步，无须大量的练习也可以弥补先天的不足。很重要的一点是，技能的获得更多地是来自运动员对自己心理和身体的纠正，而不是机械地重复练习。如果运动员在各领域的挑战性目标都没有在一定程度上取得成功的话，他们继续付出的意愿会逐渐下降，那样的话再多鼓励也没有用。更深入的分析，请参阅第二章的“团队训练”。

希望读者不要误解本节的意图，我们的目的不是阻止运动员进步。相反，我们认为，拥有远大的抱负、崇高的目标和鼓舞人心的梦想是非常重要的。但同样重要的是，不要脱离现实，不要让体操运动员因为这种运动而感到痛苦、低落，甚至想要逃离。对于幼儿和青少年来说，尽管他们应该尽可能多地考虑这些问题，但基于自身条件，他们无法获得相关信息去决定自己在体操训练和比赛中的位置和水平。

做出这些决定主要取决于专业教练员的智慧，正如保护儿童免受情感伤害的责任在很大程度上取决于父母一样。从长远来看，体操运动员应该每天进行系统的渐进式学习，获得达到最高水平的能力，并最终得到认可，收获回报。有时运动员在前进途中可能会跳过某些步骤，这似乎令人兴奋，但跳跃式前进也可能会阻碍其日后的发展。在体操运动中，耐心是一种极其重要的品质。

三、高水平运动员检查清单

以下问题需要那些想要提高到“高水平”的教练员和体操运动员考虑：

（1）体操运动员是否经常在10级全州比赛中进入全能前三名？

（2）体操运动员是否在地区10级比赛中进入过全能前三名？

（3）体操运动员在某一项目上是否面临很大的困难？

（4）是否将体操运动员的运动表现与国家级高水平运动员做了比较？

（5）体操运动员是否得到了教练员的全面评估，而不是自我评估？

（6）体操运动员是否得到了一名评估过国家级高水平运动员的裁判员的正面鼓励？如果没有的话，应安排此类评估。

如果这些基本调查的大多数答案是肯定的“是”，那么你只需要放手去做！

作者所著文章列表[①]

书中所有资料均来自苏·马西莫博士和（或）乔·马西莫博士曾经所写的文章。这些文章在1969—2007年发表于《现代体操》（现更名为《国际体操》）《体操小姐》《技巧运动》《国际体操运动员杂志》等期刊上，如下所列：

《训练中愤怒情绪的滥用》（1987年5月）

《避免过激行为或招厌行为的业余指南》（1980年1月）

《神经性厌食症：一种身心失调的疾病沟通》（1982年2月）

《反馈的艺术：教练员与运动员的沟通模式》（1984年10月）

《行为改变——强化》（1984年7月）[②]

《行为改变——自我评估》（1981年9月）[③]

《忐忑与其他即将遇到的问题》（1991年10月）

《更换体操馆》（1988年5月）

《教练员与体操运动员的沟通：倾听与表达》（1986年3月）

《团队训练——成人权威的作用)》（1989年8月）

《团队训练——民主的领导)》（1989年11月）

《通过目标设定进行训练》（1991年11月）

---

① 译者注：本书为苏·马西莫博士和乔·马西莫博士30多年来从事体操以及心理学工作和研究成果的集锦。两位博士的很多研究发表于其所在国的期刊杂志上，且发表年代较早，无法找到实际出处。另外，本着尊重原著的原则，保留原文的参考文献格式，参考文献以作者所著文章列表的形式列出。

② 译者注：这部分的时间和名称似乎不太正确，译者认为是印刷问题，但是原著就是这样。正确的时间或为1981年9月。

③ 译者注：这部分的时间和名称似乎不太正确，译者认为是印刷问题，但是原著就是这样。正确的时间或为1984年7月。

《教练员的非语言指导》（1984 年 10 月）
《“亲爱的医生”》（1997 年 11 月；1982 年 8 月）
《退出的决定》（1984 年 1 月）
《体操中的防御机制》（1974 年 6 月）
《各有所好》（1986 年 9 月）
《高水平体操运动员和现实》（1991 年 3 月）
《体操中的恐惧——“我害怕”》（1976 年 5 月；1981 年 1 月）
《训练启示：性别差异》（1990 年 5 月）
《教练员和体操运动员理解与应对恐惧指南（综述）》（1984 年 5 月）
《套路训练指南（全套动作）》（1980 年 7 月；1986 年 7 月）
《体操运动员的指南——如何展示自信》（1985 年 2 月）
《年轻体操运动员的表象训练指南——“老电影”》（1983 年 7 月）
《“帮帮我，我情绪比较低落”》（1988 年 9 月）
《应对“我害怕……”问题的指导策略》（1976 年 6 月；1981 年 5 月）
《影响评判过程的心理因素：了解裁判员》（1977 年 6 月）
《伦理问题（行为准则）》（1994 年 5 月）
《“太令人沮丧了”》（1985 年 11 月）
《成功的关键：动机来源》（1976 年 10 月）
《成功的关键：外在动机》（1977 年 3 月）
《离开家去训练》（1987 年 7 月）
《控制点和训练效果》（1984 年 4 月）
《男教练员与女体操运动员》（1976 年 1 月）
《心理训练程序》（1978 年 3 月）
《妈妈、女儿、体操运动员》（1989 年 11 月）
《“我的女儿是竞技体操运动员”》（1978 年 11 月）
《“我的目标是……体操运动员的计划”》（1986 年 3 月）
《初学者身体和心理热身注意事项》（1975 年 7 月）
《体操运动员的平衡木训练指南》（1983 年 3 月）
《一封致丹·米尔曼的公开信：体操运动员的心理特征》（1971 年 11 月）

《运动表现相关因素——注意》（1982 年 7 月）

《运动表现相关因素——压力和唤醒》（1982 年 11 月）

《提高自尊》（1989 年 3 月）

《尽情展示自己的风采》（1993 年 11 月）

《国家体操队心理训练计划》（1994 年 7 月、10 月；1995 年 1 月、4 月、7 月、10 月）

《运动损伤后的心理恢复》（1985 年 4 月）

《心理学家的教练员观——训练理念》（1987 年 10 月）

《心理学家的教练员观——训练原则》（1987 年 11 月；2007 年 11 月）

《体操馆的安全心理学》（1996 年 6 月）

《心理学和体操运动员》（1996 年 3 月）

《过早退役的原因》（1992 年 10 月）

《体操运动员对教练员的感知——能力和训练风格》（1978 年 6 月）

《右脑型与左脑型体操运动员》（1982 年 4 月）

《心理学家在国家培训计划中所扮演的角色》（1977 年 5 月）

《学校与体操运动》（1983 年 10 月）

《训练过程中的一些思考：第一部分》（1975 年 8 月）

《训练过程中的一些思考：第二部分》（1975 年 9 月）

《理解、克服和应对恐惧》（1993 年 3 月）

《优秀青年体操运动员心理特征及其训练计划——来自美国体操联合会的报告》（1982 年 8 月）

《用非语言艺术形式助力训练》（1975 年 6 月）

《我们有一个问题》（1982 年 1 月）

《“我怕什么？对此我应该怎么办？我跟谁说？”》（1990 年 3 月）

致 谢

本书融合了多年来在各个领域以不同的方式作出贡献的人的心血。参与书中有关研究的人员众多，如果要把名字一一列出，需要单独列表。无论你身处何地，我们都非常感谢你作出的贡献。

我们要特别提到那些对本书有突出贡献的人，没有他们可能就没有本书的问世。我们要感谢《现代体操》(《国际体操》)、《体操小姐》杂志的创办者格伦·桑德比先生，他坚信身心融合在体操中的重要性。1969 年他发表的题为《心理学与体操》的文章第一次阐述了此理念，其研究成果在本书中也有所涵盖。在随后超过 25 年的时间里，桑德比先生花费了大量心血主持着一个同名专栏，发表了近 60 篇文章，为体操心理学的发展提供了大量素材。

我们也要感谢美国独立体操俱乐部联合会和支持我们的研究并认可我们工作的国家体操开放计划，该计划还支持了教练员、体操运动员甚至他们的父母到海外进行有关体操运动员身心融合发展重要性的培训。

苏·马西莫博士/医生